일본 우익사상의 기원과 종언

思想としての 右翼
松本健一

Copyright ⓒ 2000 by Kenichi MATSUMOTO
Korean Translation copyright ⓒ 2009 by Moonji Publishing Co., Ltd.
All Rights Reserved.

This Korean edition was published by arrangement with Kenichi MATSUMOTO, the author.

이 책의 한국어판 저작권은 지은이 마쓰모토 겐이치와 독점 계약한 ㈜문학과지성사에 있습니다.
저작권법에 의해 보호받는 저작물이므로 무단 전재 및 복제를 금합니다.

일본 우익사상의 기원과 종언

마쓰모토 겐이치 지음
요시카와 나기 옮김

문학과지성사
2009

일본 우익사상의 기원과 종언

제1판 제1쇄_2009년 10월 12일

지은이_마쓰모토 겐이치
옮긴이_요시카와 나기
펴낸이_홍정선 김수영
펴낸곳_㈜문학과지성사
등록_1993년 12월 16일 등록 제10-918호
주소_121-840 서울 마포구 서교동 395-2
전화_02)338-7224
팩스_02)323-4180(편집) 02)338-7221(영업)
전자우편_moonji@moonji.com
홈페이지_www.moonji.com

ISBN 978-89-320-1992-5

한국어판 출간에 부쳐

이 책에 수록된 「사상으로서의 우익」을 비롯한 논문들은, 「우익의 종언」(1995)을 제외하면 모두 30여 년 전에 발표된 것들이다. 이 글들은 일반 상업잡지에 발표된 것으로 소위 학술논문은 아니었다.

하지만 「사상으로서의 우익」은 발표된 1976년 당시, 그해에 나온 잡지논문 베스트 3 가운데 하나로 선정되었으니 확실히 일본사회의 사조(思潮)에 상당한 충격을 주었다고 할 수 있을 것이다. 게다가 이 책은 33년이 지난 현재까지 출판사를 옮겨가며 계속 판매되고 있다.

이 책이 출간된 당시, 일본은 동서 냉전구조—즉 우익과 좌익의 대립구조—속에 놓여 있었다. 그런고로 나는 본문에서도 언급한 것처럼, 좌익들에게서는 "마쓰모토 겐이치는 우익을 논했으니 우익이다"라는 비판을, 우익 기관지에서는 "마쓰모토 겐이치는 우익을 비판했으니 좌익이다. 마쓰모토를 죽여라"라는 비난을 받았다.

그러나 그로부터 30여 년이 지난 후 일본 좌익은 소멸해버렸고, 겨

우 살아남은 우익은 '우익이란 무엇인가'를 알고 싶으면 마쓰모토가 쓴 『사상으로서의 우익(思想としての右翼)』(이 책의 원제)을 읽으라고 하며, 이 책을 기본 교과서로 지정하고 있다. 시대가 변했다고 해야 할까?

일찍이 내셔널리즘을 대의명분으로 삼았던 일본 우익이 '사상'으로서는 어떤 것이었는지, 또 그것이 왜 베를린 장벽의 붕괴(1989)와 더불어 종언의 위기를 맞고 있는지를, 한국 독자 여러분이 이 책을 통해 이해해주시기를 바란다.

내셔널리즘은 일본 고유의 사상이 아니라 근대 이후 어느 나라, 어느 민족, 어느 국민에게도 생기는 보편적인 사상 현상이며, 또 그것이 그 나라 특유의 얼굴을 가지고 있다는 사실을 한국 독자들이 알아주셨으면 한다. 그리고 그 결과가 한국에서 어떤 반응으로 나타날지 나는 바다 저쪽에서 지켜보고 싶다.

마지막으로 내셔널리즘이 그 나라 특유의 얼굴을 가진다는 사실을 나는 한일합동학술회의의 일본 측 간사를 맡으면서 다음과 같은 사례로 새삼 인식하게 되었다. 나는 2000년에, 동아시아의 근대사는 중국과 영국의 '아편전쟁'으로 시작되었으니 그 '아편전쟁'이 한일 양국에 미친 영향을 공통주제로 하는 게 어떠냐고 제의한 적이 있었다.

그러자 한국 측 간사가, 일본은 사방이 바다로 둘러싸여 있어서 '아편전쟁'처럼 서양 열강이 바다에서 쳐들어오는 것에 위기감을 가졌을 것이다, 반면 한반도는 중국과 육지로 이어져 있으니 청 왕조가 무너질지도 몰랐던 '태평천국의 난'이 조선 왕조에 미칠 위기를 '아편전쟁'보다 심각하게 받아들였다고 했다.

그래서 일본 측은 '아편전쟁과 일본'을, 한국 측은 '태평천국과 조선'을 주제로 그해의 한일합동학술회의를 열었는데, 이것은 내셔널리즘의 얼굴이 그 나라 특유의 것임을 고려한 성과였다.
 그렇다면 내셔널리즘을 대의명분으로 한 일본 우익과 한국의 그것은, 과연 어떤 차이가 있을까? 지금 나는 이것을 생각하고 있다.

2009년 가을
마쓰모토 겐이치

| 차례 |

한국어판 출간에 부쳐 5

제1부 사상으로서의 우익
서문 13
제1장 우익이란 무엇인가 16
제2장 우익의 성립과 그 이후 34
제3장 우익의 사상 53
  1. 사생일여 53
  2. 낭만주의 59
  3. 농본주의 64
  4. 천황론 70
  5. 제2유신론 75
  6. 내셔널리즘 81
  7. 아시아주의 86

제2부 우익의 논리와 활동
제1장 신우익과 신좌익의 역전현상 95
제2장 국가개조운동의 성립―노장회에서 유존사로 111
제3장 흑룡회와 사회민주당의 분립 133
제4장 우익사상 연구의 갈림길 153
제5장 근대 일본의 흑막풍토 163
제6장 내셔널리즘 재평가의 흐름 170

제3부 일본 우익과 만주 문제

제1장 일본 농본주의와 대륙—가토 간지를 둘러싸고 177
제2장 만주국의 건국과 그 사상적 기저 210
제3장 만철 조사부론 232
제4장 미쓰카와 가메타로와 삼국간섭 254

제4부 우익의 종언

제1장 기리야마 가사네의 『파르티잔 전설』을 둘러싸고 263
제2장 "우익은 끝났다"는 이야기 271
제3장 스즈키 구니오의 『탈우익선언』을 둘러싸고 278

저자 후기 285
옮긴이의 말 290
최초 수록 지면 295
찾아보기(인명) 296
찾아보기(단체명) 300
찾아보기(책, 영화 등) 302
찾아보기(역사적 사건) 305

| 제1부 |

사상으로서의 우익

思想としての右翼

서문

 우익의 사상이란 무엇인가. 이것이 이 글의 주제다. 그러나 이 주제를 논하기 위해서는 우익이란 무엇인가 하는 문제, 그리고 우익이 성립한 시기와 그것이 거쳐 온 과정을 먼저 밝혀야 한다. 이를테면 이것들은 사상으로서의 우익을 추출하기 위한 전제가 되는 문제로, 이것들을 생각하지 않은 채 우익사상을 논해서는 안 될 터이다. 이런 전제를 검토하지 않으면 지배계급 또는 보수주의자를 겸하고 있는 현재의 우익이, 사실은 사상으로서의 우익이 타락한 모습이라는 사실이 이해되지 않기 때문이다.

 예를 들어 '다쿠쇼쿠 대학 집단미래(拓植大學集團未來)'가 편집한 『반역의 신화(叛逆の神話)』(1972)라는 책이 있다. 이 책은 현재(1976) 대두되고 있는— 나에게는 상품화되고 있는 것처럼 보이지만— 신우익(新右翼) 가운데서는 비교적 높은 수준에 도달한 이론서라 할 수 있겠다. 여기서 내가 "비교적 높은" 수준이라고 말하는 것은 스즈키 구니오(鈴木邦男,

1943~)¹⁾의 『하라하라 시계와 이리(腹腹時計と狼)』(1975)²⁾ 등과 비교해서 하는 말이다. 『하라하라 시계와 이리』는 저널리즘의 풍조에 편승한 것 같은 내용으로, 아시즈 우즈히코(葦津珍彥, 1909~1992)³⁾ 등의 우익이론에 비하면 아무런 가치도 없는 책이다. 아시즈를 능가하라는 것은 무리한 요구겠지만, 아시즈를 능가하려는 패기조차 없는 신우익에 무슨 의미가 있는가.

그런데 앞에서 말한 『반역의 신화』에는 '반체제 우익을 구축하기 위해'라는 부제가 붙어 있다. 우익은 본래 반체제적인 것인데 신우익에 속하는 집단미래가 왜 굳이 반체제 우익을 주장해야 하는가. 오늘날

---

1) 신우익의 정치운동가, 입시학원 강사. 어릴 때는 어머니가 믿는 신흥종교 '생장의 집(生長の家)'의 영향을 받고 자랐다. 신좌익 학생들이 많았던 와세다(早稻田) 대학에 재학했던 시절, '전공투〔전학공투회의(全學共鬪會議)〕'에 대항하기 위해 우익적인 그룹들을 모아 '와세다대학학생연합'(1966)을 만들고, 이어서 다른 대학의 단체도 참가해서 일본학생동맹을 결성했다. 졸업 후 산케이(産經)신문사 판매국에서 근무했지만 퇴사해서 우익단체 일수회(一水會)를 결성, 대표로 취임했다(현재는 최고고문). 처음에는 과격한 실력행사가 많았지만 어느 시기부터는 테러를 부정해서 언론활동에 힘을 쓰기 시작했고, 신좌익을 칭찬하는 발언을 자주 하는 것으로 알려져 있다. 최근에는 신우익과 신좌익이 연대할 수 있지 않을까 하는 기대를 가지고 있다고 한다.
2) 『하라하라 시계(腹腹時計)』(1974)는 일본의 극좌 게릴라 '동아시아 반일무장전선 '이리'(東アジア反日武裝戰線 '狼')'가 발행한 책자로 폭탄 제조법이나 게릴라전을 전개하는 법 등을 설명하고 있다. 『하라하라 시계와 이리』〔산이치쇼보(三一書房), 1975〕는 신우익사상가 스즈키 구니오가 '이리'를 논하면서 권력이나 매스컴을 비판한 저작으로 신좌익의 진지하고 금욕적인 태도에 공감을 표하고 있다.
3) 후쿠오카(福岡) 현 태생. 신도가(神道家), 사상가. 신사(神社)의 신직(神職)을 세습해온 집안의 장남으로 태어났다. 도쿄에서 중학교에 다닐 적에는 사회주의에 흥미를 가졌다. 국학원(國學院)대학, 도쿄외국어대학 등에 입학하지만 중퇴. 차차 천황을 모시는 신도에 경도되기 시작했다. 전전에는 개전반대를 주장하고 전쟁 중에는 일본 정부와 독일을 비판하는 논문을 내서 체포되었다. 전후에는 신사본청(神社本廳) 설립에 진력하고 신사신보사(神社新報社)를 경영, 기관지 『신사신보』를 발행하면서 신도계에 큰 영향을 미쳤다. 신사신도(神社神道)를 이론화해 현대에 재생하도록 힘을 쓴 그는 이 방면에서 전후 최대의 인물이다. 우익인사 뿐만 아니라 사상적 입장을 넘어 많은 인사와 교류가 있었으며, 여운형과도 친한 사이였다고 한다.

사상으로서의 우익이 얼마나 타락했는지가 여기에 현실적 문제로 제시되어 있는 것 같다. 즉 본래 반체제여야 할 우익이 지배계급의 일부가 되어버려서 사상적으로는 보수주의자와 구별되기 어렵기 때문에 신우익이 감히 '반체제'를 주장할 필요가 생긴 것이다.

이에 관한 한, 신우익이 기성 우익의 타락을 극복하려고 반체제 우익을 제창하는 노력은 인정해야겠지만, 신우익이 궁극적으로 반체제인지는 기성 우익과의 대비로 판단될 사항이 아니다. 문제는 신우익이 현실 체제에 길항할 만한 변혁사상을 내세우고 있느냐는 데 있으며, 그것이 명확히 제시되었을 때 결과적으로 신우익이 기성 우익을 넘어섰다고 할 수 있을 것이다. 근대 일본의 우익들은 반체제의 도통(道統)을 그런 식으로 지켜왔다.

그건 그렇고, 우익이 본래적으로 반체제라는 말은 어떤 뜻인가. 그것을 밝히기 위해 먼저 "우익이란 무엇인가"라는 물음에서 시작해야 한다.

제1장
우익이란 무엇인가

    우익이 제2차 세계대전 이전의 일본을 지배했다는 설이 있다. 생각건대 이는 전후 민주주의가 창조한 신화다. 그것이 신화인 까닭은, 좌익이 전후 일본을 지배했다는 언설을 대치해보면 금방 알 수 있을 것이다. 좌익은 전후 일본을 지배하지 않았다. 전후 일본의 지배자는 진주군 및 진주군과 결탁한 리버럴liberal들이었으며, 그들은 진주군과 손을 잡음으로써 처음에는 민주화, 후에는 우경화를 추진했다. 좌익은 그 출발점에서 리버럴에게 이용당했을 뿐이다.
    전전에 우익이 역사의 전면에 자주 등장한 것도 그와 거의 비슷한 이유 때문이었다. 지배계급은 역시 리버럴들이었고 그들은 일본 제국주의의 의향에 따라 우익을 더 많이 이용했다. 우익이 좌익보다 좀더 이용가치가 높았으니까.
    그렇다. 전전, 전후를 통틀어 근대 일본에 있어 권력을 장악해온 것은 우익도 좌익도 아니었다. 혹 우익이나 좌익이 한때라도 완전히 권력을 장악했더라면, 일본은 좋든 싫든 사상적 입장을 명확히 했을 것이며, 그 결과 좌우익의 사상적 격돌이 일어났을 것이다. 하지만 그런 사상적 격돌은 극소수의 개인이 내면에서 느낀 격돌을 제외하면 거의 일어난 적이 없었다. 그것은 좌우 양익 사이에서 균형을 잡으면서 권력을 유지해온 리버럴이 존재했기 때문이다. 즉, 원래 자유주의자를 뜻하는 리버럴이, 일본에서는 보수주의자로 나타났다고 할 수 있다.

극단적으로 말하면, 근대 일본의 정치란 좌우 양익 사이에서 균형을 잡는 노릇이었다. 리버럴은 때로는 극우를 잘라버리면서 오른쪽으로 다가섰고, 때로는 극좌를 잘라버리면서 왼쪽에 동조해서 권력을 유지해왔다. 그들은 그 균형감각으로 인해 계속 지배계급이 되어왔다. 그들은 좌우 양익의 틈새에서 권력을 장악하고 문명개화의 논리, 바꿔 말하면 근대화── 자본주의화, 중앙집권화, 탈아화(脫亞化),[4] 합리주의화──를 밀고 나갔다.

리버럴이 틈새에 낀 좌우 양익이라는 구도는, 그러나 좌우익의 논리를 약간 벗어날 것이다. '좌익' '우익'이라는 말은 프랑스혁명 후의 의회에서 의장의 왼쪽 자리를 급진파 자코뱅당이 차지하고, 오른쪽 자리를 보수파가 차지한 것에서 유래했다. 그 후 급진파 자코뱅당의 계보를 잇는 사회주의, 공산주의가 좌익이 되고 이에 대항하는 민족주의, 국가주의가 우익이 되었다. 그렇다면 보수파와 우익은 거의 동의어가 될 것이며 리버럴=보수파를 사이에 낀 좌익과 우익이라는 구도는 당연히 성립될 수 없다.

그런데 일본에서 보수파는 꼭 우익과 동의어가 아니었다. 보수파는

---

4) 후쿠자와 유키치의 「탈아론(脫亞論)」에서 나온 말로 아시아의 구투(舊套)를 탈피한다는 뜻.

리버럴이었고 리버럴들은 좌우익을 거의 같은 거리에 두었는데, 그것은 일본이 선진자본주의 열강 밑에서 뒤늦게 근대화를 추진해야 했다는 특수사정 때문이었다. 즉, 근대화론자인 리버럴이 근대 일본의 지배계급이 되는 것을, 이 특수사정이 요청한 것이다. 그런고로 근대화 노선을 밀고 나가는 메이지(明治) 국가체제에 대한 반대자가 두 방향으로 나뉘게 되었다. 대충 말하자면 '민족'의 입장에서 근대화에 반대하는 우익과, '계급'의 입장에서 반대하는 좌익이 그 두 방향이다.

물론 우익과 좌익이 각각 발생한 경위를 살펴보면 우익의 경우에는 '민족'의 입장보다 먼저 '국권'의 입장이 있고, 좌익의 경우 '계급'의 입장보다 먼저 '민권'의 입장이 있다고 하는 게 적합할지도 모른다. 그러나 메이지유신(明治維新)이 불완전하나마 네이션 스테이트(근대국가)의 성립을 의미하는 것이라면, 국가의 독립을 주장하는 국권론자와 개인의 독립을 주장하는 민권론자는 모두 근대국가의 이데올로기를 나눠 가진 것에 불과하다. 그들은 아직 메이지국가의 반체제파가 아니라 메이지 국가체제의 보완자(補完者)에 지나지 않았다.

왜냐하면 국권론자도 민권론자도 후쿠자와 유키치(福澤諭吉, 1834~1901)의 『통속국권론(通俗國權論)』(1878)에 있는 "민권과 국권은 양립해야 하고 분리해서는 안 된다"라는 네이션 스테이트(근대국가, 국민국가)의 이데올로기의 일단을 나눠 주장하는 것이기 때문이다. 국권도 민권도 확립하지 못했던 메이지 초기에는 이들 모두 메이지 국가체제의 보완자였다고 할 수 있다. 우익과 좌익이 각각의 전사(前史)에 국권론자와 민권론자를 집어넣는 것은 상관없지만, 그렇다고 해서 국권론자를 우익으로, 민권론자를 좌익으로 규정해서 대극에 앉히는 것은 역사에 충실한 방법이 아니다.

예컨대 1877년(메이지 10년)의 세이난전쟁(西南戰爭)[5] 당시, 이 좌우 양익은 아직 분리되어 있지 않았다. 선진자본주의 열강을 본받아 근대화를 추진하려는 오쿠보 도시미치(大久保利通, 1830~1879) 등의 체제파에 대한 반체제파의 입장은 하나밖에 없었다. 그들은 오쿠보 일파가 국권을 실추시키고 민권을 억압하면서 결국은 국가를 개인의 것으로 만들고 있다고 주장했다. 사이고 다카모리(西鄕隆盛, 1827~1877)[6]의 군대에 참여한 나카쓰대(中津隊)의 마스다 소타로(增田宋太郎)[7]가 쓴 격문에는 다음과 같은 구절이 있다.

현재 우리나라의 대세를 잘 관찰하면 러시아가 동쪽 바다에 욕심을 부리고 영국은 태평양에 군침을 흘리고 있으며, 미국도 역시 원하는 바가 있어 보인다. 뿐만 아니라 가까운 청나라가 일청전쟁 때부터 한을 품고 있으니 사방은 다 적대적이고 국세는 누란의 위기에 처해 있다. 이럴 때는 외부에 대한 힘을 강화해서 국내를 진정시켜야 할 것이다. 그런데 정

---

5) 메이지정부에 불만을 가진 사족(士族)들의 반란. 사이고 다카모리가 가고시마에 세운 사학교(私學校)의 학생들이 중심이 되어 일으켰지만, 정부군의 반격으로 패해 사이고의 자결로 막을 내렸다.
6) 현재의 가고시마(鹿兒島) 현에 위치한 사쓰마 번(薩摩藩, 사쓰마는 현재의 가고시마 현 서부지방)의 하급무사 가문에서 태어났다. 통칭 기치노스케(吉之助). 호는 난슈(南洲). 번주(藩主) 시마즈 나리아키라(島津齊彬)의 신뢰를 얻어서 등용되었지만 번주의 사후 한 번 실각한 적도 있었다. 메이지유신에 즈음해서는 큰 공을 세웠다. 메이지정부에서는 참의(參議), 육군대장, 근위도독(近衛都督)을 맡았다. 조선과의 국교회복문제에 스스로 사절이 되어 평화적인 교섭에 임하는 것을 제의해서 그렇게 하기로 결정되었는데도 실현되지 않아 1873년에 참의와 근위도독을 사임하고 고향에 돌아갔다(메이지 6년 정변. 오랫동안 "사이고가 '정한론'을 주장했다"는 이야기가 전해져왔지만 이 설은 현재 부정되고 있다). 가고시마에서는 사학교를 세워서 사족의 청년들을 교육했다. 1877년 정부에 불만을 가진 사학교 관계자와 학생들이 궐기했기 때문에 사이고가 그 선두에 섰지만 정부군의 반격에 패해서 자결했다.
7) 나카쓰(中津) 번의 무사로, 세이난전쟁 때 사이고가 이끄는 사쓰마 군에 협력해서 같이 싸운 나카쓰대의 대장.

부의 고급관료들은 천황폐하의 말씀을 덮어놓고 또 왜곡한다. 국내에서는 가혹한 정치를 하고 외국에는 아첨하면서 한때의 편안을 탐하고 있다. 그들은 국권을 타락시키고 사심을 품고 민권을 억압해서 국내에 한을 쌓이게 한다. 또 외국에서의 모욕을 달게 받아 비굴하기 짝이 없다. 그들은 모든 영역에서 폭정을 하고 있다.

이와 같은 사고방식에서 보면, 에토 신페이(江藤新平, 1834~1874)[8]도 마에바라 잇세이(前原一誠, 1834~1876)[9]도 국권과 민권이 성립하지 못하고 있는 상황을 '개탄'해서 그것을 '만회'하려고 기도한 사람들이라 할 수 있고 사이고 다카모리가 그 정점에 위치한다. 즉 그들은 오쿠보가 만든 체제 자체를 전복시키려고 계획하고 마스다를 비롯한 나카쓰대의 무사들도 이 기도에 가담한 것이다.

즉, 이때 좌우 양익은 아직 분리되어 있지 않았다. 있었던 것은 오쿠보 도시미치를 대표로 하는 체제파와 사이고 다카모리로 상징되는 반체제파였으며, 이들은 아직 서로 전환될 가능성을 내포하고 있었다. 하지만 세이난전쟁이 발발하고 오쿠보가 걸어온 길을 이토 히로부미(伊藤博文, 1841~1909)[10]가 메이지 국가체제로 확립시켰을 때, 그 전환이 불

---

8) 사가(佐賀)의 무사로 에도 말기에 개국지사로 활동, 유신정부에서 사법경(司法卿), 참의(參議)를 역임했지만 메이지 6년 정변(1873) 때 사직했다. 민선의원설립의 건백서를 제출한 후 1874년 사가의 난(佐賀の亂, 메이지정부에 불만을 가진 사족들이 봉기한 사건)을 일으켜서 처형됐다.
9) 조슈(長州, 현재의 야마구치(山口) 현) 번의 무사로 에도 말기에 도막(倒幕, 막부타도운동)에 가담. 유신 후 메이지정부에서 참의 등을 역임했지만 정부의 방침에 반대해서 하야. 1876년에 하기의 난(萩の亂)을 일으켜서 처형됐다.
10) 스오(周防, 현재의 야마구치 현 동부지방) 태생. 정치가. 요시다 쇼인(吉田松陰)의 쇼카손주쿠(松下村塾)에서 수학하고 도막(倒幕)운동에 참여했다. 유신 후에는 수상, 추밀원 의

가능해졌다.

에도 말기 초망지사(草莽志士)의 한 사람이었던 이토가, 처음에는 기도 다카요시(木戶孝允, 1833~1877)[11]를 따라 정계에 등장해서 오쿠보 도시미치 밑에서 교육을 받고 마지막에는 일본 지배계급을 한 몸으로 떠맡게 되는 과정은, 그 자체가 근대 일본의 성립기를 상징하고 있는 것 같다. 1885년(메이지 18년) 12월에 초망 출신의 이토 히로부미를 총리대신으로 해서 내각이 만들어졌을 때의 일을, 사시하라 야스조(指原安三)가 편집한『메이지 정사(明治政史)』는 다음과 같이 적고 있다.

우리나라 정치는 중세 이래 여러 변천을 거쳐 왔지만 태정(太政),[12] 섭관(攝關)[13]의 직위는 항상 가스가묘진(春日明神)[14]의 후손이 아니면 잡지 못했다. 그런데 메이지 18년 12월에 이르러 조정에는 문지혈맥(門地血脈)의 흔적이 없어지고 가스가묘진의 후예인 태정대신 산조 사네토미(三條實美) 공은 또 내대신(內大臣)이 돼서 궁중 일에 전념하게 되었으며 〔……〕 초망 출신인 이토 히로부미가 초연히 내각총리대신 겸 궁내대신(宮內大臣)이 되어 천하의 정치를 통괄하고 황실을 관리하게 되었다. 이것은 정치의 복고일 뿐만 아니라 유신의 미(美)요, 참으로 큰 개혁이라

장, 귀족원 의장 등을 역임했고 정우회(政友會)를 설립했다. 1905년 한국통감. 하얼빈에서 안중근에 의해 사살됐다.
11) 조슈 태생. 정치가. '기도 고인'이라고도 읽는다. 에도 말기에는 가쓰라 고고로(桂小五郎)라는 이름으로 알려져 있었다. 조슈 번의 지도자로 사쓰마(薩摩) 번과 함께 에도 막부를 무너뜨렸다. 유신 후 참의 등을 역임, 판적봉환(版籍奉還), 폐번치현(廢藩置縣) 등을 실시했다.
12) 여러 지방을 통괄하고 국정을 총괄하는 태정관(太政官)의 최고위직.
13) 섭정(攝政, 천황을 대신해서 정무를 보는 사람)과 관백(關白, 천황을 보좌해서 정무를 보는 사람).
14) 나라(奈良) 현에 있는 가스가신사(春日神社)에 모셔진 신으로, 헤이안(平安)시대 이래 권력의 자리에 있던 귀족 후지와라(藤原) 가문의 씨족신.

할 수 있다.

이 이토 내각의 출현이 중요한 의미를 갖는 이유 중의 하나는, 그가 초망 출신이라는 점이다. 이것은 메이지 시기의 일본이 근대국가로의 길을 걷기 시작한 이상 불가피하게 생긴 사태였으니, 그런 의미에서는 중요하지만 근대 일본만의 특수한 사정은 아니었다.

이토 내각의 출현이 중요한 또 하나의 이유는, 즉 이토가 의회제도를 만들어서 입헌정치를 하려고 하는 리버럴이었기 때문이다. 양행에서 돌아오는 길에 이토가 "일본도 의회제도를 채택해서 공화제로 만들어야 된다"고 말했던 것, 또 헌법을 작성할 때 "헌법을 만들면 천황 중심의 국체(國體)15)가 변혁될 것"이라고 말해서 변혁되지 않을 것이라고 주장했던 가네코 겐타로(金子堅太郎, 1853~1942)와 논쟁을 벌인 일화 등은 너무나 유명하다.

어쨌든 간에 리버럴이 근대 일본의 지배계급을 차지하게 되는 것은 이토 내각의 출현 이래의 일이다. 그리고 지배계급이 리버럴인 만큼, 한때는 혁명적 계기를 내포했던 자유민권운동도, 체제 보완물(體制補完物)로서의 자유당과 개진당(改進黨)을 낳고 끝났다.

이때 체제 보완물이 되기를 거부한 측이 자유당 좌파, 즉 오이 겐타로(大井憲太郎, 1843~1922)16)의 일파였다. 이 일파는 이토 히로부미 등의 정부와 이타가키 다이스케(板垣退助, 1837~1919)17) 등의 야당, 그리고 후

---

15) 미토(水戶, 현재의 이바라키 현 미토 시)의 유학자 아이자와 세이시사이(會澤正志齋, 1782~1863)가 만든 개념으로 나라의 본질이라는 뜻.
16) 부젠(豊前, 현재의 후쿠오카 현 동부와 오이타 현 북부) 출신. 정치가, 사회운동가. 자유당 좌파의 지도자. 1885년의 오사카사건으로 감옥에 들어갔다. 1892년 동양자유당을 결성해서 노동자의 권리 보호, 국권신장을 주장했다.

쿠자와 유키치의 제자들이 지배하는 재계 등 리버럴들의 연계가 근대 일본의 권력을 장악하는 것을 필사적으로 저지하려고 했으며, 그 결과 1885년(메이지 18년) 11월의 오사카사건(大阪事件)[18]을 일으키게 되었다. 말하자면 여기에는 반체제로서의 우익과 좌익의, 두 태동이 있다.

즉, 리버럴에 의해 근대 일본의 지배체제가 확립되려고 했을 때 그에 대한 반체제인 우익과 좌익이 성립할 계기가 생긴 것이다. 바꿔 말하면 우익과 좌익은 메이지 국가체제의 보완물이 되기를 거부한 어버이가 낳은 쌍생아였다. 이 둘이 그 전위주의적(前衛主義的) 형태에 있어 비슷한 것은 당연한 일이다.

오사카사건으로 드러난 조선개혁운동은 의회 내의 정당 또는 체제 보완물로서의 자유당을 인정하지 못하는 사람들이 일으켰다. 그것은 후쿠시마사건(福島事件)[19]의 생존자인 가토 소히치(加藤宗七)와 다시로 스에키치(田代季吉, 1850~1914),[20] 가바산사건(加波山事件)[21]에 가담한 다마미즈 쓰네지(玉水常治), 지치부사건(秩父事件)[22]에서 패배해서 도주 중이던

---

17) 도사(土佐, 현재의 고치(高知) 현)의 무사 집안에서 태어났다. 정치가. 도사 번의 무사로 도막운동, 보신전쟁(戊辰戰爭)에 참여했다. 유신정부에서 참여(參與), 참의(參議)를 역임했지만 그가 주장한 정한론이 받아들여지지 않아 메이지 6년에 하야했다. 이듬해 민선의원 설립을 건의하면서 자유민권운동의 지도자가 되었다. 1881년에 자유당을 설립했고, 제국의회가 개설돼서부터는 입헌자유당 총리가 되었다. 1898년 제1차 오쿠마 내각의 내무대신을 지냈다. 1900년 정우회 창립과 함께 은퇴했다.
18) 오이 겐타로 등 자유당 좌파가 조선의 내정개혁을 기도한 사건. 출발 전에 발각되어 오사카에서 139명이 체포됐다.
19) 1882년 후쿠시마(福島) 현에서 일어난 자유민권운동 탄압사건.
20) 대장장이로 무기를 만듦으로써 운동에 협력했다.
21) 1884년 자유당 좌파가 정부요인의 암살을 기도했지만 실패해서 이바라키(茨城)의 가바 산에서 봉기한 사건. 며칠 만에 진압되었다.
22) 1884년 사이타마(埼玉) 현 지치부 지방의 농민을 중심으로 일어난 대규모 무장봉기. 농민

오치아이 도라이치(落合寅市), 그리고 지치부사건의 군사훈련을 맡은 우지이에 나오쿠니(氏家直國) 등이 참여했다는 사실에서도 알 수 있다.

그러나 그렇다고 해서 이 오사카사건의 목적이 "평민의 민주주의를 향해 돌진하는 사람들"의 "자유민권혁명"이었다고 말하는 히라노 요시타로(平野義太郎, 1897~1980)[23)]의 학설에 그대로 동의할 수는 없다. 히라노는 저서 『오이 겐타로(大井憲太郎)』에서 다음과 같이 말한다. 오사카사건의 본질은 김옥균(金玉均) 등의 조선독립당을 도와 조선의 '개혁과 독립'을 겨냥하는 목적과 행동 자체에 있는 게 아니다. 오사카사건의 근본은 "일본의 정치개혁"에 있었고 자유민권으로 인한 "내치개량(內治改良)"이야말로 그 본질이었다. 즉 내지(內地)의 "자유민권혁명"으로 "전환하기 위한 방도"로써 조선독립당을 도운 것이라고 히라노는 주장하고 있다.

하지만 히라노의 이런 논지는 분명 오사카사건의 역사적 본질에 들어맞지 않는다. 그것은 1885년 5월에 고바야시 구스오(小林樟雄, 1856~1920)[24)]가 오이와 이소야마 세이베이(磯山清兵衛)에게 말한 사상을 들어도 증명될 것이다. 『자유당사(自由黨史)』(1910)에 따르면 고바야시는 다음과 같이 말했다고 한다.

약한 조선을 도와 그 독립을 완성시키기 위해서는 청나라의 간섭을 단

들의 곤궁을 본 그 지방 사람들이 곤민당(困民黨)을 조직해서 봉기했지만 10일 만에 진압되었다.
23) 도쿄 대학 법학부 졸업, 법학박사. 마르크스주의 강좌파(講座派)의 학자로 메이지 사상사 등을 연구했지만, 후에 시국에 편승해서 대동아공영권의 이데올로그로 적극적으로 침략에 가담했다. 또 그는 전쟁 중에는 중경(重慶) 정권을 비판했지만 패전 후에는 국민정부를 찬미하고, 국민정부가 몰락하면서 중화인민공화국 지지로 바뀌었다.
24) 자유당 좌파로 오이 등과 함께 조선개혁운동을 기도했다.

절시켜야 한다. 그런데 그렇게 하려면 먼저 정치를 장악하는 사대당의 수령 등을 일소해야 하며 박, 김 일파의 독립당이 중요한 지위를 차지하도록 해야 한다. 그렇게 되면 우리 국기와 국민이 받은 모욕을 씻을 수 있다. 또 일·청·한 삼국의 갈등을 야기해서 시국이 크게 바뀔 것이고 일본 사람들은 스스로 분기할 것이다. 일이 성사되면 정부는 당황한 나머지 일을 여론에 자문(諮問)하지 않을 수가 없게 되어 내치개량의 계기를 얻을 수 있다. 바깥에서는 의(義)에 의해 조선의 독립을 돕고 안에서는 퇴폐한 정치를 소탕해서 입헌정치를 창시할 수 있다. 참으로 일거양득의 책략이다.

실제로 오사카사건은, 고바야시가 말한 바와 같이 '일거양득'을 겨냥한 계책이었다. 거기에는 조선개혁운동을 계기로 메이지 전제정부를 변혁하려는 의도가 확실히 있었지만, 그와 동시에 한국의 경성에서 일어난 갑신정변 때 일본이 청나라에 당한 수모를 불식하려는 의도도 들어 있었다. 그것이 전적으로 '자유민권혁명'만을 의도해서 계획된 운동이라고 말하는 히라노의 설은 무리가 있다.

그러나 히라노의 설에 구애받을 필요는 없다. 중요한 것은 이 오사카사건으로부터 우익과 좌익이 쌍둥이처럼 생겨났다는 사실이다. 오사카사건은 앞에 언급한 두 의도하에 일어났지만, 이것은 자유당 좌파가 "내치개량의 계기"를 국내에서 찾지 못했음을 증명하는 것이다. 즉 그들은 체제 보완물이 되기를 거부하려고 했지만, 그 체제를 변혁할 만한 계기는 아직 가지고 있지 않았다.

이러한 사상적 혼미기에 오사카사건의 꺼진 불 속에서 두 운동이 나타나 서로 별개의 것으로 성립되었다. 즉 내치개량의 방책을 사회주의적인 것에서 찾으려고 했던 사카이 유자부로(酒井雄三郞, 1859~1900),[25] 고토쿠 슈스이(幸德秋水, 1871~1911)[26] 등의 움직임과, 내치개량의 방책을 대외책의 충격으로 도출하려고 했던 미야자키 도텐(宮崎滔天, 1870~1922),[27] 우치다 료헤이(內田良平, 1874~1937)[28] 등의 움직임이 그것인데, 전자가 소위 좌익이 되고 후자가 소위 우익이 되었다. 덧붙여서 말하면 사카이가 나카에 조민(中江兆民, 1847~1901)[29]의 친구이자 제자이고, 고토쿠가 나카에 조민의 제자였기 때문에 조민은 좌익의 원류로,

---

25) 사가(佐賀) 현 태생. 저널리스트, 평론가. 나카에 조민의 불학숙(佛學塾)에서 수학했다. 농상무성(農商務省)에 들어갔지만 사직한 후 평론활동을 시작했다. 프랑스에서 객사했다.
26) 고치(高知) 현 태생. 사회주의자. 『요로즈초호(萬朝報)』 기자 시절에 러일전쟁에 반대했고 평민사(平民社)를 창립, 『평민신문』을 발행했다. 평민사 해산 후에 무정부주의자로 전향. 일부 사회주의자, 무정부주의자가 세운 메이지천황 암살계획이 발각되면서 일어난 탄압(대역사건) 때 수피로 지목돼서 사형당했다.
27) 구마모토(熊本) 현 태생. 혁명가. 본명 미야자키 도라조(寅藏). 형 하치로(八郞)는 세이난 전쟁 때 전사한 영웅이다. 도쿠토미 소호의 오에기주쿠(大江義塾), 도쿄전문학교 영어학과 등에서 수학, 한때는 기독교신자였다. 21세 때부터 중국혁명에 뜻을 품었다. 김옥균이 일본에 망명했을 때 그를 도와주었으며, 1877년부터는 쑨원(孫文)과 친교를 맺으면서 그에게 협력하기 시작했다. 그의 저서 『33년의 꿈』은 중국어로 번역되어 혁명에 뜻을 둔 중국 청년들이 일본에 유학하는 계기를 만들었다.
28) 후쿠오카(福岡) 현 태생. 현양사 사장 히라오카 고타로(平岡浩太郞)의 조카. 어릴 때부터 유술(柔術), 검술, 스모(相撲) 등을 열심히 했는데 특히 유술에 능했다. 한학을 수학했다가 도쿄에 가서 동방어학교(東邦語學校)에서 러시아어를 배웠다. 젊어서 현양사의 활동가로 인정받은 그는, 1894년에 동학농민전쟁이 일어났을 때 천우협(天佑俠)을 조직해서 참여했다. 1897년부터 1898년에 걸쳐 시베리아에 건너가 도보여행을 하면서 러시아 사정을 관찰, 그 후 러시아에 대한 주전론을 주장했다. 1901년 흑룡회를 결성하여 주간에 취임했고, 필리핀, 중국, 인도의 혁명운동에 관여했다. 1906년 조선통감 이토 히로부미는 그를 통감부 촉탁으로 삼아 경성에 데려갔다. 우치다는 거기서 일진회(一進會) 고문이 되었고 그 후 이용구, 송병준과 함께 일한합방운동을 추진하기 위해 통감부를 그만두었다. 1910년 일한합방이 되었지만, 그들이 생각했던 대등한 '합방'은 이루어지지 않았고 민간의 합방론자들은 일본 정부에서 냉대를 받았다. 좌절한 우치다의 활동은 이후 정체를 잃는다. 1931년에는 대일본생산당(大日本生産黨) 총재가 되었다. 1934년에는 신흥종교 오모토교(大本敎)의 지도자 데구치 오니사부로(出口王仁三郞)와 협력해서 '쇼와신성회(昭和神聖會)'를 조직했다.
29) 도사(土佐, 현재의 고치 현) 태생. 사상가. 프랑스에 다녀온 후 불학숙을 열어 민권론을 주장하고 자유당 창설에 참여했다. 루소 등의 번역으로도 알려져 있다.

미야자키 도텐의 비호자가 도야마 미쓰루(頭山滿, 1855~1944)[30]였고 우치다 료헤이가 도야마의 현양사(玄洋社) 출신이었다는 이유로 도야마가 우익의 원류로 여겨지고 있다.

다만, 도야마의 묵인하에 오쿠마 시게노부(大隈重信, 1838~1922)[31]에게 폭탄을 던진 현양사 사원 구루시마 쓰네키(來島恒喜, 1859~1889)가 조민의 불학숙(佛學塾)[32] 출신이었고, 조민이 가장 사랑한 제자 고야마 히사노스케(小山久之助, 1858~1901)[33]가 우치다 료헤이의 흑룡회(黑龍會)[34] 회원이었다는 사실에서도 알 수 있듯이, 도야마 미쓰루와 나카에 조민은 결코 우와 좌의 대극에 있지는 않았다. 그렇기는커녕, 조민은 세상을 뜨기 직전인 1901년에 "민권은 지리(至理)다, 자유평등은 대의다"라고 주장하는 한편, 고노에 아쓰마로(近衛篤麿, 1863~1904)[35]를 중심으로 강경외교를 주장하는 국민동맹회[36]에도 가입했었다.

---

30) 후쿠오카 태생. 1881년 정치결사 현양사 창립. 이후 흑룡회 고문. 흑막으로 정치에 큰 영향력을 미치는 거물인사로 알려져 있었다. 민권론과 국권론을 주장하면서 활동을 시작했는데, 아시아 여러 나라의 독립지사들을 적극적으로 돕기도 했다. 예를 들어 1884년 갑신정변에 실패해서 일본에 망명한 김옥균을 지원했으며, 1897년경부터는 쑨원 등 중국혁명지사와 협력하기도 했다. 1915년에는 일본에 망명 중이던 인도의 독립지사 보스Rash Bihari Bose 등을 보호해주었다.
31) 정치가. 사가 태생. 메이지정부의 요직을 지낸 후 하야해서 개진당을 결성. 뒤에 외무대신, 수상을 역임. 와세다(早稻田)대학의 전신인 도쿄전문학교를 창립했다.
32) 나카에 조민이 1874년에 도쿄 고지마치(麴町)에 연 프랑스학을 가르치는 민간학교로 처음에는 '불란서학사(佛蘭西學舍)'라는 이름이었다. 자유평등을 제창하는 프랑스사상을 가르쳐서 자유민권운동에 큰 영향을 주었다. 1886년경에 폐교.
33) 신슈(信州, 현재의 나가노(長野) 현) 태생. 나카에 조민의 불학숙에서 수학했으며, 이후 조민이 정치활동을 할 때는 고야마가 항상 곁에 있었다. 1897년 고토쿠 슈스이와 협력해서 고향에 사회주의연구회를 결성. 조민의 사망 2개월 전에 병사했다.
34) 현양사의 젊은 맹원들을 중심으로 해서 우치다 료헤이가 결성한 결사. 외국에서는 'Black Dragon Society'로 알려졌지만 흑룡회는 흑룡강에서 딴 이름이다.
35) 정치가. 청일전쟁 후 대로(對露)강경정책을 주장. 학습원 원장, 귀족원의장, 추밀고문관 등을 역임. 공작.

조민이 국민동맹회에 입회했을 때 고토쿠 슈스이가 러시아 토벌을 목적으로 한, 소위 제국주의 단체에 가입하는 것은 "자유평등의 대의에 어긋나는 행위가 아니냐"고 질문했다. 이에 대한 조민의 회답은, 고토쿠 슈스이의 『조민 선생(兆民先生)』(1902)에 따르면 다음과 같다.

러시아와 싸우고 싶다. 이기면 즉시 대륙에 세력을 뻗쳐서 동양의 평화를 유지해야 한다. 지면 즉시 온 나라가 곤궁에 빠져서 그 미몽에서 깨어날 것이다. 이 기회를 잘 타면 번벌(藩閥)[37]을 소탕해서 내정을 혁신시킬 수 있다. 이것도 좋은 일이 아닌가.

조민의 이 말을 인용하면서 마쓰나가 쇼조(松永昌三, 1932~)는 "그대로 믿을 수는 없다"(『나카에 조민』)라고 하지만, 이것을 조민의 정치역학으로 인정해도 될 것 같다. 이것은 사이고 다카모리 이래 반정부파의 전통적 사고방식으로 조선개혁운동과도 통하는 정치역학이기 때문이다. 이는 말할 것도 없이 도야마 미쓰루와도 상통하는, 국내변혁에 대한 하나의 방법론이다. 좌익으로서는 별로 인정하고 싶지 않겠지만, 조민도 역시 이 우익적 혁명론의 계통에서 벗어나 있지는 않았다.

우익에 혁명론이 없었다고 하는 것은 새빨간 거짓말이다. 물론 우익운동은 그 과정에서 되풀이해 체제에 편입되었지만 체제에 편입되려고 하는 우익을 그 타락에서 구한 것은 그 시대마다 생겨난, 말하자면 '신우익'이었다. 예를 들어 도야마 미쓰루에게 있어 우치다 료헤이는 신우

---

36) 귀족원 의장 고노에 아쓰마로가 1900년에 결성한 정치단체. 러시아의 만주진출에 위기감을 가지고 강경정책을 주장했다. 1902년에 해산.
37) 메이지유신에서 공을 세운 사쓰마 번과 조슈 번 출신 인물을 중심으로 한 정치파벌.

익이었고 우치다에게 있어서는 기타 잇키(北一輝, 1883~1937)[38]가, 그리고 기타에게 있어서는 스에마쓰 다헤이(末松太平, 1905~1993)[39]가 신우익이었다. 그리고 미리 판단하자면, 전후의 우익 각파는 신우익이라 불리는 최근의 집단을 포함해서, 스에마쓰 다헤이의 수준을 넘지 못하고 있다.

어찌 되었든 우익혁명을 상징하는 인물이 사이고 다카모리다. 사이고는 도야마에게도 우치다에게도 기타에게도, 그리고 아마 스에마쓰에게도 이상상(理想像)이었다. 우익이라 일컬어지는 인물—— 오카와 슈메이(大川周明, 1886~1957)[40], 미쓰카와 가메타로(滿川龜太郎, 1888~1936)[41] 가게

---

38) 니가타(新潟) 현 사도가시마(佐渡島) 태생. 본명 기타 데루지로(輝次郎). 국가사회주의자. '만세일계(萬世一系)'의 천황을 '현인신(現人神)'으로 받들어 모시는 국체론을 "동양의 토인부락" 같다고 비판하고 천황을 국체변혁의 도구로 이용하는 혁명을 주장하면서 국민국가의 국체론을 구상했다. 기타의 사상을 신봉하는 청년 장교들이 일으킨 쿠데타인 2·26사건 때 주모자로 지목돼서 사형당했지만, 사실 기타가 그 사건을 주도한 것은 아니었다. 기타의 사상은 일종의 민주주의혁명을 겨냥한 것으로 작가 미시마 유키오는 기타가 제안한 국가의 모습의 적지 않은 부분이 전후 민주주의헌법 밑에서 실현되었다고 말했다.
    기타의 『일본개조법안대강』에는 조선 민족을 자립한 민족으로 존중해야 한다고 주장하는 구절이 있어 공감을 가진 조선인도 적잖이 있었다(예를 들어 아나키스트 박열(朴烈)이 관동대지진 때 기타 잇키의 집에 달려가서 숨겨달라고 요청한 바 있다). 우익이라고도 좌익이라고도 말하기 어려운 기타를, 마쓰모토는 '혁명적 낭만주의자'라 부른다.
39) 후쿠오카 현 태생. 황도파 육군대위로 2·26사건에 참여했지만 금고 4년의 판결을 받고 면직됐다. 1939년에 출옥했다. 『나의 쇼와사(昭和史)』(1963)는 그 시대에 관한 중요한 증언이다.
40) 야마가타(山形) 현 태생. 도쿄 대학에서 인도철학을 전공했다. 코란을 번역하는 등 이슬람 연구로도 알려져 있다. 종교를 연구하다가 인도의 정치적 상황을 알게 되어 아시아 문제에 관심을 가지기 시작했다. 1918년 만철 동아경제조사국에 입사, 재직 중에 『특허식민회사제도의 연구』로 법학박사가 되었다. 유존사(猶存社), 행지사(行地社) 등의 정치결사를 결성, 국가개조운동을 전개했다. 1932년 5·15사건에 관여해서 체포되었다. 전후 도쿄재판에서 A급 전범으로 기소되지만 정신이상으로 기소가 취소되었다.
    국내를 개조하기 위해서는 자기 나라 역사를 알아야 한다고 주장하는 오카와의 베스트셀러 『일본 2천 6백년사(日本二千六百年史)』(1939)는, 천황의 가계가 여러 부족 중 세력이 강한 부족의 '족장(族長)'이었다고 말하고, 일본의 선주민은 아이누족이었을 거라고 추측하는 등 황국사관과는 거리가 먼 것이었다. 일본이 '신국(神國)'이라고 믿지는 않았으나 아시

제1장 우익이란 무엇인가   29

야마 마사하루(影山正治, 1910~1979),[42] 하야시 후사오(林房雄, 1903~1975)[43] 같은 사람들——에게도 마찬가지다. 그렇다면 '우익이란 무엇인가'라는 문제는, 어쩌면 '사이고 다카모리란 무엇인가'라는 문제와 거의 겹칠 것 같다.

도야마와 나카에 조민을 잇는 것, 이것도 사이고다. 도야마가 『위대한 사이고의 유훈(大西鄕遺訓)』〔정교사(政教社)[44] 간행〕의 강평을 썼다는 사실은 주지하는 바와 같다. 도야마는 세이난전쟁 때 예비검속에 가까운 형태로 감옥에 갇혀 있었지만 석방이 되자 사이고를 찾아 가고시마(鹿兒島)로 향했다. 물론 사이고는 이미 세상에 없었다. 응대하러 나온 가와구치 세쓰호(川口雪蓬)가 어이없어하는 얼굴로 그렇게 말했더니, 도

아의 부흥을 위해서는 일본이 이겨야 한다고 생각한 오카와는 대동아전쟁의 대표적 이데올로그의 역할을 하게 되었다.

41) 오사카 태생. 저널리스트, 사상가. 일하면서 소학교를 다녔고 교토(京都)에서 중학교를 졸업했다. 1907년부터 와세다, 니혼 대학 등에 다녔지만 중퇴하였으며, 학교에 다닐 때도 신문기자로 일하고 있었다. 1914년에는 잡지 『대일본(大日本)』의 주필이 되었고. 1918년 노장회(老壯會)를 결성했다. 이 모임은 여러 사상경향을 가진 사람들이 참석해서 의견을 교환하는 자리였다. 1919년 오카와 슈메이와 함께 상하이에 체재했던 기타 잇키를 맞이하면서 정치결사 유존사를 결성했다. 1921년에 『빼앗긴 아시아』를 출판했다. 1923년에는 유존사가 해산되었다. 1924년 동양협회대학〔현재의 다쿠쇼쿠(拓植) 대학〕 강사가 되었고 1925년 행지사(行地社) 결성에 참가했으나 이듬해에 탈퇴했다. 1930년 고아가쿠주쿠(興亞學塾)를 열었다. 1933년에는 다쿠쇼쿠 대학 교수가 되었다. 1935년 『삼국간섭 이후』 출판. 그다음 해 뇌출혈로 급사했다.

42) 아이치(愛知) 현 태생. 우익사상가, 운동가, 단카(短歌, 5·7·5·7·7의 5구 31음으로 이루어지는 전통적 정형시) 작가. 문학적으로는 일본낭만파의 야스다 요주로에게 큰 영향을 받았다. 신병대사건(神兵隊事件), 7·5사건 등 수상암살계획에 참여했다. 1939년 정치결사 대동숙(大東塾)을 창설했다. 대동숙은 전후 해산했지만 1954년에 재건되어 도쿄 근교에 농장을 만들었다. 1979년 원호(元號) 법제화를 호소하며 자결했다.

43) 오이타(大分) 현 태생. 소설가. 본명 고토 도시오(後藤壽夫). 도쿄 대학 중퇴. 프롤레타리아 작가로 출발, 뒤에 전향해 고바야시 히데오(小林秀雄) 등과 함께 『문학계(文學界)』를 창간했다. 전후에는 대중작가가 되었다.

44) 1888년에 미야케 세쓰레이 등이 만든 국수주의적 사상단체.

야마는 "사이고가 죽었다 해도 사이고의 정신은 살아 있을 것 아니냐"
고 했다고 한다. 우익을 사이고의 정신적 후예라 부르는 이유 중의 하
나를 여기서 찾을 수 있다.

그런데 나카에 조민 또한 사이고의 정신적 후예임을 자임하고 있었
다. 그는 사이고를 앙모하고 같은 시대에 태어나지 않았음을 한탄했는
데, 자유민권운동이 패퇴한 후 혁명이 멀어질수록 그 사모의 마음이
깊어진 모양이다. 조민은 혁명사상가인 자신을 살릴 수 있는 인물은
사이고밖에 없다고까지 생각했다. 고토쿠 슈스이는 『조민 선생』에 이
렇게 쓰고 있다.

> 혹 사이고 옹(翁)이 계셨더라면 나(조민)의 재능을 계발해주셨을 텐
> 데, 그는 이제 이 세상에 안 계신다고 말하면서 (조민 선생은) 감정을
> 억누르지 못하는 것 같았다.

단, 고토쿠는 사이고에 대한 집착이 스승인 조민처럼 깊지 않았고
그만큼 조민을 냉정한 눈으로 보고 있었다. 더는 시대에 참여하지 못
하게 된 혁명사상가 조민을 아까워하면서도 고토쿠는, '메이지의 장량
(張良)'이라고 불린 조민이 지금은 "누추한 동네에서 가난하게 살며
〔……〕 공연히 술을 마시면서 나날을 보내고" 있었다고 날카로운 비평
을 하고 있다.

그런데 고토쿠가 사이고를 혁명의 상징으로 생각하지 않았던 것처럼,
그 후 좌익은 사이고의 정신적 후예를 자임하기는커녕 사이고를 구시대
의 인물로 무시했다. 이때 사이고가 우익의 전유물이 된 것이다. 단,
고토쿠가 대역사건(大逆事件)[45]의 수괴로 지목되었을 때 이시카와 다쿠보

쿠(石川啄木, 1886~1912)⁴⁶⁾가 문득 "고토쿠와 사이고!"(1911년 1월 5일의 일기)를 연상한 것처럼 혁명자 사이고의 이미지는 아직 국민의 에토스 ethos(심성)에서 사라지지 않고 있었다.

좌익이 사이고를 구시대로 규정해서 무시해버렸다는 사실은, 사이고에게서 혁명자의 이미지를 찾는 국민의 에토스를 봉건적이라고 무시했음을 뜻하는 것과 같다. 하지만 나카에 조민은 사상의 근원을 이 국민적인 에토스에 두고 있었고, 도야마 미쓰루의 현양사도 역시 거기서 사상적 원천을 찾으려고 했다. 일본인들에게 사이고 다카모리가 어떤 존재였는지를 해명한다 해도 우익의 정체가 해명되는 것은 아니지만, 우익이란 무엇인가를 밝히기 위해서는 반드시 사이고를 문제 삼아야 할 것이다.

물론 이 글의 목적은 사이고를 논하는 것이 아니니, 여기서는 사이고가 일본 사람들의 에토스 속에서 무엇을 상징했는지를 지적하는 것으로 만족해야겠는데, 기실 이것은 새삼 말할 것도 없다. 근대의 일본 사람들에게 사이고는 그 비극적인 패배로 인해 더더욱 영원한 혁명가가 되었다. 논거는 많지만 하나만 들겠다.

1921년에 출옥한 아나키스트 곤도 겐지(近藤憲二, 1895~?)가 정양 차 귀향했을 때의 이야기다. 곤도의 부친이 "그런 운동을 계속한다면 나중에 세이난전쟁 비슷하게 큰일을 일으켜야겠군" 하고 말했다. 곤도가 가만히 있었더니 "그때 너는 적어도 한쪽의 우두머리쯤은 되어라"고

---

45) 메이지천황 암살계획이 발각되면서 일어난 사회주의자에 대한 탄압사건. 1910년(메이지 43년)에 많은 사회주의자와 무정부주의자가 검거되어 24명이 사형 선고를 받았으며, 이듬해 1월 고토쿠 슈스이를 비롯한 12명이 처형되었다.
46) 이와테(岩手) 현 태생. 본명 이시카와 하지메(石川―). 단카 작가, 시인.

했다고 한다.

곤도는 『어떤 무정부주의자의 회상(一無政府主義者の回想)』(1965)에 이 일화를 적으면서 부친에게 "세대차"를 느꼈다고 쓰고 있다. 하지만 아나키스트를 포함한 좌익이 혁명가로서의 사이고를 평가하지 않은 만큼, 사이고의 정신적 후예를 자임하는 우익이 국민의 에토스에 더 깊은 뿌리를 내리게 된 것 같다.

말하자면 사이고란, 문명개화의 논리를 추진하는 근대 일본의 지배계급인 리버럴이 잘라내 버린 부분을 다 건짐으로써 체제에 반대하는 존재였다. 근대화를 따라갈 수밖에 없으면서도 마음속에는 저항의 마음을 품고 있었던 일본 사람들은 그 저항의 에토스를 모두 사이고의 이미지에 맡기려고 했다. 그리고 그 에토스를 맡으려고 한 것이 우익이었다. 그러기 위해서 우익은 본래적으로 근대 일본의 반체제여야 했다.

제2장
우익의 성립과 그 이후

보통 우익이 성립한 시기로 거론되는 것은 도야마 미쓰루를 중심으로 한 현양사가 민권론에서 국권론으로 '전향'한 시점이다. 1886년(메이지 19년) 8월, 나가사키(長崎)에서 청나라 해군병사가 일으킨 폭행사건에 분개한 현양사의 전향에 관하여 『현양사 사사(玄洋社社史)』(1917)는 다음과 같이 기술하고 있다.

민권이 신장되는 것은 매우 좋은 일이다. 하지만 공연히 민권을 주장해서 국민의 성쇠를 돌보지 않는다면 국가의 치욕을 씻지 못한다. 일본 제국의 원기를 유지하기 위해서는 군국주의에 의지해야 하고 국권을 대폭 신장시켜야 한다고 하여 드디어 이전에 주장했던 민권론을 헌신짝처럼 버리게 되었다.

민권운동의 결사로 탄생한 현양사가 이를 계기로 국권주의로 전향하면서 우익이 성립됐다고 보는 게 정설이다. 하지만 이 『현양사 사사』는 현양사 측이 1917년의 시점에서 과거를 정리한 것이라 그러한 자기정당화를 그대로 믿어서는 안 된다. 또 민권론과 국권론은 근대국가 성립기에 있어서는 병립하는 것이니, "국권을 대폭 신장시켜야 한다"고 생각했다는 사실만 가지고 그들이 민권론을 적대시했다고 볼 수는 없다.

확실히 현양사는 이 '전향' 후인 1892년(메이지 25년)의 제2회 선거에서 마쓰카타(松方)[47] 내각에 가담해서 민당(民黨)[48] 탄압의 선봉이 되었다. 하지만 그 민당도 1890년의 제1의회 때 이미 하야시 유조(林有造, 1842~1921)나 우에키 에모리(植木枝盛, 1857~1892) 등 도사파(土佐派)[49] 의원들이 정부 지지로 바뀌면서 민당으로서의 실질을 스스로 포기했었다. 나카에 조민이 '냉혈한의 진열장'이라 매도한 의회와, 민당 탄압에 가담한 현양사를 어떤 선으로 구별할 수 있겠는가. 아니, 그 경계선을 찾는 것보다 메이지 20년대에 현양사를 민당 탄압의 앞잡이로 만들고 도사파 의원들을 변질시킨 지배계급의 역량에 오히려 감탄해야겠다.

즉 『현양사 사사』 중 1886년의 '전향'에 관한 부분은 현양사만의 이야기가 아니라 민권운동을 추진해온 모든 결사에 공통되는 것이었다. 그러므로 민권론이 국권론으로 전향한 시점을 우익의 성립 시기라고 말할 수는 없다. 1890년의 제국의회 개설 시에는 현양사도 도사파— 옛 입지사(立志社)[50]— 도, 아니 거의 모든 민권결사가 정도의 차이는

---

47) 마쓰카타 마사요시(松方正義, 1835~1924).
48) 메이지시대에 자유민권운동을 추진한 자유당, 입헌개진당 등 민권파 정당을 통틀어 일컫는 말. 민당 쪽은 반대세력을 관리들과 유착한 정당이라는 뜻으로 '이당(吏黨)'이라 불렀다.
49) 도사(현재의 고치 현) 출신의 자유당 의원을 가리키는 말.
50) 이타가키 다이스케를 중심으로 1874년 도사에서 결성된 정치결사로 자유민권운동에서 중요한 역할을 했다.

있으나 체제에 편입되어 있었으니까.

체제에 편입되지 않으려고 하는 최후의 저항이 조선개혁운동이었지만 이것이 비참한 실패로 끝났음은 앞에서 말한 바와 같다. 저항이 실패로 끝났을 때 절망이 시대의 지배적 감정이 되고 나카에 조민은 그 절망을 "사이고가 이제 세상에 없다"는 개탄으로 나타냈다. 그러나 절망한 사람은 조민만이 아니었다. 왜냐하면 조민은 당시의 가장 혁명적 사상가였으니 그 조민이 개탄에 몸을 맡긴다고 하는 것은, 근대화를 추진하는 지배계급을 타도하는 사상은 거의 존재하지 않았다는 사태를 말해주고 있다〔지치부 곤민당(秩父困民黨)[51]은 이때 역사 깊은 곳에 은폐되어 있었다〕.

그런데 체제에 편입되어버린 민당에 절망한 조민은 알코올 중독이라는 얄궂은 이유로 의원을 그만두고 정계를 은퇴하면서 언론계에서도 멀어졌다. 조민이 홋카이도(北海道)에서 종이 도매상과 목재상을 경영하고 있다는 소문을 들은 기타무라 도코쿠(北村透谷, 1868~1894)[52]는 노여움을 누르지 못해 「조민 거사(居士) 어디에 있는가」(1893)라는 글을 써서 다음과 같이 매도했다.

사회는 그를 어떤 사상의 대표자로 지목했는데 어찌 된 일인지, 멀리 홋카이도에서 장사를 하고 세상을 초탈하다니. 〔……〕 거사가 의회를 버린 것은 괜찮다. 거사가 자유당을 버린 것도 괜찮다. 거사는 정치가가 아니고 정당의 맹원이 어울리는 사람도 아니다. 하지만 어째서 거사는

---

51) 지치부사건을 일으킨 자유민권주의자와 농민들의 모임.
52) 가나가와(神奈川) 현 태생. 시인, 평론가. 시마자키 도손 등과 잡지 『문학계(文學界)』를 창간했다.

한 사람의 철학자가 되지 못하는가. 어째서 이 혼탁한 사회에 분노하고 시끄러운 소인배들의 섬에서 일어난 소동에 격노해서 통절한 의견을 사상계에 피력하지 못하는가. 나는 거사를 직접 뵌 적은 없으나 몰래 거사의 고결한 인품을 선망한 적이 있었다. 그렇지만 지금 거사는 없고 어중간한 상인 나카에 도쿠스케(中江篤介),[53] 겁이 나서 세상을 피한, 거만하고 세상을 포기한 나카에 도쿠스케라는 사람의 소문이 들릴 뿐이다.

도코쿠 자신이 조민의 '고결한 인품'을 선망했다는 구절에서 알 수 있듯이, 이 매도의 글은 물론 매도에 가탁해서 애석한 마음을 표명한 것이다. 도코쿠는 일찍이 팔에 석류 문신을 새기고 구모이 다쓰오(雲井龍雄, 1844~1870)[54]의 시[55]를 읊으면서 '때는 돌아온다'는 문자를 발염한 겉옷을 입고 민권운동에 분주했던 지사였다. 그는 오사카사건의 군자금을 만들기 위해 같이 강도를 하자는 맹우 오야 마사오(大矢正夫, 1863~1928)의 권유를, 배신의 의식과 함께 거절해버린 과거를 가지고 있었다.

기타무라 도코쿠에게 조민은 "어떤 사상의 대표자"였다. 물론 여기서 어떤 사상이란, 도코쿠가 속했던 민권혁명운동을 가리킨다. 그 조민이 "세상을 초탈"해버리면 그를 선망했던 이들은 사상을 어떻게 전개해나가야 하는가. 도코쿠의 그런 절망이 오래 존경했던 조민을 매도

---

53) 나카에 조민의 본명.
54) 에도 말기와 유신 때 활약한 요네자와(米澤) 번의 무사(요네자와는 현재의 야마가타 현 요네자와 시). 본명 고지마 모리요시(小島守善). 유신 후 정부에서 일하고 있었지만 정부를 전복하려는 계획을 세웠다고 해서 처형되었다.
55) 기타무라 도코쿠는 17세 때 쓴 「후지산(富士山)에 갔을 때의 기억」이라는 글 속에 구모이 다쓰오가 옥중에서 늙은 스승 야스이 솟켄(安井息軒)에게 바친 한시의 한 구절 "微軀一許君不能養吾老(제 작은 몸은 다 나라에 바쳤으니 스승인 당신을 시중들 수 없습니다)"를 인용하면서 나라를 위해 헌신한 지사 구모이에게 공감을 표한 바 있다.

하게 만든 파토스pathos(격정)였다. 조민은 사이고가 죽었다고 하면서 오로지 개탄만 한다. 그리고 조민에게 시대의 사상적 변혁을 기대했던 도코쿠는 "겁이 나서 세상을 피한, 거만하고 세상을 포기한" 조민에 대해 분개하기만 한다.

시대의 지배적 감정은 절망의 극치에 이르렀다. 나아갈 수도 물러설 수도 없다. 이 상황을 1889년의 헌법 공포, 1890년의 제국의회 개설, 교육칙어 공포, 1894년의 청일전쟁 등 이토 히로부미가 만든 메이지 국가의 화려한 행보와 대조했을 때 그 격차에 아연해할 수밖에 없다.

그런데도 체제에 편입되지 않으려고 한다면 국수주의적 지사 니시노 분타로(西野文太郎)처럼 문부대신(文部大臣) 모리 아리노리(森有禮, 1847~1889)를 찔러 죽이든지, 아니면 민권장사(民權壯士) 아오키 모시치로(青木茂七郎)처럼 제2제국의회에 말똥을 던지는 등의 미친 짓을 할 수밖에 없었을지도 모른다. 절망을 초극하지 못하는데도 시대를 변혁하려는 파토스가 낳는 행동으로는 유일하게 테러가 있을 뿐이다.

구루시마 쓰네키가 폭탄을 던진 것은 그 전형적인 경우라 할 수 있을 것이다. 1889년, 오쿠마 시케노부 외상은 굴욕적인 조약개정을 강행하려고 했지만 오쿠마가 이끄는 옛 개진당계 인물을 제외한 재야 각파는 이를 막으려고 했다. 하지만 외교권은 오쿠마의 손에 있고 구로다(黑田)[56] 내각이 그를 지지하는 이상 어떻게 할 수도 없었다. 사람들이 비분강개하는 가운데 도야마 미쓰루는 침묵을 지켰다. 어떻게 생각하느냐는 질문을 받은 도야마는, "굴욕조약 체결은 꼭 막아야 한다. 나는 정부가 그것을 못하게 할 것이다"라고 대답했다.

---

56) 구로다 기요타카(黑田淸隆, 1840~1900). 제2대 내각총리대신.

도야마의 그런 뜻을 체현시킨 사람이 구루시마다. 그가 폭탄을 입수할 수 있었던 것은, 도야마가 오이 겐타로에게 폭탄 조달을 부탁했기 때문이다. 도야마는 오이가 오사카사건 때 준비한 폭탄을 은닉하고 있는 것을 알고 있었다. 이리하여 자유당 좌파가 준비한 폭탄은 현양사 사원 구루시마의 손으로 오쿠마에게 던져져서 굴욕적 조약개정을 저지했다.

1889년 10월 18일, 오쿠마가 탄 마차는 연기에 싸이고 오쿠마는 한쪽 다리를 잃었는데, 구루시마는 그 연기를 보고 외상이 죽었다고 생각한 모양이다. 동지에게 눈짓을 하고 황거를 향해 절을 한 후 프록코트 주머니에서 비수를 꺼내 그 자리에서 자신의 목을 찔렀다. 장렬한 자결이었다. 도야마는 구루시마의 관 앞에서 "천하의 모든 논쟁은 자네의 일격만도 못하다"라는 유명한 조사를 올렸다.

만약 도야마를 우익의 원류라고 한다면, 그는 바로 이때 원류가 된 것이다. 또 우익의 미학이라는 게 있다면 그것은 테러를 행한 후 자결한 구루시마 이후 조형(造型)된 것이다. 그러나 이 시점에서 아직 우익은 성립되어 있지 않았다.

우익의 성립은 이 시대의 지배적 감정이었던 절망과 무관한 사람들이 오사카사건의 좌절을 극복하려고 했을 때 싹튼다. 그것의 한 예가 1894년의 천우협(天佑俠)이다. 여기에 참여한 우치다 료헤이는 1874년생으로 이때 스무 살이었다.

1894년 조선에 동학농민혁명(갑오농민전쟁)이 일어났다. 동학(東學)이란, 서학(西學)이라 불린 기독교나 유럽의 과학에 대비되는 명칭으로 민족적 종교를 뜻한다. 유교와 불교를 합친 것 같은 단순한 신흥종교로 현세적 이익을 얻을 수 있다는 이유도 있어 조선 전역에 급속히 퍼졌다. 하지만 특권계층인 양반을 중심으로 하는 지배계급은 이를 탄압했기 때문에 동학당은 "계급타파, 보국안민(輔國安民), 인권신장"을 내걸고 전라도에서 반란을 일으켰다. 천우협은 이 동학당을 돕기 위해 성립된 것으로 부산에 사무실을 가지고 있던 오사키 쇼키치(大崎正吉)나, 『이륙신보(二六新報)』에서 오사키의 동료였던 스즈키 덴간(鈴木天眼) 등이 도야마와 의논해서 현양사의 우치다 료헤이와 오하라 요시타케(大原義剛)를 참가시키고, 다른 곳에서도 몇 사람이 참여하면서 총 14명으로 결성되었다.

이 천우협의 목적은 쉽게 말하면 동학당을 원조함으로써 청나라에 예속되고 아직 몽매한 상태에 있던 한국 정부와, 오랫동안 한국을 잠식해 온 청나라 정부에 '철퇴'를 내리는 데 있었다. 즉, 이것은 오이 겐타로 등이 조선개혁운동으로 김옥균 등의 독립당을 도우려고 한 것과 같은 사상에 근거를 두고 있었으며, 우치무라 간조(內村鑑三, 1861~1930)[57]가 청일전쟁을 의전(義戰)이라 생각한 논리와도 상통하는 것이었다. 우치무라가 말한 의전의 논리란, "청일전쟁은 조선의 독립과 청나라 정부에 각성을 촉구하는 것을 목적으로 하고 있다"는 것이었다. 물론 이것은 우치무라가 정한론(征韓論)[58]에 대해 가졌던 사고방식의 연장선상에

---

[57] 도쿄 태생, 삿포로(札幌) 농학교 출신. 기독교 사상가로 무교회주의를 제창, 청년들에게 큰 영향을 미쳤다. 청일전쟁에는 찬성했지만 그 과정과 결과를 보고 러일전쟁 전에 비전론으로 전환했다.

[58] 일본에서는 사이고 다카모리가 조선에 대해서 무력을 행사하자는 '정한론'을 주장했다는 설이 오랫동안 통설이 되어왔다. 그런데 모리 도시히코(毛利敏彦)의 『메이지 6년 정변의 연구』(1978)를 비롯해 그것이 사실이 아니라는 학설이 현재 힘을 얻고 있으며, 이 점에 관해서는 이 책의 저자 마쓰모토도 같은 입장을 취하고 있다.

모리 도시히코 등의 연구에 따르면 정한론은 견한대사(遣韓大使) 사다 하쿠보(佐田白茅)와 모리야마 시게루(森山茂)가 1870년에 주장하기 시작했고 이타가키 다이스케 등이 그것을 지지하게 된 것이다. 사이고가 각의에서 정한론을 주장했다는 증거는 없을 뿐만 아니라,

있다. 우치무라는 『일본 및 일본인(日本および日本人)』(『대표적 일본인(代表的日本人)』의 초판)에서 정한론에 대해서 언급하고 있다.

사이고의 정한론이 혹 실행되었더라면 국민이 많은 피를 흘리고 복잡한 대외관계의 소용돌이 속에 휩쓸려 들어갔을 것이다. 하지만 나는, 이 기도가 동시에 여러 가지 건전한 효과를 국민에게 가져다주었을 거라고 굳게 믿는다. 사이고의 계획이 거절당하면서 국민은 물건을 얻고 정신을 잃었다. 어느 쪽 길을 선택해야 했는지는 미래가 판정할 것이다.

물론 나는, 천우협이 오사카사건의 연장선상에 있고 오사카사건이 혁명론으로서의 정한론을 계승한 것이라고 해서 천우협에 가담한 우치다 료헤이가 정한론에 대해 우치무라와 같은 생각을 가지고 있었다고 주장하는 것은 아니다. 또 우치다는, 말하자면 '장사(壯士)'[59]로서 천우

사이고는 공적인 서간(書簡)에서 "조선에 대해서 먼저 전쟁준비부터 하는 것 같은 무례한 짓은 결코 해서는 안 된다. 내가 사절로 가서 평화적으로 교섭하고 싶다"고 쓴 바 있고, 또 사이고가 가장 아낀 제자 요코야마 야스타케(橫山安武)도 정한론을 비판하는 건백서를 제출하고 있다.
  '사이고 다카모리의 정한론'을 주장하는 사람들이 거의 유일한 증거로 드는 사이고의 편지(이타가키에게 보내는)에는 "내가 사절로 가면 조선은 나를 죽일 것이다. 그러면 전쟁을 일으킬 만한 대의명분이 생기니까 그때는 전쟁을 하시오"라는 뜻의 글귀가 있다. 하지만 이것은 당시 정한론에 기울고 있었던 이타가키에게, 자신을 사절로 보내는 안건이 각의에서 결정되도록 도와달라고 설득하기 위해 사이고가 채용한 논법이었다고 볼 수 있다. 사이고를 파견하는 안은 정식으로 결정되었는데도 실현되지 않아 사이고는 사표를 제출한다. 하지만 참의, 근위도감의 사임만이 수리되고 육군대장의 사임은 인정되지 않았으니 사이고가 '하야'했다고 하는 것은 정확하지 않다. 그는 여전히 무관의 최고위에 있었다. '사이고 정한론'설은 권력을 잡은 오쿠보 도시미치 등이 자신의 행동을 정당화시키기 위해 유포했고, 우치무라 간조도 그것을 믿고 있었던 것 같다. 모리 도시히코는 이제까지 '정한논쟁'이라고 불려온 메이지 6년의 사건을 '메이지 6년 정변(政變)'이라는 가치중립적인 호칭으로 부르고 있다.
59) 장년의 사나이를 가리키는 말이지만 메이지시대에는 자유민권운동을 하는 사람이라는 뜻으

협에 참여한 것이지, 아직 독립한 사상가는 아니었다. 하지만 몇 년 후에 흑룡회(黑龍會)를 조직해서 사이고의 정신적 후예임을 의식하는 시점에서 우치다의 이념으로서의 정한론은 우치무라가 주장하는 것과 비슷했을 것이다.

왜냐하면 천우협은 조선에서 동학당을 돕고 호걸적인 활약을 한 결과, 3개월 후인 1894년 8월에 청일전쟁을 일으키는 한 원인을 만들었다. 그리고 우치다의 입장에서 청일전쟁은 청나라 정부의 몽매함을 깨우치고 조선을 청나라에서 독립시킨다는 목적에 있어서 전적으로 의전이었다. 이렇게 해서 우치다는, 오사카사건을 실제 행동으로 총괄했다.

한편, 오사카사건의 좌절을 극복하려는 시도가, 전혀 다른 방면에서도 일어나고 있었다. 내치개량의 계기를 사회주의에 찾으려고 하는 고토쿠 슈스이의 운동이 그것이다. 1871년생인 슈스이는 1897년 사회문제연구회에 참가했을 때 26세였다. 사회문제연구회 자체는 1892년 말에 설립되어 조민의 수제자인 사카이 유자부로나 고지마 류타로(小島龍太郞) 등이 참가하고 있었다. 그런데 설립은 됐지만 특별한 운동은 하지 않은 채 자연해소 상태에 있었다.

다루이 도키치(樽井藤吉, 1850~1922),[60] 나카무라 다하치로(中村太八郞), 니시무라 겐도(西村玄道) 등은 이 연구회를 부활시켜서 사회변혁의 동력으로 만들려고 했는데, 여기서 중요한 것은, 다루이가 『대동합방론(大東合邦論)』(1893)의 저자임과 동시에 동양사회당(1882)[61]의 조직자이며 과

로도 사용되었으며, 뒤에 사회정의를 외치면서 공갈 등을 하는 무뢰한들도 장사를 자칭하게 되었다.

60) 나라(奈良) 현 태생. 1882년 동양사회당을 결성했지만 한 달 만에 해산당하고 금고형을 받았다. 1892년 중의원의원에 당선되었다. 『대동합방론』에서는 일본과 한국의 대등한 합방을 주장했다.

거에 사회주의의 일본적 전개를 실천하려고 했던 인물이라는 점이다. 사회문제연구회가 재발족한 때가 1897년 4월이었으며 회원으로는 사카이, 고지마 이외에 오사카사건에 참여한 이나가키 시메스(稻垣示), 정교사(政敎社) 그룹의 구가 가쓰난(陸羯南, 1857~1907),[62] 미야케 세쓰레이(三宅雪嶺, 1860~1945)[63] 등이 참가했다. 더 주목해야 할 것은 메이지 30년대 사회주의운동을 중심적으로 추진했던 인물들인 고토쿠 슈스이와 가타야마 센(片山潛, 1859~1933)[64]이 참가했다는 사실이다.

고토쿠 슈스이와 가타야마 센은 잡다한 사상의 집합인 이 모임에 만족하지 못해 1898년 10월, 사회주의연구회를 독립시켰다. 사회문제연구회가 하고자 했던 것은, 오이 겐타로가 1892년에 발족시킨 동양자유당에서 고구(考究)했던 노동문제, 소작문제, 보통선거문제 등이었지만, 슈스이 등은 그런 문제들을 사회주의를 통해 해결하려는 신기축을 내세웠다.

그 기축의 적절성 여부는 차치하더라도, 슈스이 등의 활동으로 인해, 체제 보완물이 되기를 거부하면서도 아직 체제를 변혁할 만한 사상적 계기를 찾지 못했던 자유당 좌파(오이 겐타로, 나카에 조민 등)가 하나의 방향을 찾은 것은 사실이다. 사회주의연구회는 "사회주의의 원리 및 이것이 일본에 응용될 가능성을 연구"하는 것을 목적으로 설립되어

---

61) 일본에서 처음으로 '사회당'이라는 말을 사용한 정당으로 다루이가 나가사키(長崎) 현에서 창립했지만 곧 강제 해산되었다.
62) 저널리스트, 평론가. 신문 『일본』을 창간해서 국민주의를 주장했다.
63) 이시카와(石川) 현 태생. 본명 유지로(雄二郎). 저널리스트, 평론가, 철학자. 정교사를 설립, 잡지 『일본인』(후에 구가 가쓰난의 신문 『일본』과 합류해서 『일본 및 일본인』으로 명칭 변경)을 발간해서 메이지정부의 전제와 서구화주의를 비판했다.
64) 오카야마(岡山) 현 태생. 사회운동가, 노동조합운동 등을 주도한 후 공산주의자가 되어 소련에 가서 코민테른 집행위원이 되었다.

사회주의에 관심이 있는 사람들이 모였다.

하지만 이 안에서 사회주의적 변혁을 지향하는 일부 사람들이 1899년 1월에 새로 사회주의협회를 결성하게 된다. 회원으로 고토쿠 슈스이, 가타야마 센, 그리고 아베 이소오(安部磯雄, 1865~1949),[65] 가와카미 기요시(河上清, 1873~1949)[66] 등이 있었고, 뒤에 니시카와 고지로(西川光次郎), 기노시타 나오에(木下尚江, 1869~1937)[67]가 참가해서 사회민주당의 기반이 만들어졌다. 즉 우치다 료헤이 등의 천우협이 오사카사건을 실제 행동으로 추구하면서 총괄했다면, 슈스이 등은 '내치개량'의 계기를 사회주의에서 찾으려고 한 것이다.

그런데 이 두 움직임이 시대의 전면에 떠오른 것은 메이지 34년, 즉 20세기 초두인 1901년의 일이다. 이때 우익과 좌익의 위치가 확정되었다. 우의 흑룡회(2월 3일 발족)와 좌의 사회민주당(5월 20일 발족)이 성립된 것이다.

물론 이들 조직명을 흑룡회의 주간이었던 우치다 료헤이와, 사회민주당의 실질적 중심인물이었던 고토쿠 슈스이의 이름으로 바꿔놓아도 상관없을 것이다. 또 이들의 이름은 그들의 저서 『러시아 망국론(露西亞亡國論)』(1901년 9월 간행, 발행금지 처분을 받음. 11월에 개정, 『러시아론(露西亞論)』으로 제목을 바꾸어 간행했다)[68]과 『20세기의 괴물 제국주

---

65) 후쿠오카 태생. 기독교 사회주의자, 정치가. 도시샤(同志社), 도쿄전문학교 교수.
66) 야마가타 현 태생. 저널리스트. 사회민주당이 금지된 후 미국으로 건너가서 활동했다.
67) 마쓰모토(松本, 현재의 나가노 현 마쓰모토 시) 태생. 사회주의운동가, 소설가.
68) 대동숙(大東塾)출판부는 『러시아론』을 바탕으로 삭제되었을 거라고 추측되는 내용을 흑룡회의 기관지에서 보충하면서 1977년에 『러시아 망국론』 복각판을 냈다. 원래는 요시쿠라 오세이(吉倉汪聖)와의 공저로 되어 있지만, 내용은 우치다가 시베리아횡단여행에서 보고 들은 사실에 바탕을 두고 있으니 요시쿠라는 단지 문장을 부분적으로 고쳐준 정도라 생각된다. 가게야마 마사하루가 집필한 복각판 서문에 따르면, 이 책에서 이십대의 청년 우치다는

의(二十世紀の怪物―帝國主義)』(1901년 4월 간행)로 바꿀 수도 있다. 하여간, 그 조직명들은 인명과 사상과의 연상을 환기시키면서 우익과 좌익의 대극을 형성했다.

이 좌우의 길항에 대해서 리버럴은 먼저 우의 『러시아 망국론』을 발행금지시켰다. 아시즈 우즈히코 등 우익의 도통(道統)을 이어받은 사상가는, 『러시아 망국론』이 발행금지되고 『20세기의 괴물 제국주의』가 그해에 재판돼서 3판까지 냈다는 사실을 들어, 이토 히로부미를 중심으로 한 당시 지배계급에 대해서 반체제였던 것은 우익 쪽이었다(『무사도(武士道)』)고 주장한다.

그러나 사정은 그리 단순하지가 않다. 리버럴은 거의 같은 때에 좌의 사회민주당에 결성 즉일 결사금지 처분을 내렸기 때문이다. 이토야 도시오(絲屋壽雄, 1908~1997)같이 좌익을 자임하는 논자는 사회민주당의 금지를 들어 이토 내각의 압제에 대하여 분노한다(『고토쿠 슈스이 연구』). 하지만 이것도 앞에서 말한 『러시아 망국론』의 발행금지를 염두에 두고 다시 생각해봐야 할 것이다.

요컨대 내가 말하고 싶은 것은, 1901년의 시점에서 지배계급은 우익을 일로주전론(日露主戰論)의 측면에서는 잘라버리면서도 내셔널리즘의 측면에서 인정하고, 좌익을 반전론의 측면에서 이용하면서도 사회주의, 반국가주의의 측면에서는 잘라버렸다는 사실이다. 우익을 논하는데 지나치게 좌익에 구애되는 것처럼 보일지 모르겠다. 그러나 우익이란 무엇인가 하는 물음은, 뒤집어 말하면 좌익이란 무엇인가 하는 물음이어야 한다. 우익사상 중 무엇이 유효했는가 하는 문제는 그대로

---

① 러일전쟁의 발발 ② 러일전쟁에서 일본이 승리 ③ 제정러시아의 멸망과 혁명러시아의 출현 등을 예언하고 있다.

좌익사상 중 무엇이 무효했는가 하는 문제여야 한다. 그러므로 나는 우익이 성립한 시점에서 우익과 좌익의 관계를 확인하고 있다.

그런데 우치다 료헤이는 도야마 미쓰루의 무엇을 이어받고 무엇을 부정하면서 우익을 성립했을까. 그것을 논하려면 우치다의 『러시아 망국론』을 보는 게 가장 좋지만 아쉽게도 이 책은 한 권도 남아 있지 않은 모양이다. 『국사(國士)[69] 우치다 료헤이전』에 따르면 『러시아론』으로 제목이 바뀌어 간행된 책은 러시아혁명의 방법론에 관한 부분이 삭제되어 있다고 한다.

그러나 『러시아론』에서도 우치다가 러시아혁명의 필연성과 일로개전론(日露開戰論)을 주장했다는 사실은 읽을 수 있다. 그는 이르쿠츠크에서 페테르부르크까지 단신 도보여행을 했을 때의 경험에서, 러시아에서 권력과 인민이 괴리되어 있다는 사실에 주목했다. 이것이 러시아혁명이 필경 일어날 수밖에 없다는 예견의 근거가 되고 "러시아는 무서워할 만한 나라가 아니다"라는 주전론의 이유가 되었다.

러시아는 확실히 차르 전제정치 하에서 부패의 극치에 있었다. 혁명을 일으킬 가능성이 있는 이들은 새로 발흥하고 있는 지식계급, 즉 학생들이다. 그런 러시아의 학생들과 체제에 길들여진 도쿄제국대학의 학사들을 비교하면서 우치다는 다음과 같이 적었다.

기골이 빠진 도쿄제대 학생들이 정부가 만든 모형에 적응하도록 훈련받고 있는데, 그들(러시아의 학생들)이 독립심과 투쟁의 기개가 왕성한 것은 선망하지 않을 수 없다. 야만스러운 러시아에 그래도 원기와 진보

---

[69] 나라를 생각하고 나라를 위해 행동하는 사람이라는 뜻.

의 분자가 혹 있다면 그것은 그런 학생들이다.

우치다가 러시아의 학생들 가운데에서 다가올 혁명의 주체를 찾은 것은, 뒤이어 기타 잇키가 중국에서 온 유학생 일군에서 중국혁명의 새벽빛을 보고, 이후 시모나카 야사부로(下中彌三郎, 1878~1961)[70]가 항일운동의 추진자들에게 중국의 앞날을 맡기려고 한 것과 상통한다.

마찬가지로 1901년경, 오카쿠라 덴신(岡倉天心, 1862~1913)[71]은 인도 청년들에게서 혁명의 자각을 찾으려고 하다가 실패했다. 덴신은 타고르의 조카에게 "자네는 자네의 조국을 어떻게 할 건가?"라는 질문을 했는데 "이 나라의 혁명을 위해 조직적인 계획을 만드는 데 우리는 불리한 조건하에 있다. 〔……〕 지금의 정세에 각 개인이 어떤 일에 다소나마 기여한다면 그것은 시대의 기운이 고조되는 적극적 결과에 맡기는 일밖에 없다"는 회답을 얻었다. 이 답은 덴신을 낙담시켰다. 덴신은

---

70) 효고(兵庫) 현 태생. 출판사 헤이본샤(平凡社)의 창업자. 어릴 때 가업인 도자기 제조업에 종사하다가 1899년 검정시험에 합격해서 소학교 교사가 되었다. 1902년 상경해서 『아동신문(兒童新聞)』 창간, 1905년에는 『부녀신문(婦女新聞)』 기자와 일본여자미술학교 강사가 되었다. 1906년 월간지 『히라메키(ヒラメキ)』를 창간하지만 2호 표지에 "우리나라에서 유일한 혁명적 문예잡지"라는 말이 있었기 때문인지 1년간의 발행금지를 당했다. 이때 시모나카는 사회주의자로 국가폭력에 대해 비판적이었지만 후에 그 자세를 잃기 시작한다. 그는 사범학교 교사가 되고 1914년에는 헤이본샤를 창설했다. 1918년에는 만철이 뤼순(旅順)에 만든 도서관에 근무하면서 방대한 장서를 정리했다. 이듬해 다롄에 동아인쇄주식회사를 세웠다. 같은 해 귀국해서 도쿄에서도 인쇄업을 시작하고, 또 노장회(老壯會)에 참가해서 아시아의 문제를 고찰했다. 그동안 교원조합, 노동조합운동, 농민운동 등에 관여했고 1931년경부터 헤이본샤의 백과사전이 대성공을 거두었다. 1932년 신일본 국민동맹을 결성, 1940년에는 대정익찬회(大政翼贊會) 발족에 관여했다. 전후에는 공직 추방이 해제된 후 헤이본샤 사장으로 복직하고 세계연방운동을 주장했다.
71) 요코하마(橫濱) 태생. 미술가, 평론가. 도쿄미술학교 교장을 사직하고 일본미술원을 창설, 뒤에 보스턴미술관 동양부 부장이 되어 일본 미술을 해외에 소개했다. 영어로 『동양의 이상(東洋の理想)』 『차의 책(茶の本)』 등을 발표해서 높은 평가를 받았다.

그때 "그 대답은 나를 너무나 슬프게 했다"고 하면서 긴 한숨을 쉬었다고 한다.

생각건대 덴신의 탄식은 "지금의 정세"나 그에 대응하는 태도를 알고 싶었던 게 아니라, 인도 청년의 정신에서 혁명을 찾으려고 했다가 실패했음을 말하고 있다. 바꿔 말하면 아시아가 서구의 침략을 물리치면서 부흥하려고 하는 희미한 빛을, 덴신은 젊은이의 정신 속에서 발견하고 싶었던 것이다.

어쨌든 우치다는 러시아 학생들의 일단이 앞으로 혁명의 주체가 되리라고 예견했지만 그들은 아직 혁명적 세력이 되지 못하고 있었다. 러시아는 차르 전제와 관료제의 폐해 밑에서 더욱 부패할 것이다. 그렇다면 야만국 러시아는 지금 쳐야 한다. 시베리아를 침략하기 위해? 조선을 영토로 만들기 위해? 아니다. '야만스러운' 러시아를 무너뜨림으로써 그곳에 문명의 혁명을 일으키기 위해서다. 우치다는 말한다.

만일 내가 정의를 위해 야만스러운 러시아와 싸워서 죽었다고 하자. 후세의 역사가는 기필코 이렇게 쓸 것이다. 20세기 초두에 일본 민족이라는 게 있었다. 불행한 다수의 야만인을 구제하기 위해 기특하게도 인의(仁義)의 싸움을 일으켜서 건투했지만 강한 적이 이것을 꺾었다고. 이것은 참으로 명예로운 패배다. 어떻게 그 상갓집 개와 비교할 수가 있겠는가. 나는 이것 때문에 더 열심히 문명의 진군(進軍)을 전진시켜야겠다.

이에 관해서 다케우치 요시미(竹內好, 1910~1977)[72]는 『아시아주의의

---

[72] 나가노 현 태생. 중국 문학자. 문예평론가. 루쉰(魯迅) 연구, 아시아주의 연구 등으로 명성

전망(アジア主義の展望)』(1963)에서 이 시점의 우치다는 틀림없이 "문명의 사도"였다고 평가했다. 여하간, 우치다의 일로개전론은 우치무라의 일청의전론(日淸義戰論)과, 그리고 오이 등의 조선개혁운동의 논리와도 상통하는 것이다. 물론 그 원천은 소위 '사이고의 정한론'이다. 『러시아론』에 일본혁명의 사상이 없는 것은 사실이다. 일본의 국가목적과 러시아혁명의 목적이 로마노프왕조의 타도라는 점에서 일치하기 때문이다.

일본혁명의 전략을 찾는다면 그것은 나카에 조민이 쓴 것처럼 러일전쟁에서 "지면 즉시 온 나라가 곤궁에 빠져서 국민들은 비로소 그 미몽에서 깨어날 것이다. 이 기회를 잘 타면 번벌을 소탕해서 내정을 혁신시킬 수 있다"는 것이었다. 하지만 이것은 어디까지나 혁명전략이지 혁명사상은 아니다. 구제하기 어려운 우치다 료헤이의 결함이 거기에 있었다. 그런데 이는 우익에 공통되는 특성으로 혈맹단(血盟團)사건[73]의 이노우에 닛쇼(井上日召, 1886~1967)[74]나 5·15사건[75]의 오카와 슈메이에게도 적용할 수 있는 비판이다.

우치다의 그런 결함을 파헤치는 것처럼 등장한 사람이 1906년에 『국체론 및 순정사회주의(國體論及び純正社會主義)』를 쓴 기타 잇키다. 물론 그

이 높다. 특히 1963년에 발표된 「일본의 아시아주의(원제는 「아시아주의의 전망」)」는 전후 아카데미즘에서 금기시되어 있던 우익사상 연구의 봉인을 뜯은 획기적인 논문이었다. 전후 간행된 후쿠자와 유키치 전집에 수록되지 않았던 「탈아론(脫亞論)」도 이 논문에 인용되면서 세상에 널리 알려졌다.

73) 이노우에 닛쇼가 만든 우익단체 혈맹단의 맹원이 1932년에 이노우에 준노스케(井上準之助), 단 다쿠마(團琢磨)를 암살한 사건.
74) 군마(群馬) 현 태생. 후에 이노우에 아키라(井上昭)로 개명했다. 니치렌종(日蓮宗)의 승려다. 쇼와 초기에 혈맹단을 창설, 혈맹단 사건으로 무기징역의 판결이 내려졌지만 특사로 출옥, 전후에는 우익단체 호국단(護國團) 결성에 참가했다.
75) 1932년 5월 15일 해군의 청년 장교를 중심으로 일어난 쿠데타로 수상 이누카이 쓰요시(犬養毅)가 암살되어 정당정치가 쇠퇴하는 계기가 되었다. 암살계획을 뒤에서 지원했다고 지목된 오카와 슈메이도 유죄판결을 받아 복역했다.

전에 미야자키 도텐이 '제2유신'이라는 막연한 관점에서 우치다를 비판하기는 했다. 그러나 원래 도텐의 생각은, 일본에는 아시아를 일으키고 제국주의 열강에 대항할 힘이 없는데 중국은 그 힘을 가지고 있으니 중국인이 되어서 혁명의 근거지를 중국에 만들자는 것이었다.

아시아주의의 관점에서 우익을 논한다면 아마 도텐이 처음에 갖고 있었던 이러한 뜻으로 요약될 것이다. 하지만 이것은 벌써 일본 우익의 영역을 벗어나 있으며 그만큼 도텐은 우익의 범주를 벗어나 있다. 이것은 기타 잇키가 국체론=혁명론이라는 발상 때문에 우익의 범주를 벗어나는 것과 비슷하다.

그래서 우익의 사상을 그 성립 시점에서 논하려면 우치다 료헤이의 사상에서 추출해야 한다. 그러나 내가 보기에는 우치다의 사상은 흑룡회가 설립되는 십여 년 후에는 이미 변혁의 에너지를 상실하고 있었다. 아니, 우치다의 사상이 변혁의 에너지를 잃기 시작했기 때문에, 그가 이상으로 생각했던 일한합방이 아니라 한국병합(1910)이 현실화된 것이다.

즉, 일본 지배계급은 우익의 한일합방론을 이용해서 한국병합을 실현시켰으며, 그렇게 함으로써 우익을 보기 좋게 체제로 편입시켜버렸다. 우치다 등의 흑룡회와 연대해서 일한합방을 추진한 일진회(一進會, 동학의 후신)의 이용구(李容九)는 자신들의 이상을 현실이 배신한 것을 알고 천우협의 일원이었던 다케다 한시(武田範之, 1863~1911)[76]에게 편지를 보냈다.

이용구는 말한다. 국사(國事)가 이루어졌다고 하는 것은 이것(한국병

---

76) 후쿠오카 현 구루메(久留米) 태생. 니가타(新潟) 현에서 조동종(曹洞宗)의 승려가 되었다. 천우협의 맹원이며, 명성황후 시해에도 관여했다. 후에 흑룡회에 참가해서 일한합방운동을 추진했다.

합)을 가리키는 말인가? 일진회의 목적은 이런 것이었는지? (일진회) 회원들의 삶의 성취가 이 꼴인가? 지금 내 부하들은 나를 그렇게 비웃고 있다. '매국노'라 부르는 이도 있다. 차라리 황천에 가버리고 싶지만 땅 밑에는 선인의 영혼이 있으니 부끄러워서 만날 면목이 없다. 도대체 송병준(宋秉畯)과 이용구 두 사람이 속았는지, 아니면 스기야마 시게마루(杉山茂丸, 1864~1935)[77]와 우치다 료헤이, 다케다 한시 선생 들이 속았는지? 라고.

이용구에게 일한합방이란 조선 민족을 망국의 비참함에서 구제하기 위한 내기였다. 내기임을 알면서 도전했으니 졌다고 해도 푸념을 늘어놓지는 않는다. 그런고로 그는 부하에게서도 일본인에게서도 이중으로 소외되고, 그것이 그의 괴로움을 더하고 있다. 그런데 이용구가 고뇌에 잠겼을 때 우치다 료헤이도 그 고뇌를 공유해야 했다. 왜냐하면 그는 이용구와 일한합방에 관한 맹약을 맺었을 때 동지 스기야마 시게마루에게 다음과 같은 편지를 썼기 때문이다. "나는 그들(일본놈들)과 오래 사귀면서 국가의 앞날을 걱정하는 것보다는 이용구의 의(義)를 같이하는 것을 유쾌하게 생각하네"(1909년 12월).

혹 우치다가 마지막까지 이용구의 일한합방이라는 '의'에 목숨을 바친다면 일본 제국주의에 의해 이루어진 한국병합에 철저히 저항해야 했다. 그렇게 하지 못했다는 사실에서 우리는 체제에 편입되어버린 우

---

[77] 후쿠오카 현에서 한학자의 아들로 태어났다. 젊어서 번벌정치(藩閥政治) 타도에 뜻을 품고 이토 히로부미를 죽이려고 했지만 이토의 말이나 도야마 미쓰루의 조언을 듣고 반성, 이후 번벌세력을 선도(善導)하는 것으로 방침을 바꿨다. 재야의 사람이면서도 해박한 지식과 뛰어난 변설, 탁발한 발상으로 정계, 재계의 거물들을 설득하면서 실업, 군사, 외교, 내각이나 정당의 조직까지 움직인 흑막으로 활약했다. 그는 일한합방운동에도 힘을 썼으나 합방 후 조선에 대한 시정의 실정을 보고 무척 우려했으며 시정개혁을 호소한 건백서를 수상에게 보냈다. 소설가 유메노 규사쿠(夢野久作)가 그의 장남이다.

익의 타락을 볼 수 있다. 여기에서 우치다가 관동대지진(1923년 9월) 때 제출한 건백서「대지진 선후의 경륜에 관하여(震災前後の經綸に就て)」와의 거리는 한 발짝밖에 안 된다. 건백서는 말한다.

그 불령선인이 적화주의의 패거리와 계책을 꾸며 우리나라의 불행에 편승해서 혹은 폭탄을 이재민의 가옥에 던지고 혹은 독약을 식수에 타고 혹은 무고한 사람들을 폭행한 것은 인도상 결코 용서할 수 없는 죄악이다. 그래서 우리 관민들이 위급할 때 그들을 때려죽이게 된 것은 실로 어쩔 수 없는 자위수단이었다. 결코 이것을 상궤를 벗어난 행위라고만 단언할 수는 없다.

여기서는 이 건백서를 비판하지 않는다. 타락한 우익의 사상은 논할 거리가 못 되기 때문이다. 물론 그것은 타락한 좌익의 사상이 논할 거리가 못 되는 것과 마찬가지다. 그것보다 우익의 사상을, 그것이 가장 높이 도달한 지점에서 논해봐야겠다.

제3장
우익의 사상

1. 사생일여

 사상이란, 궁극에 가서는 논리가 아니다. 어떻게 살아가느냐 하는 문제, 주체의 에토스 문제다. 사람은 살아가는 자세로 자신의 사상을 증명해야 한다. 그런고로 우익의 사상을 서술해야 할 이 장을, 먼저 우익의 사생관(死生觀)을 논하는 것으로 시작하려고 한다.
 그 이름난 아나키스트 오스기 사카에(大杉榮, 1885~1923)[78]는 "미(美)는 난조(亂調)에 있다"고 말했다. 이 말은 그의 삶 자체였으며 오스기의 "삶의 투쟁"이 바로 난조의 극치였다. 난조란, 난잡함이 아니라 삶이 비등하는 카오스의 양태다. 혁명가 오스기가 이 카오스에 스스로 투신해서 살아가려고 한 곳에서 난조의 미가 가능해진 것인데, 내 생각으

---

78) 가가와(香川) 현 태생. 무정부주의자. 크로포트킨을 일본에 소개했다. 관동대지진 때 헌병 대위 아마카스 마사히코(甘粕正彦)에 의해 이토 노에, 조카와 함께 학살당했다.

로 이것은 일본적 미학에 대한 반역이다.

그러면 일본적 미학이란 무엇인가. 그것을 한마디로 말하면 "아름답게 죽는 것"이 아닐까. 대역사건 때, 감옥에 갇혀 있었기 때문에 간신히 죽음을 면한 오스기가 "봄 3월/ 교수형을 모면하여/ 벚꽃 밑에서 춤을 추네(春三月, 縊り殘され花に舞ふ)"라고 노래한 서정에도, 아름다운 죽음이라는 일본적 미학의 그림자가 없는 것은 아니다. 오스기의 히카게차야사건(日蔭茶屋事件)[79]을 다룬 요시다 기주(吉田喜重, 1933~) 감독의 영화 「에로스+학살(エロス+虐殺)」의 한 장면은 이 일본적 미학을 잘 조형하고 있다.

이 영화에서 오스기 사카에는 이토 노에(伊藤野枝, 1885~1923)[80]와 함께 연못 주변을 산책하고 있다. 그들의 모습은 만발한 벚꽃나무에서 막 떨어지는 꽃잎에 가려졌다가 다시 나타난다. 그리고 떨어지는 벚꽃 밑에서 오스기가 "봄 3월/ 교수형을 모면하여/ 벚꽃 밑에서 춤을 추네"라는 시—이 시는 하이쿠의 형식을 갖추고 있다—를 읊는다.

이 인상적인 장면은 나를 감격시켰지만 오스기 사카에의 미학에서는 일탈했던 것 같다. 왜냐하면 요시다 감독이 표현한 것은 바로 일본적 미학인데, 사실 오스기는 그에 반역하는 유일한 인물이었을지도 모르기 때문이다. 아니, 유일한 인물이라고 하는 것은 지나친 말이겠다. 가지이 모토지로(梶井基次郎, 1901~1932)[81]는 "벚꽃나무 밑에는 시체가 매장

---

79) 가나가와(神奈川) 현 하야마(葉山)에 있는 '히카게차야(지금은 '日影茶屋'라고 표기)'라는 요릿집 겸 여관에서, 오스기가 주장하는 '자유연애'의 상대였던 부인운동가 가미치카 이치코(神近市子, 1888~1981. 후에 중의원의원이 됨)가 오스기를 칼로 찌른 사건.
80) 후쿠오카 현 태생. 부인해방운동가, 무정부주의자, 작가. 잡지 『청답(靑踏)』을 무대로 활약했다. 오스기 사카에와 동거했으며, 둘 사이에는 다섯 명의 아이가 있었다. 1923년 오스기와 함께 학살당했다.
81) 오사카(大阪) 시 태생. 도쿄 대학 영문과 중퇴. 소설가. 요절했지만 감각적인 작품은 높은

되어 있다"고 말했으니까.

　각설하고, 가지이가 일본의 미를 상징하는 벚꽃에 부패한 시체를 대비시킨 것처럼, 오스기는 동지들은 죽었지만 나는 살아남았다면서 비참하고 떳떳하지 못하고 아름답게 죽지 못하는 이미지를 대비시켰다. 이로 인해 오스기는 일본적 미학에 대한 반역자가 되는데, 요시다 감독은 앞에서 든 장면을 가지고 오스기의 삶을 일본적 미학으로 조형해 버렸다. 이것이 내가, 요시다 감독이 보여준 장면이 틀림없이 오스기의 '난조의 미학'에서의 일탈이었다고 생각하는 이유다.

　그런데 일본적 미학의 궁극이 아름다운 죽음에 있다는 것은 어떤 뜻인가. 그것은 한마디로 말하면 산화(散華)를 아름답다고 느끼는 마음일 것이다. 아름다운 것은 꽃도 아니고 꽃의 목숨도 아니고 그 목숨이 시작하고 끝나는 한순간이다. 그 순간은 미도 아니고 추도 아니고 삶도 죽음도 아니라 '자연'이다. 이 '자연'을 상정한 산화의 미학을 조형한 사람은 틀림없이 야스다 요주로(保田與重郎, 1910~1981)[82]였다. 「가와하라 미사코(河原操子)」(1939)에서 야스다는 말한다.

　"야마토고코로(大和心)[83]란 무엇이냐고 누가 물어본다면……"이라는 와카(和歌)[84]가 있었던 것처럼, 벚꽃의 미는 아침 햇살이 들어오기 시작한 순간, 그 영원히 풍요로운 순간에 목숨을 다한다고 한다. 이 와카를 천고(千古)의 명가로 오랫동안 국민 모두가 애송해온 것은 일본의 마음

　　평가를 받고 있다.
82) 나라 현 태생. 문예평론가. 일본 낭만파를 대표하는 인물로 전전(戰前)의 청년들에게 큰 영향을 미쳤다.
83) 일본의 마음이라는 뜻.
84) 5·7·5·7·7의 5구 31음으로 구성되는 일본의 정형시. 근대 이후에는 단카(短歌)라 한다.

을 그것에 비겼기 때문이다. 아름다운 꽃은 어디에도 있을 것이다. 일본 사람들은 꽃에 대한 관상(觀賞)과 미학 때문에 옛날의 일본을 사랑할 수 있다.

여기서 야스다가 일본의 마음을 상징하는 천고의 명가로 든 와카는 말할 나위도 없이 모토오리 노리나가(本居宣長, 1730~1801)[85]의 작품, "야마토고코로란 무엇이냐고 누가 물어본다면 나는 아침 햇빛에 향기를 풍기는 산벚꽃이라 할 것이다(しきしまの大和ごころを人間はば朝日に匂ふ山ざくら花)"이다. 이 와카의 배경을 가와다 준(川田順, 1882~1966)[86]의 『에도 말기의 애국가(幕末愛國歌)』(1939)에서 찾아봤더니, 이것은 1790년 노리나가가 61세 때의 작품으로 그가 자화상에 자찬한 것이라 한다. 이어서 가와다는 이 와카가 벚꽃이 떳떳이 지는 모양을 일본 정신에 비기고 있다고 보는 통속적인 해석을 비판하고 "화창한 봄의 아침 햇살에 엷게 염색되어 향기를 풍기는 산벚꽃을 표현한 것으로, 꽃이 지는 정경은 결코 아니다"라는 주해를 붙이고 있다. 노리나가의 뜻은 과연 그럴 것이다.

하지만 햇빛이 들기 시작하는 그 순간에 꽃의 목숨이 절정에 이른다면 꽃은 그 순간에 져야 한다. 왜냐하면 살아남는 것은, 즉 더럽혀지는 것이기 때문이다. 그런고로 야스다 요주로는 이 와카를, 햇빛이 들기 시작하는 순간에 꽃의 목숨이 끝난다고 해석했을 것이다. 분명 야스다의 이 해석은 쇼와 10년대의 '죽어야 할' 젊은이들 앞에, 아름답게 살기 위해서는 죽어야 한다는 산화의 미학으로 제출되었다.

흔히 산화의 미학은 우익의 것이라고 하는데, 그렇다면 일본 사람들

---

85) 에도 중기의 국학자. 『고사기전(古事記傳)』 등을 썼다.
86) 도쿄 태생. 단카 작가.

은 당분간 우익과 인연을 끊지 못할 것 같다. 「에로스+학살」의 요시다 기주도 그렇고, 그 영화에 감격한 나도 그렇다. 아름답게 죽고 싶다는 게 모든 사람의 희망이라고 생각되기 때문이다. 이것은 오늘날에 아름답게 죽는 것은 어려울 것 같다는 현실인식과 모순되지 않는다. 오히려 그러한 현실인식 때문에 희망은 더욱더 이상(理想)으로 승화될 것이다.

그건 그렇고, 우익의 사생관은 이 산화의 미학 위에 형성된다. 삶의 극치에서 죽어야 하며, 그렇게 죽는 게 아름답다는 식이다. 우익에 있어 삶의 극치란, 말할 나위도 없이 뜻을 위해 죽는 것이지만, 그렇게 생각하면 뜻을 위해 죽은 구루시마 쓰네키도, 아사히 헤이고(朝日平吾, 1890~1921)[87]도 우익지사의 전형을 살다 간 셈이다.

아사히 헤이고가 1921년에 야스다(安田)재벌의 야스다 젠지로(安田善次郎, 1838~1921)를 척살한 사상은, 그가 남긴 참간장(斬奸狀)[88]을 보면 일목요연하다. "세상의 청년지사에게 격문을 띄운다. 귀하들은 다이쇼(大正)유신을 실행할 천명(天命)을 가지고 있다. 〔……〕 그리고 가장 빠른 방법은 간부(奸富)정벌인데, 이는 결사의 각오로 암살할 수밖에 없다." 이래서 그는 간부를 정벌하기 위해 암살을 결행했다.

아사히 개인에 관해서는 흉한의 이미지가 강했는데, 그 이미지를 불식시켜서 그의 암살을 높고 순수한 것으로 만든 것은 분명 암살 후에 그가 자결했다는 사실이다. 기타 잇키는 「아사히 헤이고의 영전에 바

---

87) 사가(佐賀)현 태생. 도쿄에서 몇몇 대학을 전전하고 1916년 만몽독립운동에 즈음해서 마적대(馬賊隊)에 참가하기 위해 중국으로 건너가 그 후 조선, 만주 등지를 방랑했다. 귀국 후 몇몇 정치단체에 관여했다. 1921년 노동자들을 위한 숙소의 건설을 계획해서 자금을 얻으려고 했지만 실패하고 야스다 젠지로를 암살한 후 자결했다. 인색한 부자로 알려져 있던 야스다를 죽인 아사히에게 공감한 사람은 그 당시 꽤 많았다고 한다.
88) 악인을 죽이는 데 즈음해서 왜 그렇게 하려고 하는지 이유를 적은 문서. 아사히의 참간장 「죽음의 외침(死の叫び)」은 등사판으로 유포되어 후대의 우익 테러리스트에게 영향을 주었다.

치는 서한(朝日平吾靈前への書翰)」에 이렇게 썼다.

고금동서의 역사에 있어, 자객으로서 마음과 행동이 영롱강의(玲瓏剛毅)한 이는 자네에 비견할 사람이 없었다. 사람을 부추겨서 적의 목숨을 노리는 자가 있다. 적을 찌르고 도망가는 자가 있다. 불행하게도 잡히는 자도 있다. 자네와 같이 상대를 죽인 칼을 돌려서 자신을 죽인 자를 본 적이 없다.

기타는 아사히 헤이고의 행동에서 암살의 미학을 찾았다. 기타에게 있어 아사히는 도야마 미쓰루에 있어 구루시마 쓰네키 같은 존재였다. 또는 미시마 유키오(三島由紀夫, 1925~1970)[89]에 있어 신풍련(神風連)[90]이었다. 다카하시 가즈미(高橋和巳, 1931~1971)는 "암살의 정치학이 있고 암살의 미학은 있어도 암살의 철학은 거의 생각할 수 없었다"(「암살의 철학」)고 말했지만, 과연 그럴까.

아사히 헤이고나 구루시마 쓰네키, 신풍련의 맹원들에게 암살의 철학이 있었는지는 의심스럽지만 그들을 받아들인 기타 잇키, 도야마 미쓰루, 미시마 유키오 등은 자신의 가슴속에 비친 암살자들에게서 암살의 철학을 보고 있었던 것 같다. "⋯⋯것 같다"라는 표현은 자신이 없다는 증거지만 그것은 내가 아직까지 암살의 '매실'[91]을 깨문 적이 없

---

89) 도쿄 태생. 본명 히라오카 기미타게(平岡公威). 소설가, 극작가. 1970년, 도쿄 이치가야(市ヶ谷)에 있는 육상자위대 동부방면 총감부에 들어가 총감을 인질로 잡고 농성, 자위대의 쿠데타를 촉구하는 연설을 한 후 자결했다.
90) 1876년 구마모토에서 메이지정부에 반란을 일으킨 무사들의 일파. 맹원들이 신도(神道)를 믿었기 때문에 신풍련이라 불렸다.
91) '매실'은 1933년에 이노우에 닛쇼가 옥중에서 쓴 자전적 회상기에 붙인 제목. 익년 9월 『일

기 때문이다. 매실은 이노우에 닛쇼가 말한 것처럼, 으득으득 깨문 적이 있는 사람만이 그 맛을 안다.

그렇지만 이노우에 닛쇼 등이 일으키려고 했던 혈맹단사건(1932)을 도야마가 "일인일살(一人一殺)"이라 명명했을 때 닛쇼가 "일살다생(一殺多生)"[92]이라고 정정한 사실을 생각하면, 역시 암살의 철학이라는 게 존재했던 것 같기는 하다. 암살의 철학이란, "뜻을 위해 죽을 때가 죽어야 할 때"라는 사생관에 입각하면서 일살이 다생에 통한다는 철학이 아닐까. 이 경우 당연한 일이지만 일살이란 적을 죽이는 게 아니라 자신을 죽이는 것이다. 자신을 죽이는 게 암살 철학의 기본이다. 즉 암살의 대상은 자신의 그림자다. 그 그림자를 멸각함으로써 암살자는 사는데, 살았을 때 자신의 죽음은 필연이다. 이것을 가리켜 사생일여(死生一如)라 한다.

2. 낭만주의[93]

이런 암살자들은 확실히 자신의 뜻만을 위해 살고 죽는다. 그들은

본 정신으로 살아라(日本精神に生よ)』라는 제목으로 가이조샤(改造社)에서 간행되었다. 이 책에서 이노우에는 제목의 유래에 관해서 예전에 어떤 사람과 나눈 대화를 적고 있다. "예를 들어 여기에 매실이 하나 있다고 합시다. 이 매실의 맛을 당신에게 알리기 위해 상세한 설명을 해봤자 매실 맛 자체를 표현하는 것은 불가능합니다. 〔……〕 하지만 일단 당신이 이 매실을 들고 으득으득 씹었다면 어떨까요? 지금까지 당신이 믿었던 매실 맛, 즉 당신의 매실에 대한 이해와 실제 체험의 맛 사이에는 큰 차이가 있고 종래의 이해에는 다분히 오해가 들어 있었음을 발견하실 겁니다."

92) 나를 죽여서 많은 사람을 구제한다는 뜻.
93) 낭만주의에 대해서 마쓰모토는 『혁명적 낭만주의의 위상(革命的ロマン主義の位相)』(1973)의 서문에서 다음과 같이 말하고 있다. "낭만주의는, 정치적으로는 실제 정치행동이 시작할

섬약한 내부세계인 '뜻'만을 믿고 외부세계가 그것을 인정할지 안 할지에는 관심이 없다. 물론 이런 말이 낭만주의자에게는 들어맞아도 우익에는 반드시 맞는 것은 아니라는 사실은 나도 충분히 알고 있다.

그럼에도 불구하고 사상으로서의 우익을 논할 때는 역시 낭만주의를 그 중심축의 하나로 설정하지 않으면 우익의 본질에 다가가지 못할 것 같다. 하지만 극단적으로 말하면 근대 일본의 변혁자(變革者)는 정치가든 문학자든 다 낭만적이었다는 말도, 한편으로는 가능할 것 같다. 고바야시 다키지(小林多喜二, 1903~1933)[94]도 예외가 아니다. 고바야시는 『당(黨) 생활자』라는 소설에서 당의 무오류성[無謬性] = 혁명의 절대성 앞에 한 여성을 희생시켜도 양심의 가책을 전혀 느끼지 못하는 혁명가를 묘사했다. 당은 바로 고바야시의 낭만이었다.

그러나 근대 일본의 좌익이 한결같이 리얼리스트를 자임해온 것은 사실이며, 그만큼 낭만주의는 우익의 전유물이 되었다. 물론 그 낭만의 대상은 여러 가지 형태로 나타났다. 그 대상은 가게야마 마사하루처럼 천황 자체인 경우도 있고 이시와라 간지(石原莞爾, 1889~1949)[95]처럼

때 끝나고 문학적으로는 실제 허구의 세계가 시작할 때 성립된다. 낭만주의란, 한마디로 말하면 사람의 내부세계에 기반을 두고 이 내부세계에 양성(釀成)된 상념을 절대화하고 자신의 외부에까지 적용하고 확대해가는 사상을 뜻한다." 낭만주의자에게 있어 그 자아의식을 만족시키는 절대가치는, 시대와 사회에 따라 자아의식이 변화할 때마다 그 형상(形象)을 바꾼다.

94) 아키타(秋田) 현 태생, 홋카이도 오타루(小樽)에서 자랐다. 프롤레타리아문학 작가로 소설 「게공선(蟹工船)」「부재지주」 등의 작품이 있다. 특고경찰에 체포되어 고문으로 죽었다.
95) 야마가타 현 태생. 육군 군인. 1902년 육군유년학교 입학. 장난이 심하고 공부는 안 했지만 성적은 뛰어난 학생이었다. 육군사관학교를 거쳐 1915년 육군대학교 입학, 2학년 때 만주 시찰여행에 참가했다. 졸업 후 독일에서 유학, 육군대학교 교관을 거쳐 1928년 관동군 참모가 되었다. 1931년 관동군에 의한 만몽영유론(滿蒙領有論)을 실현하기 위해 만주사변을 일으켰지만 후에 만몽독립국론으로 전환했다. 2·26사건 때는 참모본부 작전과장으로 반란군을 진압했다. 1937년 관동군 참모부장(參謀副長)으로 신징(新京)에 부임하지만 참모장 도

만주독립국인 경우도 있고 미야자키 도텐처럼 중국혁명인 경우도 있었는데, 어느 경우에도 그들이 낭만을 위해 목숨을 거는 열렬함은 상궤를 벗어나 있었다.

후이저우사건(惠州事件, 1900)에 참여해서 전사한 야마다 요시마사(山田良政, 1868~1900)라는 사람이 있다. 그는 소위 대륙 낭인(大陸浪人)도 아니었고 하물며 우익은 더더욱 아니었지만, 좌익이 중국혁명에 주목하지 않고 야마다 요시마사를 평가한 적도 없었기 때문에 야마다는 우익의 한 사람으로 등록되어버렸다. 이 사정은 야마다뿐만이 아니라 『동아선각지사기전(東亞先覺志士記傳)』[96]에 이름이 나오는 많은 사람들에게 공통된 사항이다.

그런데 야마다 요시마사가 어떤 경위로 후이저우사건에 가담해서 죽게 되었는지 적어두어야겠다. 그는 1868년 1월 아오모리(青森) 현 히로사키(弘前)에서 태어났다. 부친은 쓰가루(津輕) 번의 무사다. 야마다는 도쿄수산강습소에 다녔으니 거기서 교편을 잡던 우치무라 간조를 만났을 것이다. 또 같은 학교의 1년 후배로 다오카 레이운(田岡嶺雲, 1871~1912)[97]이 있었다. 졸업 후 홋카이도 다시마회사(北海道昆布會社)에 근무했는데 그 회사의 상하이지점원이 되면서 야마다의 이후 삶은 크게 바뀌었다. 1894년 청일전쟁의 발발과 함께 그는 육군 통역이 되어 타이완에 부임

조 히데키(東條英機)와 대립해서 1941년에 현역에서 은퇴, 이후 교육, 평론활동에 전념했다. 『세계최종전론(世界最終戰論)』(1940)에서는 세계최종전쟁은 미국과 일본 사이의 싸움이 될 것이며 그것을 준비하기 위해서는 아직 전쟁을 일으키면 안 된다고 주장하면서 동아연맹운동을 주도했다. 또 니치렌종(日蓮宗)계 신흥종교인 다나카 지가쿠(田中智學)의 국주회(國柱會)의 신봉자로도 알려져 있다.
96) 아시아의 독립운동 등에 참여한 일본인의 전기를 모아 흑룡회가 간행한 출판물로 상·중·하 3권이 1933년부터 36년에 걸쳐 간행되었다.
97) 고치(高知) 현 태생. 문예평론가.

했다. 전후에는 베이징공사관의 무관(武官) 다키가와 도모카즈(瀧川具知) 해군대좌를 따라 베이징에 가서 중국 낭인 히라야마 슈(平山周, 1870~1940)를 만난 것이 야마다가 중국혁명에 참여하게 되는 계기가 되었다.

1900년 쑨원(孫文)은 히라야마 등을 데리고 후이저우에서 혁명군을 일으키게 되는데, 도중에 상하이에서 난징동아동문서원(南京東亞同文書院)의 교수 겸 간사로 취임하려고 했던 야마다를 만났다. 그때 야마다는 그 직위를 포기하고 후이저우 봉기에 참여하기로 결심했지만, 그에 앞선 우한(武漢)에서의 거행이 실패해서 쑨원은 봉기를 포기하고 타이완으로 도주했다. 그런데 야마다만은 "남자가 일을 중도에 그만두어서는 안 된다. 마지막까지 일을 관철하자"고 주장하면서 홀로 전쟁터에 몸을 던져 전사했다.

야마다 요시마사가 후이저우사건에 참여한 방식은 참으로 엉뚱한 것이었다. 거기에는 전략도 전술도 없었고 그는 오로지 죽을 곳을 찾아갔다고 할 수밖에 없다. 그것은 그의 내면의 중국혁명이 그의 행동을 일방적으로 지배한 결과였을 것이다. 그의 참여로 인해 혁명이 성취될지 안 될지는 그의 관심 밖이었다.

낭만적 행동자라 할 만한 야마다 요시마사의 뜻은, 죽음에 도달되지 않는 한 이루어지지 못하는 것이었으며, 그런 의미에서 그는 우익이라고 불려도 될 것이다. 그리고 이와 똑같은 논거에 따라 야스다 요주로는 우익이라 부를 수 없다. 야스다는 낭만주의자였지만 내면의 로망을 위해 죽는 것이 얼마나 부조리한 정열인지 간파했기 때문이다. 야스다는 「세인트헬레나(セント·ヘレナ)」(1935)에서 나폴레옹에 가탁해서 다음과 같이 썼다.

(나폴레옹은) 대륙을 종단해서 인도에 도달했다. 그는 거기에 동방(東方)의 제국을 만들어서 인도인을 영국의 지배로부터 해방시키고 그들을 자유민으로 만든 후에 자신이 그 제왕이 되려고 했다. 그는 거기에 처음 이상적인 고대제국을 건설하려고 했다. 〔……〕 하지만 헬라스를 현대에 꿈꾸는 것은 하나의 비극이다. 헬라스의 상징적인, 나폴레옹적으로 이상화된 고대제국은 괴테의 길로밖에 건설이 허용되지 않았다.

이것은 현실사회에서 낭만주의자가 당하는 불행을 논한 글인데 이시와라 간지의 '만주독립국'에 대한 비평으로도 충분히 통용될 것이다. 야스다는 낭만주의자가 살아가는 길은 "괴테의 길," 즉 허구가 될 수밖에 없음을 잘 알고 있었다. 알면서도 야스다는 "대륙을 지배하는 사람은 웅대한 낙천가가 아니면 안 된다"(『몽강(蒙疆)』)고 말하면서 현실사회에 끌려들어가버린다. 그 때문에 전쟁 중의 야스다는 우익과 분간되기 어렵지만, 그는 끝내 우익은 아니었다.

이에 비해서 우익에 머문 숱한 인물들은 낭만주의자가 살아가는 길이 허구임을 모르고 낭만이 현실사회에서 가능하리라고 믿고 우직하게 행동해나갔다. 조선혁명운동의 이념을 실현시키도록 군자금을 만들기 위한 강도를 같이 하자고 기타무라 도코쿠에게 권한 오야 마사오도 그 중의 한 사람이다. 그래서 오야 마사오가 흑룡회 편 『동아선각지사기전』의 열전에 들어 있는 것은 당연한 일이라 할 수 있다.

하지만 낭만주의자가 꿈을 꾸고 있을 때는 괜찮지만 내부에 꿈으로 존재했던 세계가 그럭저럭 현실이 되었을 때는 어떻게 할 것인가. 그 외부세계에 어떻게 대응해야 할까. 한국병합 후의 우치다 료헤이가 바로 그 문제에 직면하고 있었다. 그때 우치다는 현실의 한국병합을 그가 바란 일한합방이 아닌데도 용인해버렸고, 그로 인해 그는 혁명에서 반혁명으로 전환했다. 또 중국혁명이 일단 성공했을 때의 미야자키 도텐이 같은 입장에 놓여 있었다. 그때 미야자키는 중국혁명의 과정을 돌이켜본 뒤 "그러면 서로 먼저 국내를 돌아볼 필요가 있다"고 해서 자신의 발밑을 돌이켜봤다. 이리하여 낭만주의자 미야자키는 혁명적 낭만주의의 입구에 들어선 것이다.

3. 농본주의

우익의 낭만주의는 좌익의 리얼리즘과 대항관계에 있었는데, 그렇다면 우익에 있어서 좌익의 반(反)자본주의, 즉 사회주의에 해당되는 것은 무엇일까. 그것은 꼭 있어야 한다. 만약 그것이 없으면 우익사상은 자본주의 옹호로 간주되어버릴 것이며, 실제로 체제에 편입된 우익은 자본가계급의 앞잡이로 일하게 되었기 때문이다.

그러나 우익에도 반자본주의사상이 있었다. 농본주의가 그것이다. 반배금주의(反拜金主義)라는 유치한 말도 있지만, 그것은 문제가 안 될 것이다. 혁명사상으로서의 내용을 갖추고 있는 것은 곤도 세이쿄(權藤成卿, 1868~1936)[98]와 다치바나 고자부로(橘孝三郎, 1893~1974)[99]의 농본주의

---

98) 후쿠오카 현 구루메(久留米) 태생. 사상가, 제도학자. 같은 구루메 출신의 다케다 한시(武田範之)와는 친한 사이로 그를 금전적으로 원조했다. 우치다 료헤이를 알게 되어 흑룡회 결성에 참가했지만 우치다와는 후에 결별한다. 아시아를 연구하기 위해 조선, 중국, 러시아 등지를 방문하고 중국에서 혁명이 일어났을 때에는 참여하기도 했다. 일본의 제도, 전례(典禮)를 연구해서 『자치민범(自治民範)』 등을 썼다.
99) 이바라키(茨城) 현 태생. 사상가. 제1고등학교를 중퇴한 후 이바라키에서 농장을 경영했

이며, 그들 다음가는 사람으로 나카자토 가이잔(中里介山, 1885~1944),[100] 시모나카 야사부로, 니시다 덴코(西田天香, 1872~1968)[101] 등을 들 수 있을 것이다.

반자본주의사상이 왜 농본주의의 형태를 취해야 했을까. 그것은 일본의 근대화가 공업화를 위한 노동력으로 농민을 농촌에서 흡수하는 방법을 택했기 때문이다. 농촌은 항상 피폐하고 도쿄는 자본주의의 도읍으로서 농촌을 착취하면서 불건전하게 비대해졌다. 다치바나 고자부로는 『일본애국혁신본의(日本愛國革新本義)』(1932)에서 다음과 같이 말했다.

아시다시피 지금 세상은, 간단하게 말하면 다 도쿄의 세상입니다. 그 도쿄는 내 눈에는 세계적인 도시 런던의 지점 정도로밖에 보이지 않습니다. 하여간 도쿄가 그토록 비상하게 팽창하면 할수록 농촌이 망해가고 있는 것은 결코 부정할 수 없는 사실입니다. 그리고 지금처럼 농민이 무시당하고 농촌의 가치가 망각된 적도 없었지요.

다치바나의 이 말은 반서양주의, 반근대주의, 반자본주의, 반도회주

고 1929년 애향회(愛鄕會)를 창립, 1931년 아이쿄주쿠(愛鄕塾)를 열었다. 아이쿄주쿠의 학생들이 '농민결사대(農民決死隊)'를 결성해서 5·15사건 때 변전소를 습격했기 때문에 다치바나는 무기징역의 판결을 받았다. 1940년 감형되어 출옥했다. 만년에는 저술활동에 전념했다.

100) 가나가와 현 하무라(羽村) 태생. 본명은 야노스케(彌之助). 소설가. 가난한 농가에 태어나 젊은 시절 기독교와 사회주의에 경도했다. 1913년부터 41년까지 집필한 미완의 소설 『대보살고개(大菩薩峠)』가 대표작.

101) 시가(滋賀) 현 태생. 종교적 사회활동가. 무소유와 봉사의 마음으로 공동생활을 하는 수양도량 일등원(一燈園)을 교토(京都)에 설립했다. 저서 『참회의 생활(懺悔の生活)』(1921)은 많은 사람들의 공감을 얻었다.

의, 반중앙집권 등 여러 가지 반대개념을 연상시킨다. 그리고 이들 반대개념을 배경으로 해서 그가 주장한 것이 농본주의다. 그는 이 사상을 바탕으로 국가개조를 생각하고 5·15사건을 향해서 달려가게 된다. 앞의 『일본애국혁신본의』의 바탕이 된 강연은 1932년의 5·15사건 직전에 있었고 그것이 단행본으로 출판된 게 5월 20일이었다.

이 책 속에 쓰인 격문에는 "국토를 떠나서 국민이 없다" 등의 말이 있지만 이것은 그의 "땅을 망치는 모든 것은 망한다"는 신앙에서 나온 말이다. 그러나 국민(농민)을 땅에서 떼어내고 마을 공동체를 붕괴시키는 게 일본의 근대화였다. 그래서 농본주의란, 땅을 떠나 공장노동자나 병사가 되어야 했던, 혹은 땅값을 지불하기 위해 딸을 창가나 방적공장에 팔아야 했던 농민들의 비명을 사상화한 것이었다고 할 수 있다.

이 농본주의사상과 일본낭만파 사이에는 "서로 유사한 사상사적 의미가 있다"(『일본낭만파 비판서설(日本浪曼派批判序說)』)고 지적한 사람이 하시카와 분조(橋川文三, 1922~1983)[102]다. 일본낭만파는 이로니[103]를 무기로 "문명개화의 논리"를 규탄하지만 이 문명개화의 논리에서 유일하게 제외되는 것으로 '미=일본'을 상정한다. 이에 대해 농본주의는, 자본주의적 근대국가가 농촌을 아무리 짓밟아도 "일본은 여전히 농촌국가"라 하여 '농촌=일본'을 절대가치로 규정한다. 즉 양자는 다 낭만주의적 성격에 있어 공통점을 가지고 있다.

---

102) 쓰시마(對馬) 출신. 도쿄 대학에서 마루야마 마사오에게 근대사상사를 배웠다. 평론가, 사상사 연구자, 메이지(明治) 대학 교수. 전후 묵살되어 있었던 일본낭만파, 우익, 농본주의자 등을 재평가하여 주목을 받았다.

103) [독] Ironie. 독일낭만파의 문예용어로 대상에 몰입하면서도 다른 한편으로는 그것에 거리를 두고 아이러니하게 바라봄으로써 자아를 모든 제약에서 해방하려고 하는 태도.

게다가 둘 다 '향토상실'이라는 감정을 사상의 기초로 하고 있다. 향토상실을 가져다준 것이 야스다 요주로에게 있어서는 "문명개화의 논리"였으며 곤도 세이쿄에게 있어서는 "프로이센식 국가주의를 기초로 한 관치제도"로, 이것들은 요컨대 일본의 근대를 뜻한다. 이와 같이 양자의 반근대주의는 미의 회복이요 농업의 부흥인데, 다 일본회귀를 주장하게 된다.

그런데 농본주의의 기본적 개념이 '사직'임은 누구나 인정할 것이다. 무라카미 이치로(村上一郞, 1920~1975)[104]에 의하면 사직이란 "천하만민의 의식주 및 생식, 쟁투의 영위(營爲) 전체"를 뜻하는 말이다. 무라카미는 저서 『초망론(草莽論)』에서 사직이 국가와 동일시되는 것을 거부하면서 다음과 같이 썼다.

사회생활의 모든 기본은 사직의 영위 위에 있다. 따라서 사직의 영위는 하루라도 폐할 수 없다. 국가형태나 국가장치, 그리고 기타 사회의 여러 양식은—역참이나 마을의 제도에 이르기까지—아무리 중요한 것처럼 보여도 사직의 영위가 영원한 것에 비하면 한때의 방편에 불과하다. 국가가 있든 없든 간에 인민의 의식주 및 섹스(때로는 쟁투)의 영위는 영원히 이어진다. 혹 쟁투가 없어져도 다른 영위들은 이어져야 된다.

이와 같이 '사직'을 기본 개념으로 한 농본주의는 분명 반국가주의와

---

104) 도쿄에 태어나 도치기(栃木) 현에서 자랐다. 평론가, 단카 작가, 소설가〔우익단체 '건국의용군'을 주도하는 무라카미 이치로(1949~)는 동명이인〕. 해군으로 종전을 맞이했다. 전후 요시모토 다카아키(吉本隆明) 등과 함께 잡지 『시행(試行)』을 발행했다. 그의 『기타 잇키론(北一輝論)』은 미시마 유키오가 높이 평가했다. 1975년에 자살했다.

상통하는데, 국가폐절을 주장한 일본 아나키스트들이 농본주의에 말려들게 되는 원인이 바로 거기에 있었다. 이와사 사쿠타로(岩佐作太郎, 1879~1967)나 하기와라 교지로(萩原恭次郎, 1899~1938)[105]가 천황제 아나키즘이라 할 만한 기묘한 사상에 사로잡히게 된 것은 그저 곤도 세이쿄의 농본주의가 그들의 허점을 찔렀기 때문이다.

곤도는 『자치민범(自治民範)』(1926)에서 다음과 같은 주장을 하고 있다. 즉, 국가통치에는 두 가지 방식이 있다. 그중 하나인 '자치주의'는 모든 것을 '생민(生民, 백성)의 자치'로 맡기고 왕은 모범을 보이기만 하면 된다. 또 하나는 '국가주의'로, 왕이 스스로 모든 '정치'를 하는 방식이다. 일본은 건국 이래 자치주의를 채택해왔지만 근대 이후 그것을 잃어버렸다는 것이다.

곤도가 국가를 개조하려는 뜻도 여기에서 싹튼다. 그런데 앞에 든 '생민의 자치'로 '사직'이 형성되는데 그 '자치주의'야말로 농본주의를 뜻한다. 그래서 농본주의를 관철하면 '국가주의'를 취하는 근대를 부정하지 않을 수가 없다. 이것은 리버럴이 지배하는 자본주의국가체제의 부정임과 동시에, 쿠데타를 수단으로 권력탈취를 도모하는 근대주의적 국가개조안의 부정이기도 하다.

곤도 세이쿄나 다치바나 고자부로 등의 농본주의자가 기타 잇키를 별로 좋아하지 않는 것도 기타의 『일본개조법안대강(日本改造法案大綱)』(1919)이 쿠데타로 인한 권력탈취를 지향하고 있기 때문일 것이다. 물

---

105) 군마 현 태생. 시인. 다다이즘을 중심으로 활동하였으나 후에 아나키즘에 경도했다. 1923년 잡지 『적과 흑(赤と黒)』을 창간했고, 1925년 시집 『사형선고(死刑宣告)』를 출판했다. 1932년에는 『크로포토킨을 중심으로 한 예술의 연구(クロポトキンを中心とした藝術の研究)』를 창간했다.

론 기타는 근대의 영향을 깊이 받으면서도 거기서 몸부림을 치듯이 근대 일본의 변혁—리버럴을 대신해서 천황을 장악하고 개조를 실행하는—을 추구했다. 그런 점에서 그의 개조안은 나카노 세이고(中野正剛, 1886~1943)[106]나 가와이 요시나리(河合良成, 1886~1970)[107] 등이 만든 개조안들과 차이가 있다. 하지만 『일본개조법안대강』도 역시 농민의 체취와 농촌의 구체적 이미지가 확실히 결여되어 있었으니, 스에마쓰 다헤이는 바로 이 점에서 기타의 개조법안을 비판할 수가 있었다. 『나의 쇼와사(私の昭和史)』에서 스에마쓰는 말한다.

혁신에 뜻을 둔 내가 소박하게 상상한 것은 군대의 궐기는 농촌에서 봉기가 일어날 때의 거적 깃발에 호응하는 것이어야 한다는 것이었다. 그래서 나는 막료가 주도한 10월사건[108] 쿠데타의 성격을 쉽사리 받아들이지 못했는데, 어쩌면 그것은 본능적인 판단이었던 것 같다. 화장품 냄새와 뒷거름 냄새의 차이를, 나는 자연히 분간할 수가 있었다.

물론 스에마쓰의 사상을 농본주의라고 요약할 수는 없지만, 거기에 농본주의가 영향을 미치고 있는 것은 부정할 수 없다. 그리고 그로 인

---

106) 후쿠오카 현 태생. 저널리스트, 정치가. '동방회(東方會)' 총재. 와세다 대학 졸업 후 『아사히신문』 등에서 정치저널리스트로 활약하다가 도호지론샤(東方時論社)로 옮겨서 사장 겸 주필에 취임했다. 1920년 중의원의원에 당선, 헌정회(憲政會), 민정당(民政黨) 등에 소속되었다. 독재적인 도조 히데키 수상을 통렬하게 비판했으며 내각 전복을 꾀했다는 이유로 체포되어 자살했다.
107) 도야마 현 태생, 관료, 정치가, 실업가. 저서로 『국가개조의 원리 및 그 실행—경제적 관찰을 중심으로(國家改造の原理及其實行—主として經濟的觀察)』(1934) 등이 있다.
108) 1931년 10월, 육군 등의 비밀결사 사쿠라(벚꽃)회 간부장교와 오카와 슈메이, 이노우에 닛쇼 등이 군사정권을 수립하기 위해 계획한 쿠데타. 미수로 끝났다.

해 스에마쓰는 천황을 '정치'적으로 이용해서 자본주의국가체제를 지배하는 리버럴과, 그런 리버럴의 국가지배원리를 거꾸로 이용하면서 국가개조를 하려고 한 기타 잇키를 비판할 수가 있었다.

4. 천황론

그러면 농본주의는 근대 일본을 전적으로 부정할 수 있을까. 이 문제를 생각할 때 중대한 아킬레스건이 하나 있다. 천황제가 그것이다.

천황제는 일본 농업의 핵인 벼농사와 끊으려야 끊을 수 없는 관계에 있다. 왜냐하면 벼농사를 기반으로 형성되어온 일본의 사직을 관장(管掌)하는 사제(司祭)가 바로 천황이기 때문이다. 벼농사를 짓고 쌀밥을 먹는 이상 농본적인 일본 민족의 심성은 변하지 않는다. 그렇다면 이 심성의 궁극에 천황이 존재하는 상태도 당분간 변하지 않을 것이다.

농본주의를 사상의 축으로 삼는 우익이 일본 정신, 야마토다마시이(大和魂),[109] 전통적 정신을 말할 때 이들의 궁극에는 모두 천황이 존재한다. "당신은 자꾸 일본 정신을 거론하지만 그것은 구체적으로 어디서 찾을 수 있는가"라는 날카로운 질문을 받은 미노다 무네키(蓑田胸喜, 1894~1946)[110]가 우물거리면서 "그것은 『메이지천황 와카집(明治天皇御集)』에 있다"고 대답했다는 일화가 이 사정을 증명하고 있다.

---

109) 일본의 얼.
110) 구마모토 현 출신. 국사관(國士館) 전문학교 교수. 원리일본사(原理日本社) 주재. 잡지 『원리일본』을 통해 마르크스주의·자유주의 지식인을 공격한 그는 광신적 우익사상가라는 평가를 받고 있다.

상징적으로 표현하면 일본 농본주의는 땅을 일굼으로써 일본 민족의 심성 깊은 곳에 있는 천황을 발굴하려고 했다. 만주무장이민(滿洲武裝移民)의 지도자 가토 간지(加藤完治, 1884~1967)는 땅을 깊이 갈면 거름 따위는 필요 없다고 하는 비논리적이고 정신주의적인 농업론을 전개했지만 이는 농민은 한마음으로 땅을 일굼으로써 "천황에 귀일(歸一)"할 수 있다고 말한 가케이 가쓰히코(筧克彥, 1872~1961)[111]의 『고신도 대의(古神道大義)』(1912)의 영향을 받은 것이다.

역시 가케이의 신봉자로 가토의 스승이기도 한 야마자키 노부요시(山崎延吉, 1873~1954)[112]는 농민도장(農民道場)인 '신푸기주쿠(神風義塾)'를 여는 데 즈음해서 다음과 같이 말했다.

> 내 이상은 돈을 안 쓰고 시간을 안 들이고 수고를 안 들이고 형식에 얽매이지 않고 규칙에 제약받지 않고 물질에 타락하지 않으면서 참된 농민을 양성하기 위한 교육을 창출하는 것이다. 황국의 농민임을 의식하고 농업을 분담해서 천황에 귀일하는 신념을 가진 사람을 양성하는 것이다.
> ─ 『홍촌행각(興村行脚)』(1929)

농본주의는 이와 같이 비상한 정신주의적 색채를 띠고 있었으니 그 것은 오히려 농본정신주의라고 하는 게 적합할 정도였는데, 이 정신의 궁극에 천황이 상정되어 있었다. 그러므로 톨스토이주의자로 출발한 숱한 농본주의자, 예를 들어 나카자토 가이잔, 시모나카 야사부로, 미

---

111) 나가노 현 태생. 법학자, 신도(神道)사상가, 도쿄제국대학, 국학원(國學院)대학 교수.
112) 이시카와 현 태생. 국회의원, 아이치현립(愛知縣立) 농림학교 초대 교장으로 많은 인재를 배출하는 등, 아이치 현의 농업을 크게 발전시켰다.

야자키 야스에몬(宮崎安右衛門), 다치바나 고자부로, 구라타 햐쿠조(倉田百三, 1891~1943)[113] 등은 모두 마지막에는 열렬한 천황주의자가 되었다.

반근대주의자의 기치인 일본회귀론들이 거의 다 천황으로 귀일하는 논리를 택한 것도, 천황 이외에는 일본에 유일하고 고유한 것이 없었기 때문이다. 천황이 외국의 황제와 비슷한 존재라고 속으로 생각했던 이는 국가권력을 잡은 리버럴뿐이다. 그러나 그들은 그런 내심을 절대로 입 밖에 내지 않았다. 그들은 세계를 알면서도 일본을 지배하기 위해 "천황은 만세일계로 황통은 연면히……"라는 식의 신화를 국민에게 계속 제공했다.

설령 좌익이 낭만주의나 내셔널리즘을 우익에게서 탈환하게 되어도 천황만은 빼앗지 못할 것이다. 그렇다면 우익이 마지막으로 의지할 곳은 천황 이외에는 있을 수 없다. 그러나 우익이 천황을 장악한 적은— 에도 말기의 사이고 다카모리를 제외하면— 한 번도 없었다. 천황을 수중에 넣은 사람은 오쿠보 도시미치, 이토 히로부미, 요시다 시게루(吉田茂, 1878~1967)[114] 같은 근대 일본의 지배계급인 리버럴이었다.

리버럴이 좌익과 우익의 틈새에서 균형을 잡으면서 정치를 할 수 있었던 것은 그들이 천황을 장악해서 국가지배의 원리로 만들었기 때문이다. 리버럴의 이러한 국가지배원리를 거꾸로 이용해서 "천황을 받들어 모시는" 권력탈취를 생각한 사람이 기타 잇키였다. 그렇게 황송한 일을 우익은 도저히 할 수 없었다.

---

113) 히로시마(廣島) 현 태생. 극작가, 평론가. 『승려와 그 제자』 등 종교적인 작품으로 알려진다.
114) 도쿄 태생. 외교관, 정치가. 1946부터 54년에 걸쳐 다섯 번 수상으로 선출되어 전후 일본의 부흥에 힘썼다.

황도파(皇道派)[115] 청년 장교를 포함해서, 우익이 생각한 국가개조는 거의 다 일본 정신 자체인 천황의 '성려'를 정치에 직접 반영시키기 위해 그 '성려'를 가리고 있는 관료·군벌·재벌·학벌 등의 암운을 날려 버리자는 것이었다. 그런 개조의 원형은 신풍련에서 찾을 수 있다.

만년에 신풍련에 깊이 집착한 미시마 유키오가, 기타 잇키의 개조법안 속에서 "악마적인 교만의 냄새"를 맡고 그것을 혐오했다는 사실은 『풍요의 바다(豊饒の海)』 제2권 『분마(奔馬)』에 나타나 있다. 미시마가 생각하는 혁신의 논리는 신풍련을 그린 다음과 같은 글에서 찾아볼 수 있다.

신풍련의 지사들은 일본도만 들고 근대적인 보병영(步兵營)을 공격했지요. 구름의 가장 어두운 곳, 더러운 색깔이 가장 진하게 모여든 한 점을 겨냥하면 돼요. 힘을 다해서 거기에 구멍을 내고 몸 하나로 하늘로 올라가면 됩니다.

하지만 암운에 구멍을 뚫고 성려를 민초에 미치게 한다는 혁신의 논리는 천황의 권력을 절대화하기만 하고 일본근대의 변혁에는 전혀 도움이 안 되는 게 아니냐는 의문이 생길 것이다. 우익이 천황을 최후의 근거로 한다면 역시 전쟁 때 있었던 것 같은 익찬체제가 성립하는 게 아닌가. 이것은 정당한 의문이다.

그러나 익찬체제를 만들어낸 것은 고노에 후미마로(近衛文麿, 1891~1945)를 비롯한 리버럴이었으며, 우익은 그 체제 만들기의 수족으로 이용당한 것에 불과했다. 우치다 료헤이를 시조로 하고 요시다 마스조(吉田益

---

115) 일본 육군에 있었던 파벌의 하나. 천황 중심의 국체(國體)지상주의를 신봉해서 통제파(統制派)와 싸우다가 2·26사건의 실패로 일소됐다.

三)를 총재로 받든 대일본생산당(大日本生産黨, 1931년 결성)[116]은 그 가장 충실한 수족이었다. 『대일본생산당 10년사(大日本生産黨十年史)』(1941)에 따르면 이 당은 현양사, 흑룡회의 역사를 이어서 결성된 것으로 '대일본주의'를 유일한 주의로 삼고 있었는데, 국가체제가 이미 대일본주의를 실천하고 있을 때 대일본주의를 내세워봤자 체제에 의해 이용당할 뿐이다. 이런 단체에 우익의 정통이 있을 리가 없다.

그런데 성려를 민초에 미치게 한다는 국가혁신의 논리는, 정말 천황의 권리를 절대화시키는 현실밖에 만들지 못하는 것일까. 곤도 세이쿄나 다치바나 고자부로, 그리고 그들의 국가개조의 실천인 5·15사건에 공명하는 무라카미 이치로 등이 가장 부심한 것은 이러한 의문을 해소하는 일이었다.

무라카미는, 천황은 "사직의 제사를 지내는 자"이며 존왕(尊王)이란 "사직의 중심에 고대(古代)의 총명하고 깨끗하고 바른 천황을 사제로 모시는 사상"이라고 한다. 천황이 사직의 사제가 되기 위해서는 권력이 있으면 안 되는데, 5·15사건은 천황을 권력이 없는 자로 만들기 위해 거행되었다. 무라카미는 그렇게 이해함으로써 천황을 절대화하는 우익과 자신을 구별했다.

하지만 곤도도 다치바나도 우익에 속하는 사상가이며 또 5·15사건이 우익의 행동이라면 무라카미도 역시 우익이다. 그리고 무라카미는 그렇게 불려도 동요하지 않을 것이다. 레테르 붙이기는 사상과 아무런

---

116) 흑룡회 오사카 지부장 요시다 마스조가 제창해서 오사카에서 결성된 후 흑룡회, 일본 국민당, 급진애국당 등의 맹원들이 합동해서 도쿄에 본부를 두었다. 1933년의 신병대(神兵隊) 사건의 실패나 내분 등으로 당원이 줄어들어 1942년에는 사상단체 대일본일신회(大日本一新會)로 개편되었다.

관계도 없는 작업이니까. 그런 것보다 그가 고심하면서 도달한 지점이 천황의 권력을 없애고 사직의 사제로 앉히자는 사상이었다는 사실이 갖는 의미가 앞으로 우리를 괴롭히게 될 것이다.

천황을 '국민적 합의의 상징'이라고 말하는 일본공산당을 돌이켜볼 필요는 없다. 그런 마르크스주의보다는 천황제 타도를 내세운 전전의 공산당이 훨씬 나았다. 전후 일본공산당이 현실에 타협한 것은 우익이 현실에 타협한 것과 큰 차이가 없다. 예전에는 천황이 유럽을 방문하려는 계획이 있으면 맨 먼저 우익이 거기에 반대했다. 그런데 지금 우익은 천황의 미국 방문에 찬성한다. 그들이 천황에게 맡긴 반근대, 반자본주의, 아시아에 대한 사랑은 어디로 사라졌는가.

5. 제2유신론

우익이 마지막으로 기댈 곳이 천황이라면 천황이 국가의 중추에 있는 국체에 있어 래디컬한 변혁사상을 우익에 기대하는 것은 무리한 요구일까. 결코 그렇지 않다. 천황이 국가의 중추에 있는 국체에 있어서는 그 국가의 중추에 있는 천황 자신이 변혁의 주체가 될 수 있었기 때문이다.

내가 궤변을 늘어놓고 있는 것은 아니다. 전후에 그런 신화의 신비성이 희박해졌지만 전전에는 정계, 재계 및 언론계에 속하는 소수의 지배계급을 제외하면 "천황은 만세일계로 황통은 연면히······"라는 신화가 사회의 표면을 덮고 있었다. 천황은 모든 권력이 집중될 곳이요 모든 권위의 원천이었다. 이러한 전통에 얽매인 시대에 있어 카리스마는, 베버가 말한 것처럼 "단 하나의 큰 혁명적 세력"(『권력과 지배』)이 될 수 있었다.

카리스마인 천황이 유일한 혁명적 세력이라면 국체론은 혁명론이 될 수 있다. 이 점에 주목한 사람이 바로 기타 잇키와 요시다 쇼인(吉田松陰, 1830~1859)[117]이다. 그들이 여기에 주목했다는 사실은, 그들이 실제로는 전통에 얽매인 시대에 살지 않았다는 것, 바꿔 말하면 그들이 만세일계 신화에 속박되어 있지 않았음을 뜻한다.

"헌법에 나오는 소위 '만세일계의 천황'이란, 지금의 천황(메이지천황)에서 비롯된다"(『국체론 및 순정사회주의』)고 생각한 기타는 확실히 만세일계신화에 구애받고 있지 않았을 것이다. 그런데 요시다 쇼인의 경우는 어땠을까. 쇼인이 만세일계신화에 얽매이지 않았다는 사실은 에도 말기에는 아직 그 신화가 사회적 종교가 되어 있지 않았음을 시사하고 있다. 아니, 쇼인 자신이 그 신화를 창조하는 사람이었다.[118] 신화

---

117) 에도 말기의 지사. 조슈 번 출신. 에도(지금의 도쿄)에 가서 사쿠마 쇼잔(佐久間象山)에게 양학을 배웠다. 해외 사정을 시찰하기 위해 미국으로 건너가려고 밀항을 계획했지만 발각돼서 투옥되었다. 하기(萩, 지금의 야마구치 현 하기 시)에서 쇼카손주쿠(松下村塾)를 열어 인재를 배출했다. 안세이의 대옥사건(安政の大獄, 존왕양이운동에 대한 탄압사건)으로 처형되었다.

118) 에도 말기에 요시다 쇼인이 "황국에는 신성(神聖)이 있고 그다음에 창생(蒼生, 인민을 뜻함)이 있다"[『강맹여화(講孟餘話)』(1856)]라고 해서 '신성한 천황' 개념을 제창하기 전까지는 '국체'사상은 존재하지 않았고 일반 사람들은 천황이 무엇인지 잘 몰랐다. 쇼인의 국체론은 막번체제(幕藩體制)에 대한 혁명론이었다.

20년 후 신풍련(神風連, 구마모토에서 복고주의 사족들이 결성한 정치단체)은 벌써 '국체'는 지켜야 할 일본 고유의 원리라고 믿게 되었지만, 메이지정부를 움직인 지배자들은 '국체'가 국가지배를 위한 픽션임을 잘 알고 있었고 천황이 신성한 사람이라고는 생각하지 않았다. 예컨대 메이지 초기의 수상 구로다 기요타카(黒田清隆, 1840~1900)는 천황을 향해서 "천황계하(天皇階下), 천황폐하(天皇陛下)와 한자가 비슷한 것을 놀린 것)!"라고 부른 적이 있다. 쇼와시대에 들어 이 픽션이 통일적 민족국가의 지배적 이데올로기로 작용하게 되었지만, '국체명징운동(國體明徵運動)'이 일어났던 시기에도 쇼와 천황 자신은 "천황기관설이 괜찮은 것 같다"고 말하고 있다(마쓰모토 겐이치, 『쇼와 최후의 나날(昭和最後の

를 주체적으로 만드는 사람이 그 신화에 속박될 리가 없다. 그는 가장 냉정한 사람이어야 했다.

그렇다고 쇼인에게 존왕사상이 없었던 것은 아니다. 존왕심이 두터운 것은 동시대의 누구에게도 뒤지지 않았지만, 사상과 신화는 완전히 별개의 것이다. 쇼인에게 천황이란 사직의 중심에 있는 사제였으며 이 사직에 정성을 다하는 이가 초망인 까닭이었다. 그러므로 초망으로서의 쇼인은 다음과 같은 말을 적고 있다.

황송하오나 천조(天朝)도 막부도 우리 번(藩)도 필요 없소. 6척의 이 몸만 있으면 되오. 하지만 기케이(義卿)[119]가 어떻게 의를 버리겠는가. 안심하시오. 〔……〕기케이는 의를 아오. 때를 기다리기만 하는 사람이 아니오. 초망굴기(草莽崛起)[120]하는 데 남의 힘을 빌리지는 않소.
— 「노무라 와사쿠(野村和作)에게 보낸 편지」(1859)

이 말을 천황제 부정의 논리라고 단정적으로 결론짓는 사람도 없겠지만, 적어도 쇼인이 만세일계신화의 포로가 아니었다는 사실은 확인할 수 있다. 천황을 '천하'의 중심으로 삼는 쇼인의 국체론이 혁명론이 될 수 있었던 것은 쇼인 자신이 그런 신화를 믿지 않았기 때문이다.

하지만 일단 유신이 이루어지고 천황제 국가가 성립되자 만세일계신화는 차차 일본 사람들을 속박하게 되었다. 사이고 다카모리처럼 천황

日日)』참조).
119) 요시다 쇼인의 자.
120) 쇼인은 이 말을 "들에서 혼자 벌떡 일어서서 죽음을 무릅쓰고 달려간다"는 뜻으로 쓰고 있다.

을 '옥(玉)'[121]으로 여긴 혁명가가 죽은 후에 그 속도는 더 빨라졌다. 천황은 이리하여 만세일계의 현인신(現人神)[122]으로 승화되어갔으며, 그럴수록 천황은 "단 하나의 큰 혁명적 세력"이 되었다.

그 결과, 천황을 혁명세력으로 받들어 모신 2·26사건이 생겼다. 이것은 만세일계신화의 순수배양기(純粹培養器)인 황군(皇軍)[123]에서 자란 황도파 청년 장교가 일으킨 '혁명'이었다. 물론 이 혁명은 이론적 지도자로 지목된 기타 잇키가 생각하는 혁명과는, 비슷한 것 같으면서도 대극에 위치하는 것이었다. 왜냐하면 황도파 청년 장교가 상정한 혁명, 즉 쇼와유신(昭和維新)[124]은 천황을 '혁명적 세력'으로 모시고 그 성려를 현현시키는 것이었다. 이에 대해서 기타가 상정한 혁명, 즉 쇼와유신은 천황을 혁명을 위한 수단으로 쓰고 그 뒤에 천황에게 개조법안을 인정하게 하려고 한 것이다. 황도파 청년 장교들이 혁명의 근본이라 생각한 천황은, 기타에게 있어서는 수단에 지나지 않았다.

정확히 말하면 황도파 청년 장교들의 목적은 유신이었고 기타의 목적은 혁명이었다. 오늘날 이 유신과 혁명의 차이를 명확히 인식하고 있는 사람은 대동숙(大東塾)[125]의 가게야마 마사하루 정도밖에 없을 것 같다. 가게야마는 유신과 혁명이 비슷하면서도 서로 다르다는 사실을 잘 알고 있었다. 쉽게 말하면 우익이 목적으로 하는 게 유신이며 좌익

---

121) 일본 장기에서 하수가 쥐는 궁을 옥장(玉將)이라고 하는데, 그것을 줄여서 옥(玉)이라고도 한다.
122) 사람의 모습으로 나타난 신.
123) 천황이 이끄는 군대라는 뜻으로 육해군의 총칭.
124) 1930년대 군부의 급진파나 우익이 내건 국가혁신의 표어. 메이지유신에 비겨서 천황의 친정(親政) 실현을 목표로 삼았다.
125) 1939년 가게야마 마사하루를 중심으로 결성된 우익단체. 패전 직후 14명이 집단 자결한 사건이 특히 유명하다.

이 목적으로 하는 게 혁명이다. 유신이란 물론 왕정복고를 제창한 메이지유신을 완성시키는 것이다. 그래서 더 정확히 말하면 우익은 제2유신(쇼와유신)을 지향한다고 할 수 있다.

하지만 이 제2유신이라는 말 자체에 어떤 혼란이 내포되어 있었다. 뒤에 쇼와유신, 다이쇼유신이라 불리게 된 운동의 선구가 된 것은 말할 나위도 없이 세이난전쟁이다. 세이난전쟁은 발발 당시부터 '제2의 유신'이라 불렸는데, 제2유신이란 무엇을 뜻하는 것일까.

당시 육군유년학교(陸軍幼年學校)에 재학했던 시바 고로(柴五郎, 1860~1945)[126]는 사이고군의 거병이 제2유신이라고 생각했다. 원래 아이즈(會津)번의 일원이었던 시바는 저서 『어느 메이지인의 유서(ある明治人の遺書)』에서 다음과 같이 쓰고 있다. 1876년(메이지 9년) 여름, 갈 곳이 없던 그는 유년학교에서 방학을 보내고 있었는데, 그때 정한론 때문에 하야했던 사이고 다카모리 등이 반란을 일으킬 것 같다는 소문이 들려왔다. 그것을 "제2의 유신이 일어난다"고 평하는 사람도 있었다고 한다.

제2유신을 획책한 것으로 세이난전쟁을 드는 것이 오늘날의 상식인데, 다름이 아니라 오쿠보 도시미치가 만들어내려고 했던 메이지 국가체제를 타도하는 게 제2유신이었다.

하지만 이와 정반대의 견해를 가진 사람도 있었다. 후쿠치 오치(福地櫻癡, 1841~1906)[127]가 그러했다. 원래 에도 막부에서 막신(幕臣)[128]이었던 오치는 그 당시 『도쿄일일(東京日日)신문』 사장이었다. 그는 세이난전쟁

---

[126] 아이즈 번에서 무사의 아들로 태어났다. 육군. 도카이산시(東海散士)의 필명으로 『가인의 기우(佳人之奇遇)』를 쓴 시바 시로(柴四郎, 정치가, 소설가)의 동생이다.
[127] 나가사키(長崎) 태생. 본명 후쿠치 겐이치로(源一郎). 저널리스트, 극작가. 가부키(歌舞伎) 개량에 힘을 썼다.
[128] 쇼군 직속의 신하.

발발과 함께 그 실황을 보도하기 위해 정부군의 종군기자가 되었다. 그리고 세이난전쟁이 정부군의 승리로 끝났을 때 이렇게 썼다.

가고시마(鹿兒島)에서 일어난 역적의 반란은 9월 24일에 완전히 평정되어 유신의 위업은 10년 만에 처음 대성되었다. 〔……〕 유식한 사람들이 이 반란의 정토(征討)를 가지고 제2의 유신이라고 인정한 것은 근거 있는 말이다.

—「세이난전쟁이 끝남(西南ノ役終ル)」(1877)

즉 시바 고로가 들은 소문으로는 제2유신이란 사이고의 거병을 가리키는 것이었고, 후쿠치 오치의 말에 따르면 제2유신은 정부의 승리, 즉 사이고군의 패배를 뜻하는 것이었으니 이들은 정반대의 입장이다. 그렇다면 제2유신이란, 논하는 자가 제1의 메이지유신에서 어떤 의미를 찾는가에 따라 내용이 달라진다. 혼란이 일어나는 것은 당연한 일이다.

후에 나온 우익의 제2유신론은 이렇게까지 혼란스럽지는 않지만, 거기에는 역시 다원적인 양상이 보인다. 메이지유신에서 왕정복고를 보는 니시다 미쓰기(西田税, 1901~1937)[129]는 다이쇼유신(大正維新)에서 천황절대주의를 주장하고, 메이지유신은 판적봉환(版籍奉還)[130]을 중심으로 한 것이었다고 생각하는 아베 이소오—그는 우익이 아니지만—는

---

129) 돗토리(鳥取) 현 태생. 육군군인, 사상가. 오카와 슈메이, 후에는 기타 잇키에게 큰 영향을 받았다. 2·26사건의 계획을 들었을 때 벌써 군을 떠났던 니시다는 시기상조라 해서 궐기에 반대했지만 청년 장교들의 결심이 너무 굳은 것을 보고 같이 행동하기로 했다. 사건 실패 후 반란을 주도한 죄로 처형되었다.
130) 1869년(메이지 2년)에 실시된 지방제도개혁으로 다이묘(大名, 만 석 이상을 가진 막부 직속의 무사)들이 영토와 영민을 정부에 반환했다.

쇼와유신에서 산업봉환(産業奉還)을 주장했다. 한편 메이지유신을 민주주의혁명으로 파악한 기타 잇키는 제2유신으로 사회민주주의혁명을 주장했다. 하지만 이렇게 다원적 양상을 보이면서도 메이지유신을 제1유신으로 규정하고 그 유신이 불완전하게 끝났다고 생각하는 것, 그리고 그것을 완수하는 일을 '혁명'이라 생각하는 것, 이런 점에서 우익은 한가지다.

6. 내셔널리즘

메이지유신이 민족혁명이라면 우익이 제2유신을 지향했다는 사실은 그들이 내셔널리즘의 계승자임을 뜻한다. 원래 우익이 메이지천황으로 떠올린 이미지는 현인신 같은 공소한 것이 아니라 민족혁명을 구체적으로 상기시키는 '영웅' 같은 것이었다. 메이지천황은 초망들을 이끌어 도쿠가와 막번체제(德川幕藩體制)를 근대국가로 혁명하고 그 혁명으로 인해 선진자본주의 열강의 제물이 될 뻔했던 일본을 구한, 말하자면 국민적 영웅이었다.

물론 유신 때 메이지천황은 말 타는 법조차 모르는 열다섯 살의 소년에 불과했다. 『메이지대제(明治大帝)』에 의하면 메이지천황은 병법을 실제로 배우고 싶어 했지만 그가 직접 이끄는 병사는 한 명도 없어서 궁녀들을 줄서게 하거나 적당히 배치해보거나 하면서 군대를 지휘하는 법을 배웠다. 사이고 다카모리가 그 모양을 보고 깜짝 놀라 사쓰마(薩摩)군[131]

---

131) 사쓰마는 현재의 가고시마 현 서부지방이며 사쓰마군은 사쓰마 번의 군대.

의 병사를 일부 천황에게 나누어 준 것이 근위병의 시작이라 한다.

이 일화가 사실이었는지는 막론하고, 이 이야기는 유신 때 메이지천황이 어떤 상태에 놓여 있었는지를 여실히 보여주고 있다. 그런데도 메이지천황이 유신혁명의 중핵에 있었던 것은 의심할 여지가 없다. 천황은 확실히 군사적 권력도 정치적 권력도 경제적 실권도 가지고 있지 않았다. 그는 사이고 등의 손에 잡힌 '옥'이었으며 그럼으로써 유신혁명의 중핵적 상징이 될 수 있었다.

그런데 기타 잇키가 메이지천황을 평해서 "메이지혁명 때 민주주의의 대수령(大首領)으로서 영웅처럼 활동"했다는 등의 말을 쓴 바 있다. 마쓰모토 세이초(松本淸張, 1909~1992)[132]는 이에 대해 저서 『기타 잇키론(北一輝論)』에서, 관례(冠禮)도 아직 치르지 않은 15세 소년이었던 메이지천황이 어떻게 "영웅처럼 활동"할 수 있었겠느냐고 비판했다. 그러나 이것은 반론할 값어치조차 없는 시시한 비평이다. 기타가 거론한 것은 민족적 유신혁명을 상징하는 존재로서의 메이지천황이었고 유신혁명의 육체는 오히려 사이고 다카모리였다. 사이고가 유신혁명으로부터 변절한 메이지국가에 대해 반기를 들게 된 이유가 여기에 있다.

그리고 메이지의 내셔널리스트들은 민족적 유신혁명의 이념을 바로 사이고에서 봤다. 사이고는 메이지유신을 상징하고 제2유신을 상징하면서 일본인들의 심성 깊은 곳에 '혁명'의 이미지를 형성했다. 그것은 근대 일본 리버럴들의 정점에 서는 이데올로그 후쿠자와 유키치조차 수긍하지 않을 수가 없는 사실이었다. 후쿠자와는 『메이지 10년 정축

---

132) 후쿠오카 현 태생. 본명은 마쓰모토 기요하루(松本淸張). 사회파 추리소설이라 불리는 『점과 선(點と線)』『제로의 초점(ゼロの焦點)』 등 베스트셀러를 다수 집필했으며, 정치, 사회, 현대사, 고대사 등에 관한 저작도 많다. 일본공산당의 지지자이기도 했다.

공론(明治十年丁丑公論)』(1877)에서 다음과 같이 썼다.

> 근래 일본의 상황을 보면 문명의 허설(虛說)에 속아 저항정신이 점차 쇠퇴하는 것 같다. 〔……〕 지금 사이고 씨는 정부에 반항하는 데 무력을 사용하는 등 나와 생각을 달리하는 부분이 있지만, 그의 정신에 관해서는 비난할 것이 없다. 〔……〕 사이고는 거병해서 대의명분을 깼지만 그 대의명분은 현재의 정부에 대한 대의명분이고, 천하의 도덕품행을 해친 것은 아니다.

즉, 후쿠자와가 말하는 것은 사이고는 메이지정부에 대해서는 반역했지만 '천하'라는 내셔널한 것—국가와 민족과 국민—에 대해서 반역한 것은 아니다. 오히려 그 내셔널한 것의 정신을 체현한 사람이 사이고였다는 사실이다. 이런 이유로 후쿠자와는 사이고의 거병을 '일본국민의 저항정신'으로 평가했다.

이런 평가는 후쿠자와의 내셔널리스트적인 일면을 말해주고 있다. 아니, 메이지의 내셔널리즘이 후쿠자와 속에도 살아 있었다고 하는 게 더 정확하겠다. 그런데 좌익은 사이고에게서 혁명을 보는 내셔널리즘을 계승하지 않았기 때문에 내셔널리즘과 함께 사이고도 우익의 전유물이 되었다.

한편, 좌익이 사회주의를 일본혁명의 사상으로 만들기 위해서는 이 내셔널리즘과 사상적으로 대결해야 했다. 그러나 그렇게 대결한 측은 좌익이 아니라 오히려 좌익에게서 우익으로 간주되는 인물들이다. 그 사람들의 이상을 여기서 자세히 논할 여유는 없지만 그들은 크게 3기로 나눠진다. 제1기—다루이 도키치, 구가 가쓰난, 야마지 아이잔(山路

愛山, 1865~1917)[133] 등, 제2기— 기타 잇키, 다카바타케 모토유키(高畠素之, 1886~1928), [134] 오카와 슈메이, 제3기 — 쓰쿠이 다쓰오(津久井龍雄, 1901~1989)[135] 등이다.

메이지 38년, 국가사회당을 만든 야마지 아이잔은 한때 평민사(平民社)[136]계인 일본사회당(1907)과 결탁했지만 결국 결별했다. 평민사계 사회주의자나 무정부주의자는 아이잔을 "미온적"이고 "어중간하다"고 비난했지만, 메이지국가의 변혁에 관해서 말하면 아이잔이 더 급진적으로 문제를 파악했다고도 할 수 있다.

예를 들어, 아이잔은 『사회주의 관견(社會主義管見)』(1906)에서 평민사계 마르크스주의적 계급투쟁설을 이원론, 즉 신사벌(紳士閥, 부르주아지)과 평민급(平民級, 프롤레타리아트)의 대립으로 혁명을 생각하는 것이라고 하고, 국가는 신사벌에 예속하는 것이기 때문에 신사벌에 대한 투쟁이 국가의 혁명이 된다고 요약했다. 한편 국가사회당은 삼원론을 채택한

---

133) 도쿄 태생. 저널리스트, 평론가. 본명 야마지 야키치(彌吉).『국민신문』기자로 역사, 문학에 관한 글을 발표했고『시나노마이니치(信濃毎日)신문』주필 등을 거쳐 잡지『독립평론』을 간행했다.
134) 군마 현 태생. 사회운동가, 사상가. 국가사회주의를 제창. 마르크스 연구로도 알려져 있다.
135) 도치기 현 태생. 와세다 대학 영문과 중퇴. 다카바타케 모토유키의 문하생이었다. 국가사회주의자로 건국회, 애국근로당 등의 우익단체를 조직했다. 1937년경부터는 언론활동에 힘쓰기 위해 야마토신문에 입사, 정치가나 군인을 지상에서 비판했다. 좌익인사의 글을 싣는 일이 어려워지는 상황에서『문예춘추』『중앙공론』『개조』등의 일류 잡지가 쓰쿠이에게 원고를 청탁하게 되면서 그는 한때 인기 있는 평론가로 활약했다. 좌익인사의 글이 없어지면서 가장 우익이었던 자신이, 어느 사이에 저널리즘 속에서 좌익이 되어 있었다고 쓰쿠이는 회고하고 있다. 패전 후 공직에서 추방되었지만 1951년 해제되어 다시 대일본애국당 등을 결성해서 활동했으며, 1955년에는 중국을 방문하기도 했다. 『일본국가주의운동사론(日本國家主義運動史論)』『나의 쇼와사(私の昭和史)』등의 저서가 있다.
136) 비전론을 주장하고 사회주의를 신봉하는 고토쿠 슈스이, 사카이 도시히코 등이 1903년에 설립한 신문사로『평민신문』을 발행했다.

다고 아이잔은 주장한다.

국가는 역사적으로 발달해온 오랜 생명으로 꼭 신사벌이 만들어낸 것이라고 할 수는 없다. 혹 백 보를 양보해서 〔……〕 국가가 신사벌에서 나온 것이라 가정해도 역시 신사벌에 대해서는 상당히 독립성을 가지고 있으며 자유롭게 움직일 수 있는 것이다. 그러므로 평민급은 이 국가와 서로 협력해서 신사벌의 전횡을 막아야 한다. 즉 삼원론(국가, 신사벌, 평민급)을 가지고 사회상황을 논하려는 것이다.

아이잔의 이런 발상이 국가사회주의의 실마리와 같은 경향이라는 사실은 새삼 지적할 필요조차 없을 것이다. 내셔널리즘과 사회주의의 사상적 대결이 아이잔이 주장하는 결론대로 될 것 같지는 않지만, 아이잔의 국가사회주의는 그가 사회주의적 변혁을 시인하면서 그것과 내셔널한 것과의 관계를 생각하는 과정에서 태어났다고 봐도 될 것이다.

혹, 이 내셔널한 마음이 염두에서 떠나지 않는 사람을 우익이라고 규정한다면, 국가사회주의자들은 다 우익이었다. 그러나 그것은 우익에 대한 칭찬이 될지언정, 부정하는 말은 아닐 것이다. 적어도 일본인들은 그렇게 생각했다. 일본 사람들의 대부분은 사상에 있어 전위인 우익도 좌익도 더군다나 리버럴도 아니었지만, 내셔널한 마음이 염두에서 사라지지 않는 한, 우익에 공감을 느꼈다. 그 결과 천황제의 함정에 빠져서 제국주의 전쟁에 끌려들어갔지만, 그것은 결과에 지나지 않는다. 혹 좌익이 혁명을 생각한다면 그 결과가 아니라 대중이 그 에토스(심성) 속에 무엇을 간직하고 있었는지를 알아내야 한다.

물론 우익이 그것을 충분히 이해했었다고 말할 수는 없다. 1960년의 안보투쟁 때 체제의 주구(走狗)가 되어서 대중을 때리고 대든 것은 다름 아닌 우익들이었으니까. 그러나 그들은 이제 우익으로서의 자격을 상실하고 있었다. 안보투쟁은 한편으로 대중 속의 내셔널한 것의 분출이었으니 우익은 그 대열에 껴야 내셔널리즘의 전사가 될 수 있었던 것이다. 극단적으로 말하면 이 시점에서 우익이라는 말에 어울리는 사람은 가게야마 마사하루밖에 없었다. 가게야마는 간바 미치코(樺美智子. 1937~1960)[137]의 죽음에 즈음해서 다음과 같이 말했다.

간바 미치코 씨의 죽음에 대해서는 충심으로 애도의 뜻을 표하는 바이다. 나는 그녀야말로 일본을 위해 죽은 애국자라 생각한다. 이런 인물이 우리 우익 진영에서 나오지 않았다는 사실이 매우 유감스럽다.

이 말을 겉치레 인사라 생각하는 사람은 사상을 논할 자격조차 없다. 그런 이들은 이데올로기만을 상대하라. 내셔널한 심정을 생각하지 않고 대중의 에토스 깊은 곳에 어떤 응어리가 맺혀 있는지 알려고도 하지 마라. 그리고 그 결과, 천황제 밑에서 살다가 제국주의 전쟁에서 죽어간 자기 나라 사람들을 "어리석다"고 모멸하라.

7. 아시아주의[138]

그런데 내셔널리즘이 우익사상의 가장 큰 기둥이라면, 자기 나라를

---

137) 도쿄 대학 학생이었던 간바는 공산주의자동맹의 맹원으로 1960년의 안보투쟁에 참가했다. 6월 15일 시위대가 국회에 돌입했을 때 전경과의 충돌에서 사망했다. 비극의 주인공이 된

마지막에는 위기에 빠뜨릴지도 모르는 아시아 여러 나라의 혁명운동이나 독립전쟁과 우익이 연대한 것은 무슨 까닭일까. 이에 대한 답은 명료하다. 그런 행동들이 아시아 민족의 내셔널리즘의 발현이었기 때문이다.

일본 내셔널리즘이 구미 선진자본주의 열강의 압박 밑에서 저항으로 성립한 사상이었던 것처럼 아시아에서도 내셔널리즘이 일어나고 있었다. 이때 메이지유신으로 겨우 식민지화를 면한 일본 사람들이 그 후에도 여전히 식민지 상태에 놓여 있거나 식민지화되려고 했던 아시아의 내셔널리즘운동에 동정한 것은 당연한 일이다. 아니, 식민지화되는 것에 대한 위기감은 일본에도 오랫동안 남아 있었으니 이것을 동정이라고 말하는 것은 적절하지 않은 것 같다. 일본이 선진자본주의 열강의 위협에서 완전히 탈각하기 위한 방법의 하나는 구미를 모방하면서 탈아화(脫亞化)하는 것이었지만, 그것은 내셔널리스트=우익이 채택할 길이 아니었다. 그래서 우익은 또 하나의 길, 즉 같은 상태에 놓여 있는 아시아와 연대하는 길을 택해야 했다. 말하자면 그들은 동정 때문이 아니라 필요에 따라 아시아와 연대하게 된 것이다.

어쨌든 아시아주의는 여기에서 성립된다. 이것은 내셔널리즘과 같은 사상의 뿌리를 가지고 있었기 때문에 이 아시아주의는 당연한 것처럼 우익을 특징짓는 사상의 하나가 되었다. 기타 잇키, 오카와 슈메이와

그녀의 이름은 그 후 학생운동의 상징이 되었다.
138) '대(大)아시아주의'라고 불리기도 한다. 아시아주의란, 간단하게 말하면 아시아를 침략하려고 하는 서구의 근대에 저항하기 위해 아시아의 여러 민족이 손을 잡아야 한다는 주장이다. "제2차 세계대전 중의 '대동아공영권'사상은 어떤 의미에서 아시아주의의 귀결점이었지만, 다른 의미에서는 아시아주의에서의 일탈, 또는 편향이다. 〔……〕'대동아공영권'은 아시아주의를 포함해서 일체의 '사상'을 압살한 위에 성립한 의사사상(擬似思想)이라고도 할 수 있다"(다케우치 요시미, 「일본의 아시아주의」).

함께 '유존사(猶存社)¹³⁹⁾의 삼위일체'로 일컬어진 미쓰카와 가메타로(滿川龜太郎, 1888~1936)¹⁴⁰⁾는 아시아주의가 내셔널리즘과 사상적으로 같은 뿌리를 가지고 있음을 삼국간섭(1895)¹⁴¹⁾을 예로 들면서 다음과 같이 적은 바 있다.

> 소년이 나라의 장래를 우려하고 아시아의 성쇠에 대해 조금 배운 지가 벌써 20여 년이다. 일찍이 랴오둥반도(遼東半島)¹⁴²⁾ 위에 떨어진 내 눈물은 후에 확장되어 전 아시아 위에 떨어지게 되었다. '빼앗긴 아시아'라는 관념은 1895년 5월 10일을 회상하는 것과 완전히 동일한 정신의 발로다.
> ——『빼앗긴 아시아(奪はれたる亞細亞)』(1926)

여기서 일본은 아시아 그 자체다. 물론 삼국간섭의 원인이 된 청일 전쟁에서는 일본의 아시아 침략의 맹아를 찾을 수 있겠지만 일본이 삼국간섭으로 선진자본주의 열강에 의해 골탕을 먹었다는 사실만 생각한다면, 학대당한 일본은 역시 아시아였다. 그래서 미쓰카와의 내셔널리즘과 아시아주의 사이에는 아직 균열이 없다.

그러나 일본의 근대화, 즉 탈아화가 진행됨에 따라 우익의 내셔널리

---

139) 1919년 미쓰카와 가메타로, 오카와 슈메이, 기타 잇키가 결성한 국가주의운동의 결사인데, 이 단체는 단순한 천황주의를 지향한 것이 아니었다. 사법성 형사국이 작성한 『우익사상범죄사건의 종합적 연구(右翼思想犯罪事件の綜合的研究)』(1939)는 유존사의 강령을 소개하면서 유존사의 지도 원리를 "정신적·복고적 일본주의의 색채를 띤 것이 아니라 국제정세를 달관하고 대(大)아시아건설을 주장함과 동시에 그것을 수행하는 데 필연적으로 필요한 국내개조를 계획하는 것"이라고 설명하고 있다.
140) p. 30 각주 41) 참조.
141) 청일전쟁 후에 체결된 일청강화조약〔시모노세키(下關)조약〕을 둘러싸고 러시아, 프랑스, 독일이 일본에 간섭해서 조약으로 인해 얻은 랴오둥반도를 환부시킨 사건.
142) 중국 랴오닝성(遼寧省) 남부에 있는 반도. 다롄항(大連港), 뤼순항(旅順港)이 있다.

즘과 아시아주의 사이에 균열이 생기지 않을 수가 없었다. 왜냐하면 아시아의 내셔널리즘 운동이 타도의 대상으로 일본 제국주의를 포함하게 되었기 때문이다. 이것은 일본의 근대화가 선진자본주의 열강의 아시아 침략을 모방하는 것이었으니만큼 당연한 사태였으며 이 시점에서 아시아의 부흥, 그리고 이를 위해 연대를 바라는 아시아주의와 일본의 내셔널리즘은 모순되지 않을 수가 없다. 이때 우익은 아시아주의를 포기했다.

하기는 일본 내셔널리즘이 혁명성을 잃지 않고 우익이 체제에 편입되지 않았더라면 아시아주의도 포기할 필요가 없었을 것이다. 그렇지만 실제로는 한국병합 때 우치다 료헤이가 아시아주의를 포기한 것처럼 우익은 정작 중요한 일이 터졌을 때 아시아주의를 버렸다. 그것은 그들이 그때까지 연대해온 아시아의 내셔널리즘운동이 일본을 위기로 몰려고 하고 있었기 때문이다.

하지만 우익은 아시아주의를 포기했다는 사실을 공표하지 않았다. 그들은 아시아주의를 유지하는 척하면서 침략적 일본에 저항하지 않는 아시아를 찾아 손을 잡았다. 이것은 아시아주의의 타락이지만, 그것이 타락이었기 때문에 그때까지 아시아주의자를 소외해온 지배계급이 기꺼이 아시아주의자를 환영하는 시늉을 하기 시작했다. 대동아공영권(1940)과 대동아문학자대회(1942)가 그 시늉의 전형이다.

아시아주의를 끝까지 지키려는 우익이 혹 있었다면 그는 이런 사이비 아시아주의에 저항해야 하는데, 쇼와 10년대에는 이미 그런 우익은 찾아볼 수가 없었다.

예를 들면 대동아문학자대회가 사이비 아시아주의의 대회임을 간파한 사람들 중의 하나로 지배계급인 리버럴에 속하는 나가요 요시로(長

與善郎, 1888~1961)[143]가 있었다. 나가요는 『내 마음의 편력(わが心の遍歴)』에서 "상대편(중국)에는 어차피 애국적 기골이 있고 사상과 기능(技能)이 뛰어난 중요 작가들은 다 오지에 숨어 있을 것이다. 그런 작가들이 적국 일본의 문학보국회(文學報國會)가 제멋대로 제안하는 대회에 염치없이 출석할 리가 없다"고 쓰고 있다. 그런데도 나가요는 제3회 난징대회(南京大會)에 일본인 단장으로 출석했다.

리버럴은 역시 무섭다. 그는 그것이 사이비 아시아주의의 대회임을 알면서 스스로 아시아주의자를 가장해서 그 역할을 한다. 그런 행동이 지배계급의 권력유지에 도움이 되기 때문이다. 나가요는 이 당시 진정한 아시아주의자가 존재하지 않음을 알고 있었기 때문에 그랬던 것 같다. 체제는 아시아주의를 표방하는 우익을 완전히 깔보고 있었다.

그러나 대동아문학자대회를 공공연히 비판한 아시아주의자도 없지는 않았다. 다케우치 요시미가 그런 사람이다. 1942년에 일본문학보국회는 다케우치가 주재하는 중국문학연구회에 대동아문학자대회 개최에 협력해달라고 요청했지만 다케우치는 그것을 거절했다. 그는 그 이유를 다음과 같이 적고 있다.

나는 다른 면은 모르지만 일본과 중국 간의 문제에 한해서 말한다면, 일본 문학의 영예를 위해, 그리고 중국 문학의 영예를 위해, 이번 회동을 두 나라 문학의 대표자들의 모임이라고—적어도 공적으로는— 부를 수 없다. 왜냐하면 장차 온전한 회동을 가질 수 있으리라고 확신하기 때문이다. 즉 문학에 있어서의 12월 8일을 실현시킬 자신이 있기

---

143) 도쿄 태생. 극작가, 소설가, 평론가. 학생 시절에 동인지 『백화(白樺)』에 참가.

때문이다.
　——「대동아문학자대회에 관하여(大東亞文學者大會について)」(1942)

　12월 8일이란, 말할 나위도 없이 미국과 영국에 대한 선전의 조칙(詔勅)이 내린 날, 즉 이념적으로 말하면 일본이 아시아의 명운을 배후에 짊어지면서 선진제국주의 열강에 선전포고를 한 날이다. 다케우치는 문학에 있어서 그것을 실현시킬 자신이 있다고 썼는데, 이것은 그가 아시아주의자임을 표명한 것이라 할 수 있다. 그 아시아주의자의 눈에는 대동아문학자대회는 사이비 아시아주의의 대회로 비쳤다. 다케우치는 그것을 거부함으로써 나가요가 말하는 '애국적 기골이 있는' 작가, 지금은 '오지에' 숨어 있는 아시아인들과 손을 잡았다.
　이리하여 아시아주의는 우익이 아닌 인물에 의해 유지됐다. 아니, 앞에 인용한 글에서 읽을 수 있듯이 다케우치 요시미의 낭만주의적 성향과 내셔널리즘은 그 아시아주의와 함께, 다케우치와 우익의 근접성을 말하고 있는 것 같다. 어쩌면 다케우치 요시미는 사상으로서의 우익을 가장 잘 계승한 사람이라는 표현조차 가능할지도 모른다.
　하지만 다케우치는 자신이 우익이라서, 혹은 우익 사람들과 관계가 있어서 사상으로서의 우익을 계승할 수 있었던 것은 아니다. 그것은 그가 천황제 밑에서 살다가 전쟁으로 죽어간 민중의 삶을 구체적으로 헤아리려고 한 노력의 결과였다. 다케우치 요시미는 민중의 에토스(심성)에 관여한 우익의 사상을, 그러한 의식적 작업을 통해서 자신 앞에 대상화시킬 수 있었던 게 아니었을까.

| 제2부 |

우익의 논리와 활동

思想としての右翼

제1장
신우익과 신좌익의 역전현상

1

작년(1975) 초, 나는 어떤 신문에 「논조(論潮) 1975년」이라는 제목의 짧은 에세이를 썼다. 이것은 1975년의 종합잡지 신년호나 1월 1일자 신문을 보고 감상을 쓰라는 요청에 따른 것이다.

이 에세이에 관한 평판은 별로 좋지 않았다. 나는 그 글의 첫머리를 1974년 섣달 그믐날의 홍백가합전(紅白歌合戰)[1]에 대한 묘사로부터 시작했는데, 아마 사람들이 "아마치 마리(天地眞理)[2]의 「추억의 세레나데」가 왠지 마음에 든다" 등의 쓸데없는 말을 재미없어한 것 같다.

---

1) 매년 12월 31일 밤에 NHK TV가 방송하는 인기가요 프로그램으로 그해에 인기 있었던 가수와 베테랑 가수들이 출연한다. 여성가수는 홍팀, 남성가수는 백팀으로 나누어져 대항전 형식으로 각자 노래를 부른다.
2) 여성가수의 이름.

그러나 나는 그런 쓸데없는 이야기만 한 게 아니라 홍백가합전 마지막에 시마쿠라 지요코(島倉千代子)³⁾와 모리 신이치(森進一)⁴⁾가 각각 「에리모미사키(襟裳岬)」⁵⁾를 노래한 것을 문제 삼고 있었다. 1974년과 75년 사이에 끼인 두 개의 「에리모미사키」── '북방'을 연상시키는 노래── 는 무엇을 뜻하는가. 어쩌면 그것은 석유 위기, 식량 위기, 인플레이션, 공해문제, '야스쿠니신사(靖國神社) 법안' 등 숱한 난문을 나라 안에 안고 있는 정부가 국민의 눈을 바깥의 구나시리, 에토로후 등 북방영토문제로 돌리기 위해 장치한, 희미한 사전준비가 아니었을까, 나는 문득 그런 생각이 들었다.

물론 이것은 논증할 수 없는 문제로 나의 개인적인 망상에 지나지 않으니, 역시 쓸데없는 이야기일지도 모른다. 그러나 「에리모미사키」 뒤에 북방영토문제가 나오면 국민의 관심은 자연스럽게 그쪽으로 향할 것이다. 더군다나 북방영토는 우리 동포의 피와 땀의 몇십 분의 일이 흐른 땅이다. 패전 때 정치적 이유로 포기한 북방영토를 정치적으로 회복하려는 동향이 혹 나타나면 우리는 어떻게 대처할 것인가. 적어도 이 문제에 대한 생각을 사상적으로 정리해두지 않으면 정치에 짓눌리고 마침내는 정치를 추수할 수도 있다. 나는 그것을 걱정하고 있었다.

내 에세이가 악평을 받은 이유는, 아마 연상의 방식이 자의적이었기 때문인 것 같다. 그것이 편견처럼 보여서 그런 걱정을 하는 게 오히려

---

3) 여성가수의 이름.
4) 남성가수의 이름.
5) "에리모미사키(에리모곶)"는 홋카이도에 있는 곳의 이름. 노래 「에리모미사키」〔작사: 오카모토 오사미(岡本おさみ), 작곡: 요시다 다쿠로(吉田拓郎)〕의 노랫말은 다음과 같다. "북쪽 끝에서는 벌써 슬픔을 난로로 사르기 시작했다고 한다/ 영문도 모르는 일로 고민하는 사이에 늙어버리니까/ 침묵을 지키면서 보낸 세월을/ 끌어모아서 서로 몸을 녹이자/ 에리모의 봄은 아무것도 없는 봄입니다……."

이상하다고 웃음을 산 것이다. 하지만 그로부터 1년이 지난 지금, 내 걱정 자체는 반쯤 맞은 것 같기도 하다.

지난 1년 동안 정부는 북방영토문제를 조금씩 정치일정에 올리기 시작했다. 캠페인은 1975년 1월 중순부터 급속히 추진되었지만, 이에 대한 각 신문, 잡지의 반응은 무척 느렸다. 그들은 이 문제를 어떻게 취급해야 할지 판단을 못하고 있는 것처럼 정부가 하는 외교절충을 그대로 보도할 뿐이었다.

그런데 연합적군(聯合赤軍)사건[6]으로 감옥에 있는 사카구치 히로시(坂口弘, 1964~)[7]가 작년 가을, '북방영토 반환'을 주장하기 시작했다. 북방문제는 정부의 정치일정에 올랐을 뿐만 아니라, 신좌익의 표어도 되기 시작한 모양이다. 사카구치는 일본 정부가 주장하는 북방영토 반환을 "정당한 요구"라고 말하고, 또 정부가 소련에 저자세를 취하는 게 잘못이라는 말까지 했다. 신좌익이라 불리는 사람들 중에서 이와 같은 강경론이 튀어나오리라고는 나도 예상하지 못했다.

『신좌익(新左翼)』1975년 10월 15일자에서 사카구치는 북방영토가 일본 민족의 고유한 영토임을 증명하는 역사적·법률적 근거를 들면서 반환요구의 정당성을 논증하려고 하고 있다. 이념적으로 혁명을 말하는 신좌익(또는 신우익)이, 영토문제를 말할 때에는 역사적·법률적, 즉 현실적으로 말하는 것은 어찌 된 일인가. 사카구치는 "소련의 불법

---

6) 연합적군은 1971, 72년경에 활동한 신좌익의 조직으로 무력 혁명을 목표로 했다. 산속에서 군사훈련을 하다가 내분과 린치사건 등으로 많은 사상자를 내면서 붕괴했다.

7) 시가(滋賀)현 태생. 도쿄수산대학(東京水産大學) 중퇴. 연합적군 중앙위원회 서기장. 연합적군이 일으킨 린치살인사건 등에 관여했다. '아사마산장사건(あさま山莊事件, 연합적군이 어떤 기업의 별장에서 관리인의 아내를 인질로 잡고 농성한 사건)'을 주도해서 체포되고 사형이 확정되었다. 감옥에서 단카(短歌)나 아사마산장사건의 기록을 써서 출판하기도 했다.

적인 지시마(千島)⁸⁾ 점령에는 근거가 없다"고 결론짓고 있는데, 이것은 그들의 혁명이념과 어떤 관계가 있을까.

이에 대해서 사카구치 등 옛 경빈안보공투(京浜安保共鬪)를 중심으로 하는 일본공산당 혁명좌파(革命左派)⁹⁾의 기관지『반패권통신(反覇權通信)』은 다음과 같이 설명하고 있다. 현재 소련에는 착취가 존재하고 소수의 관료와 독점 부르주아계급을 위한 "국가독점자본주의경제"가 되었다. 그래서 자원이나 시장을 서로 빼앗지 않으면 생존할 수 없으며, 거기서 필연적으로 침략전쟁이 생겨난다. 즉 소련제국주의의 위협은 "독일 파시즘의 위협과 마찬가지"이며, 이에 대한 싸움은 "일본 측으로서는 정의(正義)의 민족자위투쟁"이다. 이제 "애국이냐 매국이냐의 시금석은 소련에 대한 태도"로 판가름된다고 해도 과언이 아니다. 그렇다면 북방영토 반환은 "일본 정부의 정당한 요구"로, 문제는 오히려 "정부가 소련에 대해서 저자세를 취하고 있다는 점"이다. 그런고로 일본공산당 혁명좌파인 자신들은 "소련에 대한 방위투쟁의 지도권을 동요적(動搖的)인 독점자본의 손에서" 탈환하도록 목청을 돋우어 북방영토 반환을 외쳐야 한다.

또 사카구치는 이 민족자위투쟁을 하기 위해서는 안보조약을 "필요악"으로 인정하고 "일시적으로 이것을 이용해야 한다"고 하면서 예전에 주장했던 '안보조약 파기'를 정정한다. 또 미국, 자위대, 경찰에 대해서 "무장투쟁"을 하면 소련이 좋아하니까 하지 않기로 한다고 예전의 실력투쟁노선을 포기한다.

물론 이와 같은 민족주의적 견해가 꼭 신좌익 전체에 퍼진 것은 아니

---

8) 쿠릴열도.
9) 일본공산당에서 제명된 사람들이 결성한 신좌익 단체.

다. 이로부터 20일 후 야마모토 히데오(山本英夫)가 『신좌익』 11월 5일자에 사카구치 노선을 부르주아민족주의라고 비판하고 있다.

　야마모토의 논지를 요약하면 다음과 같다. 지시마열도(쿠릴열도)가 소련의 '영토'인가 일본의 '영토'인가 하는 문제는, "프롤레타리아 인민"에게는 사실상 상관없는 일이다. 왜냐하면 영토라는 것은 '국가'가 '착취와 수탈'을 위해 원시(原始)공동체나 타민족을 침략하면서 생긴 개념이기 때문이다. 그것은 러시아의 경우도 마찬가지다. 일본 고유의 영토라는 북방영토, 일본이 무력으로 빼앗았던 것을 패전으로 인해 소련에 빼앗긴 것에 불과하다. 공산주의의 목적은 인류사회에서 영원히 '국가'나 '영토'를 소멸시키는 데 있다.

　야마모토의 의견은, 북방영토에 관한 한 나와 같다. 몇 년 전, 어떤 민족주의 노선에 편승해서 센카쿠(尖閣)열도가 중국 고유의 영토임을 역사적·법률적으로 논증한 사람들이 있었지만, 이에 대해서 사카구치 등은 센카쿠열도는 일본 고유의 영토라는 민족주의를 관철할 것인가. 그렇다면 우익과 같은 입장이 된다. 아니면 센카쿠열도는 중국 고유의 영토이며 지시마열도는 일본 고유의 영토라고 역사적·법률적으로 증명하려고 하는가.

　적어도 '일본공산당 혁명좌파'를 자칭한다면, 영토라는 개념에 대한 인식이 없어서는 안 될 것이다. 체제를 용납하지 않으면 존재하지 못하는 역사학자나 법률학자를 자임한다면 별문제다. 그러나 그렇다면 공산주의혁명을 표방하는 이름은 쓰지 말아야 한다. 아니, 어떤 학자든지 영토라는 개념이 역사적 제약을 받고 있다는 인식쯤은 가지고 있다. 북방영토를 설명하는 데 어설픈 학문적 위장은 하지 말았으면 좋겠다.

하여튼 사카구치를 비롯한 일부 신좌익 사람들이 북방영토문제를 의식하기 시작한 것은 1975년 이후의 경향이다. 그러나 앞에서 내가 『반패권통신』의 주장을 길게 요약한 것은 사카구치 등의 오류 또는 전향을 문제 삼기 위해서가 아니다. 북방영토문제에 관한 그들의 전략이 신우익의 그것과 거의 비슷하다는 사실을 지적하기 위해서다.

2

물론 북방영토 반환요구는 일본 정부보다 먼저 신세력사(新勢力社)나 대동숙, 국제승공연합(國際勝共聯合)[10] 등 기성우익이 호소하고 있었다. 신우익은 그것을 답습한 셈인데, 그 문제가 신우익의 주요 과제로 떠오르기 시작한 것은 오키나와(沖繩) 반환이 실현될 전망이 선 시점부터다. 즉 한 5년 전 일본학생회의[11]의 기관지(機關紙) 『자스코 JASCO』(후에 『무궁(無窮)』으로 제목을 바꾼다. 제목을 바꾼 이유는 후술한다)는, "대(對) 러시아 전선의 구축"을 호소했다. 구체적 전략은 시베리아 개발조치와 북방영역 탈환이다.

이 가운데 북방영역 탈환에 대해서 『자스코』 1970년 7월 20일자 사설은 다음과 같이 말한다. 오키나와는 1972년에 조국으로 복귀하게 되었다. 따라서 대동아전쟁으로 잃은 고유영토 문제의 초점은 '북방영역'으로 옮겨졌는데, 이곳의 회복은 쉬운 일이 아니다. 왜냐하면 소련이 그곳을 "배타적으로 불법점거"하고 있기 때문이다. 그 점거는 "국제법

---

10) 문선명(文鮮明)이 교주인 종교단체 통일교의 하부 조직으로 설립된 반공적 정치단체.
11) 전국적으로 운동을 전개한 우익적 학생조직의 하나.

에 비춰봐도 부당"하며, 북방영토 반환은 "민족"적 비원이다.

신우익의 북방영토 반환요구가 이와 같은 것이라면 그들의 주장은 기성우익의 그것과 다름이 없다고 할 수 있다. 그러나 사카구치 등 신좌익이 북방영토 반환을 일본혁명에 이르는 과정의 하나로 자리매김하는 것처럼, 신우익은 북방영토 회복을 일본의 포츠담체제 해체와 불가분의 것으로 보고 있는데, 이 점에서 신우익은 기성우익과 다르다. 신우익은 말한다. "일본 민족주의를 영도하는 우익 정통인 일본학생회의는 현재의 얄타·포츠담체제[12]를 묵인한 북방영역 반환을 단념했다. 북방영역에 일장기가 휘날리는 것은 얄타·포츠담체제를 붕괴시킨 후의 일이다. 얄타·포츠담체제 타도의 전망 없이 반환운동만을 해도 효력은 전혀 없을 것이다."

여기서 말하는 얄타·포츠담체제 혹은 포츠담방위기구체제는, 신좌익이 말하는, 미일안전보장조약으로 보장된 전후 민주주의체제와 거의 동의어이다. 즉 신우익은 안보조약을 거의 전면적으로 인정하는 기성우익을, 이 체제의 해체를 주장함으로써 부정하고 있다. 그리고 이 체제의 해체를 생각하지 않는 한 북방영토 반환운동은 의미가 없다고 말한다. 그렇게 말하는 신우익은 극히 이념적이고 그 사고방식은 신좌익의 그것과 유사하다.

그런데 한 가지 유의해야 할 것은, 신좌익의 『반패권통신』과 신우익의 『자스코』가 안보조약에 관해 내리는 평가가 거꾸로 되어 있는 것처

---

12) 우익 용어의 하나로 1945년 2월 미국, 영국, 소련의 3개국이 크림반도 얄타에서 가진 얄타회담과, 같은 해 7월 26일 독일 포츠담에서 미국, 영국, 중화민국 등(후에 소련이 참가)이 대일처리방침을 표명한 포츠담선언에 의해 만들어진 전후 국제사회를 가리킨다. 일부 우익은 그것을 "미국과 소련에 의한 세계지배체제"라고 규정하면서 '얄타·포츠담체제(Y·P체제)'로 명명했다.

럼 보인다는 점이다. 좌익은 안보 반대, 우익— 가게야마 마사하루의 대동숙 등을 제외하면— 은 안보 찬성이라는 도식은 여기서 역전되어 있다. 즉 『반패권통신』이 "일미의 군사적 결부"를 "필요악"으로 인정하는 데 비해, 『자스코』는 안보가 "일본을 타락"시켰으며, 그 밑바닥에 깔려 있는 "포츠담 방위기구"를 해체해야 한다고 주장하고 있는 것이다[노무라 슈스케(野村秋介)[13]는 안보를 "필요악"으로서도 인정해서는 안 된다고 단언하고 있다]. 도대체 어느 쪽이 변혁적인지 자신의 눈을 의심하는 사람은 나만이 아닐 것이다.

아니, 적어도 1970년 당시 신우익의 동향은 대학투쟁을 주도한 신좌익에 필적할 정도로 충분히 래디컬했다. 그것은 물론 이념 창출의 에너지에 관한 말로 운동 차원을 말하는 것은 아니다. 이념 창출의 에너지는 노무라 슈스케의 발언[『현대의 눈(現代の眼)』 1976년 2월호]에서도 그 흔적을 볼 수 있는데, 예를 들어 노무라는 60년 안보에 반대를 표명한 아시즈 우즈히코나 가게야마 마사하루 등의 우익 소수파를 평가하면서 자신들은 "안보 파기"를 표명해야 한다고 주장하고 있다.

그러나— 결론짓기에는 좀 이르지만— 신우익은 벌써 70년 당시의 변혁적 에너지를 잃어버리고 있는 것처럼 보인다. 그리고 바로 그 때문에 75년경부터 신우익이 대두하는 현상이 나타난 것 같다. 저널리즘은 신우익에서 변혁적 에너지라는 엄니를 뺀 다음에 스즈키 구니오로 대표되는 상품으로서의 '신우익'을 추어올리기 시작한 것이다.

신우익의 엄니가 빠진 것은 천황이 1972년 유럽을 방문했을 때부터 1975년 가을 미국을 방문했을 때에 걸친 시기였던 것 같다. 또 그것이

---

13) p. 267 각주 8) 참조.

마침 『자스코』가 『무궁』으로 제목을 바꾼 시기와 일치하기도 한다. 내 생각으로는 결국 천황문제가 신우익의 걸림돌이었던 것 같은데, 이에 관해서는 뒤에 상세히 논할 것이다.

그런데 "대 러시아 전선의 구축"을 주장한 『자스코』의 같은 호(1970년 7월)에 하시모토 후키(橋本不器)가 「오키나와와 나 2(沖繩と私, その二)」를 실었다. 이것은 같은 신문에 연재된 글로 하시모토의 주제는 "근대에 대한 토착적 반조정(反措定)"으로서의 오키나와를 이야기하는 것이라고 한다. 이런 말투에서도 대학투쟁 당시의 신좌익과 비슷한 동향을 찾을 수 있지만, 지금은 이 논문의 내용 자체는 문제 삼지 않는다.

내가 좀 놀란 것은 하시모토 후키라는 사람에 관해서이다. 내 기억으로는 하시모토는 일본학생회의의 전 편집국장이다. 그는 「오키나와와 나」를 1970년 9월까지 네 번 연재한 다음 중단해버렸다. 무슨 일이 있었나 싶더니 1971년 1월호에 그에 대한 정보가 있었다.

기사에 따르면 하시모토는 오키나와에서 중상을 입은 모양이다. 1970년 12월 19일, 소위 고자(コザ) 폭동[14]이 일어났다. 그 후 31일 구니가미(國頭) 마을의 군용지에서 실탄사격연습을 강행하려고 했던 미군에 대해 700명의 오키나와 인민이 항의행동을 했다. 그들은 포좌(砲座)에서 400미터 떨어진 지점에서 궐기대회를 열어 "조상 대대로 내려온 산림을 사수하자"고 주장했다. 그리고 그 700명 속에 하시모토가 있었다.

선발대에 참가한 하시모토는 아침 9시 30분경, 발사대의 산비탈 밑에 있는 높이 10미터의 나무에 올라가서 일장기를 달았다. 미국 병사는 내리라고 외쳤지만, 그는 내리려고 하지 않았다. 그러자 병사는 나무

---

14) 1970년 미국의 통치하에 있던 오키나와의 고자 시에서 미군이 일으킨 교통사고를 계기로 주민들의 울분이 폭발해서 일어난 폭동. 미군의 차량, 시설 등이 불탔다.

를 도끼로 베어 넘어뜨렸다. 골짜기에 떨어진 하시모토는 나무에 깔려 폐를 찔리고 다리뼈가 부러져서 전치 3개월의 중상을 입었다고 한다.

이 사건은 나도 상업신문 등에서 읽은 기억이 나지만, 그때는 그 부상자가 신우익 『자스코』의 전 편집장임을 모르고 있었다. 『자스코』 1월호에 실린 정보로 그 일을 알게 되었는데, 오키나와 반환투쟁은 신좌익만이 아니라 신우익에도 중요한 과제였음을 다시 생각하게 되었다.

3

그런데 신좌익과 신우익이 북방영토문제 또는 오키나와 반환투쟁에 관해서 거의 동일한 움직임을 보이고 있다는 사실은 무엇을 뜻하는가. 한마디로 말하면 1976년의 일본에 있어서 내셔널리즘이 여전히 사상적 아포리아 aporia (난문)임을 증명하는 것이라고 표현해도 될 것이다.

이와 같은 상황은 종래 계급투쟁 일변도였던 좌익이, '민족'이라는 걸림돌에 걸리면서 초래되었다. 걸리지 않은 척하는 구(舊)좌익 일본공산당은, 사실은 걸리지 않은 게 아니라 이 문제를 회피한 것이다. 그러면서 일본공산당은 언제나 주인이 있는 상태,[15] 혹은 주인을 기다리는 상태를 유지했다. 바깥에 주인이 있는(또는 주인을 기다리는) 태도는, 안으로는 노예근성을 요구하는 것으로 나타난다. 어쨌든 '민족'이라는 걸림돌에 걸리지 않은 일본공산당과 걸린 신좌익 가운데 어느 쪽이 틀

---

15) 자신의 생각으로 방침을 세우지 않고 소련공산당이나 중국공산당 등의 판단을 맹종하는 상태. 작가 시가 나오야(志賀直哉)는 프롤레타리아 작가 고바야시 다키지의 문학을 "주인이 있는 문학"이라고 비판한 바 있다.

렸는가 하는 문제는 거의 같은 곳으로 귀착한다. 즉 '계급'에 대한 '민족'이라는 반조정이 여전히 진테제Synthese(종합)를 도출해내지 못하고 있는 것이다.

그러나 신좌익이 '민족'이라는 문제에 부딪쳤다는 사실만 가지고 그들이 신우익과 비슷해졌다고 섣불리 단언할 수는 없다. 이는 신우익이 아직 천황 및 천황제 문제에 부딪치지 않은 상황에서만 단언할 수 있는 일이다. 70년 당시 신우익은 '천황'을 일본 변혁의 기축으로 세울 필요가 없었다. 그들의 변혁의 기축은 오로지 '민족'이었다. 나는 그것을 보고 마침내 일본 우익도 근대적, 말하자면 나치스처럼 민족(국가)사회주의를 추진하는 방향으로 갔구나 싶어 감회가 깊었다. 물론 그들이 천황을 거론하면서 일본의 전통을 말하기는 했다. 천황이라는 명사는 몇 번 입에 오르기는 했지만 거기에는 확실히 기성우익의 천황신앙이나 현인신(現人神)신앙은 없었다.

『자스코』1970년 7월호의「천황——그 논리와 실천 개설(天皇 · その論理と實踐槪說)」은 말한다. "천황은 일본의 해독제와 같은 것이다. 하지만 나는 거기에서 참된 일본 민족의 목소리를 듣고 일본인과 밀착된 천황을 느낀다. 천황을 부당하게 미화하는 주장은 아무런 의미가 없을뿐더러 천황에 대한 모독이라고 할 수 있다. 전전의 국체론(國體論) 따위는 사상누각 이외에 아무것도 아니다. 일본에는 일관된 국체가 있어본 적은 없다. 감히 국체라는 말을 쓴다면 변혁이야말로 일본의 국체였다."

이런 발언을 읽으면 신우익도 신좌익과 마찬가지로 허무주의에서 파생된 것이라고 생각하지 않을 수가 없다. 허무주의라는 말이 적합하지 않다면 현실에 대한 거부반응이 먼저 있었고, 신좌익도 신우익도 거기서 발생했다고 해도 된다. 그런고로 신우익이 대학투쟁에 박수를 보냈고 폭탄투쟁을 한 '이리〔狼〕'에 공감을 한 것이다. 타도해야 할 적은 현실이라는 이름의 모든 기성이니까.

그렇지만 일본학생회의의 「천황——그 논리와 실천 개설」의 천황관 속에 전통에 대한 얼마간의 향수가 엿보이는 것은 사실이다. 그리고 그것이 그들을 1972년 말부터 75년 가을에 걸쳐 천황 및 천황제 문제에 부딪치게 한 원인이었다. 『자스코』라는 무기질적인 느낌의 기관지 이름이, 만세일계를 연상시키는 『무궁』이라는 미지근한 이름으로 바뀐 것은 1973년 1월부터다. 그리고 이때 그들의 일본 변혁의 기축은 '민족'으로부터 '천황'으로 옮아갔다.

이 이행(移行)은 일본학생회의의 천황관의 변화를 상징하고 있다. 그 예는, 『무궁』 1973년 6월호에 게재된 글에서 찾을 수 있을 것이다. 「누가 나를 증명해주는가(誰がわたしを證明するか)」라는 제목의 이 글은, 허무주의에 잠겨 있던 사람이 인간을 초월한 절대자에게 구제받고 싶어 방황하는 모습을 여실히 보여주고 있다.

같은 글은 말한다. "도대체 누가 '나'라는 인물을 증명해주는가." 사람은 "궁극적인 것"에서 떨어져 살고 있다. 이것이 "본래적인 소외"이며, 이 "외돌토리"라는 소외감이 고조되면 마음이 갈라지고 "악"을 불러 깨운다. 이런 "분리, 배반"이 사람의 모습이며 "부조리 속에 살아가는 게 인간의 특권상태이기도 하다. 그래서 산다는 것은 어려운 일이고 사는 것 "자체가 기적"이다. 이 기적을 일어나게 하기 위해서는 "나를 죽이고" "궁극적인 것의 목소리에 귀를 기울여"야 한다. 그리고 이 "궁극적인 것"이 '나'를 증명해주는데, 그는 "인간을 초월한, 무한한 존재"가 아니면 안 된다.

허무주의에서 발생한 충동은 끝없이 존재의 불안을 낳고 마침내 "궁극적인 것," 즉 절대자를 그리워하면서 구제를 받으려고 한다. 말할 것도 없이 "인간을 초월한, 무한한 존재"는 천황에 대한 암유이며, 그것을 바꿔 말한 게 '무궁'이다. 이렇게 유추하면 일본학생회의가 기관지 이름을 『자스코』에서 『무궁』으로 바꾼 이유도 대강 짐작이 간다. 천황관의 변경에 따라 기관지 이름도 바뀐 것이다.

이 변경이 상부단체(기성우익)의 압력에 의한 것인지, 또는 신우익 자체의 심적 경위에 따른 것인지, 그 진실은 외부 사람인 나는 잘 모르겠다. 다만 현실적으로 그들이 천황관을 변경한 것은 틀림없는 사실이다. 즉 '천황'이 나치스의 히틀러 같은 민족의 통합 형태로부터 현인신 비슷한 존재로 그 위치를 옮기면서 변혁의 기축도 '민족'에서 '천황'으로 바뀌었다. 물론 그 치환이 1976년 1월 현재에도 충분히 정착한 것 같지는 않다. 소문에 의하면 스즈키 구니오는 천황에 대한 언급을 피하고 있다고 한다. 그것은 어쩌면 신우익 각파가 천황을 둘러싸고 아직 공통된 태도를 정하지 못하고 있는 혼돈상태의 증명일지도 모른다.

4

1975년 천황의 미국 방문에 대해 신우익이 침묵을 지킨 것은 그들의 천황관이 혼돈되어 있다는 증거일 것이다. 기성우익은 물론 방미에 대찬성이었다. 전전에 천황이 유럽이나 미국을 방문한다는 이야기가 나오면 가장 극심하게 반대한 쪽은 좌익이 아니라 우익이었다. 외국에 가서 배울 게 뭐가 있느냐, 현인신은 국내에서 만민을 사랑하면 된다는 식이었다. 일찍이 우익은 메이지천황이 군복, 즉 양복을 입는 것조차 반대했으니 유럽 방문 반대는 당연하겠다.

그러나 신우익 가운데에는 '다쿠쇼쿠 대학 집단미래'처럼 오래전부터 천황이 유럽이나 미국을 방문하는 데 반대해온 단체도 있었다. 그것은 천황을 현인신이라고 생각해서가 아니라 오히려 현 체제에 의해 옹호받고 있는 천황제에 대해서 분개하고 있기 때문이었다. 그들은 물론 천황에게 구제받고 싶어 하지는 않는다. 그들은 여전히 '민족'을 기축으로 해서 변혁을 생각하고 그곳으로 몸을 던지고 있다.

하여튼 다쿠쇼쿠 대학 집단미래가 편찬한 『반역의 신화』(1974년 6월)를 통해 '반체제 우익'을 자칭하는 그들의 천황관을 알아보자. 참고로 이 책은 "반체제 우익을 구축하기 위해"라는 부제가 붙어 있는데 '우익'이라는 단어는 전후의 역사 속에서 마이너스 이미지가 있으니 부제로 적당하지 않다는 의견이 많았다고 한다. 신우익이 기성우익에 대해 가지고 있는 불신감이 엿보이는 일화다.

다쿠쇼쿠 대학 집단미래는 1974년 6월 시점에서 2년 전에 실시된 천황의 유럽 방문을 비판할 뿐만 아니라 앞으로 예정되어 있는 천황의 미국 방문(1975년 가을에 실현)에도 부정적이다. 그것은 스모(일본씨름)를 중국이나 아랍에서 흥행시키려는 계획 비슷한 파렴치한 짓이며, 천황의 미국 방문에 대해서는 좌익의 논리가 아니라 신우익의 논리로 반대해야 한다고 그들은 말한다.

전전은 몰라도 전후의 천황 또는 천황제는 체제를 지탱하는 핵심이 아니다. 동시에 좌익이 주장하는 것처럼, 천황 또는 천황제를 붕괴시킨다고 해도 전후의 포츠담체제가 붕괴하는 것도 아니다. 그래서 그들은 다음과 같이 말한다. "천황 또는 천황제가 체제를 지탱하는 게 아니라 체제가 천황 및 천황제를 내부에 안고 규정하고 있다고 보는 게 더 정확할 것이다. 그래서 이 천황 및 천황제의 현상에 눈을 감고 그것을 옹호하자고 단순하게 주장한다면 체제까지 옹호하게 된다. 지금 필요한 것은 '왜 천황 및 천황제를 옹호해야 하는가가 아니라, 어떤 천황 및 천황제가 복권되어야 하는가'라는 문제가 아닌가."

여기서 그들은 천황 및 천황제를 전통 속에서 거론하지 않는다. 그들에게는 천황과 천황제조차 변혁의 대상이다. 강조하고 있는 "어떤"이라는 단어에, 천황과 천황제를 금과옥조로 삼지 않는 그들의 입장이 명확히 나타나 있다. 즉, 다쿠쇼쿠 대학 집단미래는 천황관에 있어서 일본학생회의보다 훨씬 래디컬하다. 그들은 전통에 연연하지 않는다. 현실을 변혁하는 데 즈음해서 전통에서 그 가치를 찾으려고 하지 않는다. 그런 의미에서 그들은 참으로 근대적이다.

물론, 1972년부터 75년 가을에 걸쳐 일본학생회의가 전향한 것처럼, 그들도 천황관을 바꾸지 않는다는 보장은 없다. 내부의 동향을 읽기에는 자료가 너무 부족하고 그들을 둘러싼 외부의 사태는 아직 유동적이기 때문이다. 하지만 천황과 천황제 자체를 변혁의 대상으로 삼고 민족주의를 내걸면서 전후 포츠담체제의 붕괴를 겨냥하는 신우익과, 분노를 품고 천황 및 천황제에 도전하고 전후 민주주의체제의 타도를 주장하는 신좌익이, 그 사상과 행동의 내셔널리즘적 측면에 있어서 많이 닮아가고 있는 것은 확실한 것 같다.

게다가 신우익이 천황이 아니라 민족을 변혁의 기축으로 하는 경향이 강해질수록 민족적 자립의 관점에서 "미국에 종속하는 안보조약은 폐기해야 한다"고 생각하게 되는 것은 당연한 일이다. 한편 '민족'에 부딪친 신좌익은 소련의 일본 침략에 대한 방패 역할을 하는 안보조약을 "필요악"으로 용인하기 시작했다—적어도 그렇게 평가하는 부분이 나타났다. 그때 안보조약에 관한 좌우의 견해는 서로 거의 교체되어버렸다.

이와 같은 역전은, 천황에 부딪치지 않은 신우익이 그것마저 변혁의 대상으로 삼는 한편, 신좌익이 민족에 부딪치면서 가능해졌다. 1960년 당시, 누가 이와 같은 역전을 예측할 수가 있었는가. 1970년 당시에는 신좌익, 신우익 모두 안보조약 파기를 주장하면서 운동 차원에서도 접근했다. 사상의 차원에서는 허무주의에서 발생한 전후체제(근대주의) 비판이라는 점에서 서로 닮아 있었다. 그런데 1975년 시점에서는 적어도 안보조약 문제에 관해서는, 그 입장이 역전돼버린 것이다.

덧붙여 말하면 1975년부터 현재까지 '이리'에 대한 평가에서 좌우익이 접근하고 있다는 설이 저널리즘에서 나왔지만 나는 그렇게 생각하지 않는다. 사상적으로 근접한 상황이 나타난 것은 오히려 1970년 당시였다. 현재의 '좌우익 접근'이라는 설은 저널리즘이 신우익에서 변혁적 에너지라는 엄니를 빼고 상품으로 만들기 위해 주장한 것이다. 이는 신우익이 제시한 변혁이념이, 예전의 대학투쟁 당시에 신좌익이 주장한 변혁이념처럼 충격적인 것이었기 때문이다. 그러나 저널리즘이 그 충격을 받아들이는 것은 위험한 짓이다. 저널리즘은 대학투쟁 때 그 충격을 받아들여서 체제의 탄압을 받은 적이 있다. 그 경험으로 인해 저널리즘은 신우익을 상품화하기로 작정한 것이다.

그러므로 나는 변혁이념 창출에 힘을 쓴 1970년 당시의 신우익은 거론하고 싶지만, 현재 그 흔적에 의거해서 상품화되고 있는 신우익은 별로 믿지 않는다. 요컨대 나는 오늘날의 신좌익의 타락과 신우익의 상품화는 잘 어울리는 현상이라고 생각한다.

제2장
국가개조운동의 성립
── 노장회에서 유존사로

1

"서쪽에는 레닌, 동쪽에는 하라 다카시(原敬)¹⁶⁾"라는 말은, 1920년 (다이쇼 9년) 7월 나가이 류타로(永井柳太郎, 1881~1944)¹⁷⁾가 중의원에서 한 연설 중의 명문구다. 이것은 말할 나위도 없이 평민재상(平民宰相) 하라 다카시의 독재를 풍자한 말인데, 그 연설 내용을 자세히 검토해보면 나가이는 더 중대한 것을 말하려고 했다는 사실을 알 수 있다.

나가이 류타로의 연설 내용은 대일본웅변회(大日本雄辯會, 고단샤(講談社)

---

16) 이와테 현 태생. 1856~1921. 외무차관, 조선공사, 『오사카마이니치신문』 사장 등을 역임한 후 입헌정우회 창립에 참가, 제3대 총재가 되었다. 1918년 제19대 총리대신으로 일본에서 처음으로 본격적 정당내각을 조직했다. 작위를 거부해서 '평민재상'이라 불렸다. 1921년 우익 청년에 의해 암살되었다.
17) 이시카와(石川) 현 태생. 정치가. 와세다 대학 재학 때부터 웅변가로 이름을 떨쳤다. 졸업 후 같은 대학에서 교편을 잡았지만, 후에 중의원의원에 당선, 헌정회, 입헌민정당에 소속했다. 척무대신, 체신(遞信)대신, 철도대신 등을 지냈다.

의 전신)가 발행한 『나가이 류타로 대연설집(永井柳太郎氏大演說集)』(1924)을 통해서 엿볼 수 있다. 참고로 이 연설집 시리즈에는 나가이 이외에 쓰루미 유스케(鶴見祐輔)나 오자키 유키오(尾崎行雄), 가가와 도요히코(賀川豊彦), 하마구치 오사치(濱口雄幸) 등도 들어 있다. 그중에서도 나가이의 연설집은 1926년까지 2년 반 동안 무려 102쇄를 찍었으니 당시 그의 인기는 참으로 굉장했다.

그리고 그러한 폭발적 인기를 불러일으킨 계기가, 1920년에 중의원에서 행한 이 처녀연설이었다. 나가이가 유행어 만들기의 달인이었다는 사실은, 1917년 4월에 가나자와(金澤) 겐로쿠공원(兼六公園)에서 한 연설 「왔노라, 보았노라, 졌노라(來たり, 見たり, 敗れたり)」[18]나, 1920년 7월 도쿄청년회관에서 한 「메테르니히[19]는 지금 어디에 있느냐?(メッテルニヒ今何處ぞ)」, 같은 해 9월에 국민부인회(國民婦人會)에서 한 「인형이냐? 사람이냐?(人形乎, 人間乎)」 등의 연설 제목에서도 알 수 있다. 그중에서도 여성들을 앞에 두고 입센의 『인형의 집』에서 제목을 빌려서 '인형이냐? 사람이냐?'는 질문을 던지는 나가이의 교묘함은 연설이라는 행위의 의미를 충분히 아는 사람이 아니고서는 발휘할 수 없는 것이다.

그건 그렇고, 나가이가 「서쪽에는 레닌, 동쪽에는 하라 다카시」라는 연설로 무엇을 말하려고 했는지를 알아보자. 그는 말한다. 1914년에 일어난 자본가와 노동자 간의 충돌, 즉 '동맹파업'은 불과 50번에 지나지 않았고 참여한 노동자는 8천 명도 안 되었다. 그런데 1919년에는

---

18) 고대 로마의 장군이자 정치가였던 카이사르가 전쟁에서 승리한 뒤 로마에 보낸 편지에 나오는 유명한 구절 "왔노라, 보았노라, 이겼노라"를 흉내 낸 것.
19) Klemens Wenzel Fürst von Metternich, 1773~1859. 오스트리아의 정치가, 외무대신, 수상. 보수반동정책으로 자유주의, 국민주의운동을 탄압했다. 1848년 빈에 혁명이 일어나 영국으로 망명했다.

벌써 500번, 참여한 노동자는 6만 3천 명에 달한다. 게다가 노동조합들이 단결해서 요구를 하기 시작했는데, 그들은 자본가에 대해 "계급투쟁까지 하려고" 하고 있다. 이때 하라 내각은 이 자본가와 노동자 간의 갈등을 "조화"시키거나 "국민경제의 건전한 발달을 촉구하는" 노력을 하지 않고 이것을 방치하고 있다. 내각은 단지 "헌병과 경찰관과 군대의 힘"으로 노동자를 "억압하려고" 할 뿐이다.

나가이에 따르면 이것은 하라 내각이 자본가계급을 전면적으로 옹호하고 있기 때문인데, 제국의회를 민중이라는 기초 위에 놓으라고 명한 메이지천황의 조칙을 배반하는 짓이다. 이리하여 나가이는 다음과 같은 명문구를 토한다.

> 오늘날의 세계에서 여전히 계급전제를 주장하는 자로서는 서쪽에 러시아 볼셰비키 정부의 니콜라이 레닌이 있으며, 동쪽에는 우리 하라 총리대신이 있소. (박수가 일어남. '아니다'라고 외치는 자도 있고, 그 이외에도 발언하는 사람이 많아 의장이 떠들썩함.) 혹시 내가 이 ……('징벌하라'고 외치는 사람, 기타 발언하는 사람이 많음.), 끝까지 들어보시오. 레닌이 이끄는 계급이 노동계급이고 하라 수상의 경우 오히려 자본가계급을 이끌고 있다는 점에서는 차이가 있지만 둘 다 민본주의(民本主義)[20]의 정신이 없는 것은 한가지요. (박수 일어남. '아니다'라고 외치는 자가 있다. 의장이 떠들썩함.) ……

그 후 의장은 혼란에 빠져 나가이의 연설은, 민중은 지금의 의회를

---

20) democracy의 역어의 하나로 러일전쟁 후 요시노 사쿠조가 주창했다.

"소수의 정상(政商)과 결탁해서 계급전제정치를 하는 기관"으로 보고 있으며 거기에는 하라 내각에도 책임이 있다고 말하면서 끝을 맺는다. 필경 나가이의 "서쪽의 레닌, 동쪽의 하라 다카시"라는 명문구는, 단순히 하라 수상의 독재를 비난한 것이 아니라 그 독재가 레닌의 그것과 대극적으로 자본가계급에 기반을 둔 독재임을 지적하는 것이었다.

일찍이 『평민신문(平民新聞)』을 애독하고 기타 잇키나 시모나카 야사부로, 나카자토 가이잔, 오자키 시로(尾崎士郎, 1898~1964)[21] 등과 함께 평민사에 드나들었던 나가이는 동맹파업을 비롯한 대부분의 사회문제는 자본주의체제의 모순에 그 원인이 있음을 알고 있었다. 그렇다고 해서 그를 사회주의자라고 말할 수는 없지만, 그가 사회주의에 대해 큰 관심을 가지고 있었던 것은 확실하다. 그리고 사회주의가 억압당하는 계급으로서의 노동자계급을 옹호한다는 것도 알고 있었으며 그 주장에 일리가 있다고 생각했다.

바꿔 말하면 나가이는 메이지 말년부터 다이쇼 중엽에 걸쳐 차차 현저해진 자본가와 노동자 간의 계급대립에 대해 큰 위기의식을 가지고 있었던 것이다. 밖에서는 1917년 11월의 러시아혁명이 있었고, 안에서는 1918년 8월의 쌀 소동[22]이 있었다. 또 동맹파업이 증가하고, 시베리아 출병[23]이 있었고, 오모토교(大本敎)[24]가 교세를 뻗치고 있었다.

---

21) 아이치 현 태생. 소설가. 대표작으로 「인생극장(人生劇場)」 등이 있다.
22) 쌀값이 폭등한 데 분개한 민중이 쌀가게, 부호, 경찰 등을 습격한 사건. 도야마 현에서 발생해서 전국으로 퍼지고 이를 진압하기 위해 군대가 출동했다. 이 소동으로 데라우치 내각이 쓰러졌다.
23) 1918년부터 22년에 걸쳐 체코군을 도와준다는 명목 아래 러시아혁명에 간섭하기 위해 미국, 영국, 프랑스, 이탈리아, 일본 등이 시베리아에 출병한 사건. 일본은 약 7만 3천 명의 병사를 보냈으나 3천 내지 5천 명의 전사자를 내고 철수했다.
24) p. 160 각주 75) 참조.

이런 사회정세에 대해 나가이는 민감한 반응을 보였다. 그것이 1920년의「서쪽에는 레닌, 동쪽에는 하라 다카시」의 모티프가 된 것이다. 즉 나가이는, 하라 다카시처럼 자본가 편에 서서 독재를 하면 현실의 사회문제는 해결되지 않고 민중의 불안도 해소되지 않는다고 말하고 싶었던 것이다.

그리고 이 현실인식은 나가이만이 아니라 당시 좌우사상가에 공통되는 것이었다. 1918년 8월 쌀 소동에 관한 언론보도를 중지시킨 데라우치(寺內) 내각에 대해서 관서(關西)25)지방의 신문기자들은 같은 달 25일 데라우치 내각 탄핵기자대회를 열었다. 그 상황을 보도한 같은 날『오사카아사히신문(大阪朝日新聞)』은 26일자 신문에 다음과 같은 기사를 실었다. "금구무결의 자랑을 가진 우리 대일본제국은 무서운 마지막 재판의 날을 향해 다가가고 있는 게 아닐까. 옛 사람이 흰 무지개〔白虹〕가 태양을 가로지른다고 했지만, 묵묵히 포크를 움직이는 사람들의 뇌리에 그런 불길한 징조가 번개처럼 번쩍인다."26)

여기서 "흰 무지개가 태양을 가로지른다"는 것은 중국의 고사(故事)로 전란의 징조를 뜻한다. 즉 1918년의 사회상황과 그것을 강권으로 진압하려고 하는 정부의 자세는 바로 혁명 전야의 양상을 보이고 있다는 게 기사의 내용이었다.

그런데 이 신문기사 자체가 사회문제가 되었다. 문제를 제의한 것은 우익의 거물 우치다 료헤이를 배경으로 둔 낭인회(浪人會)다. 낭인회는 1907년에 현양사 계통의 대륙 낭인들의 친목단체로 성립되었다. 이때 도야마 미쓰루는 벌써 우익의 장로 격이었고 실제 권력은 우치다 료헤

---

25) 교토, 오사카, 고베를 중심으로 한 지방.
26) 이것은 대회 후에 열린 점심회의 잡감기사다.

이가 잡고 있었다.

낭인회는 이 기사에 대해서 "태양은 천황이다. 천황을 가로지른다니 불경하다. 황실을 저주하는 말이다"라는 터무니없는 트집을 잡았다. 그 낭인회에 참가했던 황국청년회는 한낮에 『오사카아사히신문』 사장 무라야마 류헤이(村山龍平, 1850~1933)를 납치해서 나카노시마(中之島) 공원의 석등롱에 붙들어 매고 "국적 무라야마 류헤이에게 하늘을 대신해서 천주(天誅)를 가하다"라고 적은 깃발을 세웠다. 낭인회의 '오사카 아사히 응징운동(膺懲運動)'은 정부당국을 움직여 집필기자 오니시 도시오(大西利夫)와 신문발행인 야마구치 노부오(山口信雄) 두 명이 신문지법(新聞紙法) 위반으로 기소되었다. 이에 분개한 편집국장 도리이 소센(鳥居素川, 1867~1928) 등은 사표를 냈지만, 결국 『오사카아사히신문』은 사죄문을 실었다.

이 낭인회의 행동을 비난하고 『오사카아사히신문』을 옹호한 사람은 요시노 사쿠조(吉野作造, 1878~1933)[27] 단 한 사람밖에 없었다. 요시노는 자택이나 대학 연구실에 찾아온 국수대중당(國粹大衆黨) 당원에게 협박을 받아 낭인회와 합동으로 간다 오가와초(神田小川町) 남명(南冥)클럽에서 공개입회연설회를 열게 되었다. 1918년 11월 24일의 일이다. 낭인회 측에서는 우치다 료헤이와 사사키 야스고로〔佐佐木安五郎, 쇼잔(照山)〕, 다나카 샤신(田中舍身)이 연설자로 나왔지만 "사상언론의 자유"를 주장하는 요시노의 정론에는 도저히 대항할 수 없었다. 또 이 입회연설회를 계기로 학자, 지식인들의 '여명회'〔黎明會, 요시노나 후쿠다 도쿠조(福田德三, 1874~1939)[28]가

---

27) 미야기(宮城) 현 태생, 정치학자. 도쿄 대학 교수. 다이쇼 초기에 민본주의를 주창해서 지식인들에게 큰 영향을 주었다.
28) 도쿄 태생. 경제학자, 도쿄상업대학 교수.

중심)'가 조직되고 도쿄 대학에서는 요시노의 영향을 받은 미야자키 류스케(宮崎龍介, 1892~1971)[29]나 아소 히사시(麻生久, 1891~1940)[30]에 의해 신인회(新人會)가 조직되면서 '다이쇼 데모크라시 운동'의 중핵이 성립했다.

하지만 여기서는 이 다이쇼 데모크라시에 대해서 거론하지는 않는다. 오히려 그에 대한 대항의식 아래 자본주의체제의 모순을 '근본적으로 해결'하려고 도모한 어떤 흐름에 대해, 그리고 그것이 의미하는 바에 대해서 말해보려고 한다. 나가이 류타로는 "민본주의의 대정신(大精神)," 즉 다이쇼 데모크라시로 자본주의체제의 모순에 기인하는 사회문제를 해결하고 민중의 불안을 해소할 수 있다고 생각했다. 그러나 한편으로는 데모크라시는 자본주의를 보완하는 역할을 할 뿐, 그 모순을 제거하지 못한다고 생각하는 사람들이 역시 평민사의 사회주의운동 주변에서 생겨나고 있었다는 사실에 주목하고 싶다.

그것은 한편으로 국가사회주의운동에 연결되고 다른 한편으로는 후의 파시즘운동의 선구를 형성하는 동향이다. 1918년 10월에 탄생한 노장회(老壯會)가 그 중심적 존재였다. 현재 노장회는 우익의 원류로 평가받고 있지만, 실제로는 도야마 미쓰루의 현양사나 우치다 료헤이의 흑룡회와는 분명 구분되는 집단이었다. 즉 현양사, 흑룡회 및 그 계통에 있는 낭인회나 황국청년회, 국수대중당 등이 단지 반(反)데모크라시, 반사회주의의 보수적 입장에서 자본주의체제를 옹호한 데 비해, 노장회는 자본주의체제의 변혁까지 지향하고 있었다.

---

29) 구마모토 현 태생. 신문기자, 변호사, 사회운동가. 미야자키 도텐의 장남. 백작의 영애이자 부호의 아내였던 단카(短歌) 작가 야나기하라 뱌쿠렌(柳原白蓮)과 연애하고 결혼한 것으로도 유명하다.
30) 사회운동가. 정치가. 신문기자, 사회대중당 서기장 등을 지내고, 우익과의 연계를 모색하기도 했다.

우익의 그런 질적 변화를 『우익사상범죄사건의 종합적 연구(右翼思想犯罪事件の綜合的硏究)』(1939)는 아주 훌륭하게 지적하고 있어, 필자〔사이토 사부로(齋藤三郞) 도쿄 지방법원 검사〕의 역량을 짐작하게 한다. 이 책은 말한다. "이들〔현양사, 흑룡회 계열의 구(舊)우익에 연결되는〕 단체의 활동은 반데모크라시, 반사회주의운동에 시종하고 현상유지에 빠지고 있다. 심지어는 자본가 또는 정당에서 자금을 받고 이들의 어용단체, 경호인이나 조직폭력단이 되는 자도 있어서 혁신 일본의 건설을 지향하는 혁신운동의 원류라고 할 수 없다."

이 책은 그렇다면 "혁신 일본의 건설"을 지향할 수 있는 것은 어느 단체인가라는 질문을 던진 다음, 맨 먼저 노장회의 이름을 들고 있다. 그리고 이 노장회야말로 이후 국가개조운동의 "일대원류"라고 규정하고 있다. 이는 참으로 뛰어난 통찰인데, 확실히 쇼와시대의 파시즘운동은 현양사, 흑룡회를 부정한 노장회와 유존사(猶存社)에서 그 원류를 찾을 수 있다.

2

노장회 설립의 중심이 된 사람이 미쓰카와 가메타로였다. 그는 러일전쟁 당시 인도주의자적 경향이 강한 중학생으로 『평민신문』을 열심히 읽고 있었다. 후에 '유존사의 삼위일체'라 불리게 될 기타 잇키, 오카와 슈메이, 미쓰카와 가메타로가 당시 모두 『평민신문』 애독자였다는 사실은 기억해둘 만하다. 이 세 사람 중 기타가 가장 깊이 사회주의를 신봉했고, 미쓰카와의 경우는 오히려 기독교적 인도주의에 가까웠다.

예를 들어 행지사(行地社) 기관지 『일본(日本)』 1925년 4월호에 기고한 논문 「니나가와 박사[31]의 사상을 비난하다(蜷川博士の思想を難ず)」에서 미쓰카와는, 러일전쟁 당시 기노시타 나오에나 우치무라 간조, 마쓰무라 가이세키(松村介石, 1859~1939)[32]의 저작을 애독했다고 적고 있다. 게다가 미쓰카와는 이들 저작에 대해서 "다분히 사회주의적 혹은 사회운동적 내용을 포함한 것"이라고 덧붙이고 있어, 그의 사상경향을 엿볼 수 있다. 그는 또 청년이 "오로지 사회주의에 공명하는" 까닭은 "가난한 사람에게 동정하는" 단순한 발상 때문이라고 한다. 요컨대 당시 미쓰카와는 인도주의에서 사회주의로 접근하고 있었다고 할 수 있다.

그런데 그는 육군에 드나드는 상인의 선전광고가 일간지 『평민신문』(1907)에 게재되어 있는 점에 의문을 품고 사회주의와 거리를 두게 되었다고 한다. 그는 중학교 졸업 후 와세다 대학 예과에 입학하지만 이 때는 『혁명평론』을 애독했던 모양이다. 사회주의와 중국혁명에 매력을 느낀 미쓰카와가 역시 이 두 가지 사상적 체험을 바탕으로 해서 일본개조운동을 지향했던 기타 잇키를 만나는 것은 어쩌면 당연한 일이다. 미쓰카와는 "일본에도 혁명을 일으켜야 한다"고 절실히 느꼈다. 그리고 그 혁명은 "천황의 권위로 뒷받침된" 것이라고 막연히 생각하고 있었다. 그 점에서는 오카와 슈메이의 발상과 비슷하다.

각설하고, 와세다를 중퇴하고 저널리스트 생활을 하면서 막연히 혁명의 뜻을 품고 있었던 미쓰카와가 실제로 사회운동을 시작하게 된 계기는, 현양사의 미야가와 잇칸(宮川一貫)의 집에서 라스 비하리 보스(Rash Behari Bose, 1886~1945)를 만난 것이었다. 인도독립운동을 하다가 고국에

---

31) 니나가와 아라타(蜷川新, 1873~1959). 법학자.
32) 기독교 전도자. 1908년 도쿄에 일본교회〔후의 '도회(道會)'〕를 설립.

서 쫓겨나 일본에 망명했던 보스는 그에게 오카와 슈메이 이야기를 하면서 오카와가 『인도 국민운동의 진상 및 유래(印度に於ける國民運動の眞相及由來)』(1916년 11월 간행)를 집필 중이라고 알려주었다. 그래서 미쓰카와는 와세다 관계자들이 결성한 삼오회(三五會)에 오카와도 참가하도록 요청하기로 했다.

도쿄제국대학에서 고대 인도철학을 연구했던 오카와 슈메이가 『인도 국민운동의 진상 및 유래』를 집필하게 된 경위는 다음과 같다. 하루의 대부분을 대학도서관에서 보내면서 학구적인 생활을 했던 오카와는 1913년 여름, 간다(神田)의 고서점에서 헨리 코튼 경[33]의 『신(新) 인도』[34]를 우연히 보고 영국의 식민지 인도의 비참한 상황을 알았다. 오카와는 다음과 같이 말한다. "이때 나는 처음으로 영국의 통치하에 있는 인도의 참상을 봤다. 나는 현실의 인도에 눈을 뜨면서 그것이 내 뇌리에 그려진 인도와 너무나 차이가 있다는 사실에 놀라고, 슬퍼하고, 또 분개했다."

그래서 오카와의 인도 연구는, 그 대상을 고대 인도철학으로부터 근세유럽의 식민사(植民史) 및 식민정책으로 바꿨다. 그로부터 약 2년 후의 어느 날, 오카와가 도서관을 나와서 걸어가는데, 어떤 인도 사람이 "당신은 일본 사람입니까?" 하고 영어로 말을 걸어왔다. 오카와의 용모가 전혀 일본인답지 않았기 때문이다. 그의 이름은 헤람바 L. 굽타로, 보스와 마찬가지로 인도에서 망명해온 사람이었다.

오카와는 굽타와 친해지면서 타고르, 라라 라지파트 라이(인도 국민운동 지도자), 그리고 보스를 소개받았다. 또 1916년에 국외퇴거명령

---

[33] Sir. Henry Cotton, 1845~1915.
[34] *New India or India in Transition*(1886년 간행, 1905년 개정).

을 받은 굽타를 약 두 달 동안 숨겨주면서 도야마 미쓰루나 미야자키 도텐도 알게 되었다.

그런데 친목단체였던 삼오회에 참가한 오카와는 1917년 11월의 러시아혁명, 1918년 8월의 시베리아 출병, 같은 해 같은 달의 쌀 소동 등에 상당한 충격을 받았다. 특히 쌀 소동에 큰 충격을 받은 오카와는 국가개조를 생각하기 시작했다. 그는 「5·15사건 신문조서(五·一五事件 訊問調書)」에서 쌀 소동이 준 충격에 대해 "저는, 하늘이 '일본은 이대로 가서는 안 된다'고 말하는 것처럼 느꼈습니다"라고 진술하고 있다. 그리고 오카와는 미쓰카와에게 삼오회를 친목단체에서 운동단체로 변화시키자고 했고, 미쓰카와도 같은 생각이었다. 이리하여 두 사람의 주도로 노장회가 발족되었다. 즉 쌀 소동을 중심으로 하는 1917~18년의 사회적 혼란에 대한 위기의식이 노장회 발족의 동기였다.

미쓰카와는 『삼국간섭 이후(三國干涉以後)』(1935)에서 말한다. "쌀 소동으로 폭발하는 사회불안과, 강화외교에 편승한 데모크라시 사상의 신장은, 1918년 가을부터 겨울에 걸쳐서 일본의 앞날을 결정하는 하나의 계기처럼 보이기까지 했다. 자칫하면 국가를 망칠 수도 있지만 한편으로는 이것을 잘 이용하면 국가개조의 기초가 될지도 모른다."

그리고 이런 동기는 미쓰카와와 오카와만이 아니라 곧 그들의 운동에 참여하게 될 젊은 세대에도 공통되는 것이었다. 노장회, 유존회가 쇼와유신운동의 원류가 되기 위한 복선(伏線)이 거기에 깔린다. 니시다 미쓰기는 『전운을 부르다(戰雲を麾く)』(1924)에서 1918년 가을의 이야기를 다음과 같이 쓰고 있다. "나는 문득 생각나서 당시 유행했던 오모토교를 분석해봤다. 그리고 내 자신의 의견을 섞어서 세계의 개조와 일본의 개혁을 (육군유년학교 중앙본과의 친구들에게) 주장했다. 〔……〕 내

염원인 국가개조를 논하고 내 궁극의 희망인 아시아대륙으로의 진전을 외쳤다. 그것은 바로 쌀 소동 직후였으며 천재, 즉 전국을 휩쓴 폭풍우의 피해, 폭동 비슷한 노동자들의 파업 등이 눈앞에 있었다. 좌우가 충돌해서 사상계는 분규하고 혼돈에 빠지고, 방탕과 문약(文弱)으로 흐르는 풍조가 만연했다. 모든 게 절실히 느껴졌다."

니시다 미쓰기의 이런 상황인식은 미쓰카와나 오카와의 그것과 거의 동일한 것이었고, 또 나가이 류타로의 인식과도 비슷했다. 물론 각 사건에 대한 그들의 인식은 다르지만 1918년 현재가 미증유의 사회적 혼란과 사상적 동요의 시기라는 상황인식에 있어서는 한가지였다. 그리고 바로 그런 인식 때문에 미쓰카와나 오카와는 지금이야말로 국가개조운동을 시작할 때라고 생각한 것이다. 그런 점에서 그들은 '오사카아사히 응징운동'이나 요시노 사쿠조 협박을 지도한 우치다 료헤이가 사상적으로 경직되어버린 것과 대조적이었다.

하여간 1918년 10월 9일 친목단체였던 삼오회는 '사상교환기관,' 즉 국가개조를 위한 주도적 사상을 구축하는 기관으로 탈피하게 되었다. 아직 이름은 없었다. 그날 오후 6시, 청풍정(淸風亭)에 모인 사람은, 삼오회에서는 사무국을 맡은 미쓰카와 이외에 오카와, 미야가와(宮川) 등, 그 밖의 단체에서 참가한 미야지마 다이하치(宮島大八, 1867~1943),[35] 오이 겐타로, 시마나카 유조(嶋中雄三, 1881~1940, 시마나카 유사쿠(嶋中雄作, 1887~1949)[36]의 형) 등 모두 27명이었다.

---

35) 도쿄외어학교(東京外語學校) 중퇴. 중국어를 가르치는 사설학교 '젠린기주쿠(善隣義塾)'를 열었다. 그가 만든 중국어 교과서 『급취편(急就篇)』(1904)은 전전의 일본에서 가장 많이 사용되었다. 또 서예가로서도 유명하다.
36) 나라 현 태생. 와세다 대학 졸업 후 중앙공론사에 편집자로 입사, 후에 사장이 되어 많은 베스트셀러를 간행했다.

그 자리에서 미쓰카와는 밤의 빛이라는 뜻의 '야광회(夜光會),' 사토 고지로(佐藤鋼次郎) 중장은 '노장회,' 오이 겐타로는 '다이쇼의회(大正義會)'라는 이름을 제안했다. 참고로 오이는 이 모임을 '실행기관'으로 만들어야 한다고 주장하고 그에 대해서 시마나카는 결의로 실행을 강요한다면 탈퇴할 수밖에 없다고 반발했다. 미쓰카와는 당분간은 '연구 위주'로 할 수밖에 없다고 하면서 양자를 타협시켰다. 이름이 '노장회'로 결정된 것은 제2회가 열린 10월 22일이다.

노장회의 설립취지는 미쓰카와가 편집에 참여했던 『대일본(大日本)』 1919년 4월호에 실렸다. 「노장회의 기(記)」는 다음과 같이 설명하고 있다.

이제 우리나라는 국내도 국외도 다 정체상태에 빠져 있고, 자칫하면 나라가 망하는 비상중대한 시기에 임하고 있다. 즉 세계적인 전국(戰局)을 보면 독일이 패배하려 하고 있으며 영미는 더욱 동양에 세력을 펴려고 하니 중국문제와 시베리아문제는 무척 어려워질 것이다. 사상적으로는 민주석 경향이 세계에 급속히 퍼지고 있는데 그 조류가 우리나라에 어떤 영향을 미칠까. 또 우리는 그것에 어떻게 대처할 것인가. 〔……〕 사회적으로는 빈부의 격차가 더욱 심해지고 계급투쟁의 큰 물결이 다가오고 있지만, 이에 관해서는 귀족, 선거권, 부호(富豪), 노동자, 식량, 토지 등의 문제를 근본적으로 해결해야 한다.

그리고 그 근본적 해결을 위해 문제를 토론하는 조직이 이 노장회라는 것이다.

그런데 노장회는 1919년 후반까지의 약 1년 동안에 스물 몇 번 모임을 가졌다. 회원으로는 오이, 오카와, 미쓰카와, 시마나카 이외에 국가

사회주의자인 다카바타케 모토유키, 기타하라 다쓰오(北原龍雄), 엔도 무스이(遠藤無水), 사회주의자 사카이 도시히코, 다카오 헤이베에(高尾平兵衛), 농본주의자 시모나카 야사부로, 이시다 도모지(石田友治, 1881~1942),[37] 곤도 세이쿄, 대아시아주의자 가사기 요시아키(笠木良明, 1892~1955),[38] 시마노 사부로(嶋野三郎, 1893~1982), 다테 준노스케(伊達順之助, 1892~1948),[39] 이와타 후미오(岩田富美夫, 1891~1943), '모모타로(桃太郎)주의자' 아쓰미 마사루(渥美勝, 1877~1928),[40] 그리고 뭐라고 해야 좋을지 모르겠지만 일단 국가주의자라 할 수 있는 가노코기 가즈노부(鹿子木員信, 1884~1949),[41] 나카노 세이고 등이 있었다. 곤도 세이쿄(權藤誠子, 곤도 세이쿄의 여동생)나 호리 야스코(堀保子, 오스기 사카에의 전처) 등 여성도 있었다. 즉 이 노장회에는 다이쇼 후기부터 쇼와에 걸쳐 이름을 드날린 사회운동가가 거의 다 모여 있었던 것이다.

그것은 이 노장회가 "근본에 우국적 정신"이 있는 한, '위험사상'이든 '질서를 문란'시키는 발언이든, 어떤 말을 해도 괜찮다는 기본원칙을 가지고 있었기 때문이다. 그래서 좌익의 사카이 도시히코에서 우익의

---

37) 아키타 현 태생. 저널리스트. 종교가. 1913년에 다이쇼 데모크라시를 대표하는 언론잡지 『제3제국(第三帝國)』을 창간했다.

38) p. 182 각주 8) 참조.

39) 귀족 가문에서 태어났지만 어릴 때부터 행동에 문제가 많았다. 만몽독립운동 등에 참여해서 마적의 두목으로 활약한 것으로 알려져 있다. 중국 국적을 얻고 전후에 전범으로 사형에 처해졌다. 소설가 단 가즈오(檀一雄)가 그를 모델로 『석양과 권총(夕日と拳銃)』을 쓴 바 있다.

40) 시가 현 태생. 교토제국대학 중퇴. 그는 어머니가 별세한 슬픔 속에서 우연히 어린애가 노래하는 동요 『모모타로』를 듣고 깨달은 바가 있어 엘리트의 길을 버리고 악당을 토벌하러 떠나는 모모타로 같은 인물을 목표로 하는 구도자의 삶을 택했다. 그 후에는 집도 가족도 없이 막노동 등을 하면서 종교운동, 사회운동, 사상운동에 분주하다가 병을 얻어 죽었다.

41) 도쿄 태생. 철학자. 해군기관학교 졸업. 병을 얻어 해군을 그만둔 후 교토제국대학 선과에 입학했다. 게이오 대학 교수, 규슈 대학 교수, 베를린 대학 객원교수 등을 역임했다. 전쟁 중에는 언론보국회 사무국장 등을 지냈다. 전후 공직에서 추방되었다. 일본인으로서 처음 히말라야에 올라간 등산가이기도 했다.

아쓰미 마사루까지 참석할 수가 있었다. 이 좌우의 사상적 진폭은 미쓰카와의 사상적 편력과 딱 겹치는 것이었고, 노장회에서 유존사에 이르는 국가개조운동 내부에 존재한, 서로 모순된 사상적 방향성이기도 했다. 이 모순된 사상적 방향성을 간단하게 말하면, 사회주의와 내셔널리즘이라고 할 수 있을 것이다. 그런 점에서 노장회, 유존사에 의거한 기타, 오카와, 미쓰카와는 내셔널리즘 일변도였던 현양사나 흑룡회 등 우익의 본류를 벗어나 있다.

3

그런데 사상교화기관으로 성립된 노장회는 어떤 뜻으로는 "정체를 알 수 없는 내용"(미쓰카와)을 낳았는지도 모르겠지만, 다른 한편으로 노장회 회원들은 현실에 대해서 융통성과 긴장감이 있는 사상적 대응을 할 수 있게 되었다. 덧붙여서 말하면, 1918년경의 시점에서 파시즘 사상은, 아마 서구에서도 선례 없는 정체불명의 것이었다.

노장회 제2회 모임의 의제는 '현재 세계를 풍미하고 있으며 우리 황실 중심주의와 강화(講和)에 깊은 관계가 있는 소위 민주주의의 대세를 어떻게 취급할 것인가'라는 것이었다. 요컨대 데모크라시를 어떻게 생각하는가, 또 그것은 우리나라 황실 중심주의와 배반되지 않는가 하는 문제다. 이에 대해서, 시모나카 야사부로나 하라 가가이(原霞外) 등과 함께 평민사에 드나들고 사회주의의 동조자였던 시마나카가 링컨의 말을 인용하면서 "민주주의는 전혀 우려할 것이 아니다. 당연히 우리나라에 도입해야 한다"고 주장했다. 시마나카의 생각은 나가이의 "서쪽의 레닌, 동쪽의 하라 다카시"와 마찬가지로 민중 모두에게 정치기반을 두어야 한다는 것이었던 것 같다. 이에 대해서 오카와가 "우리나라는 '독특한 국가관'이 있고 민주주의는 이 황실 중심의 국가관과 맞지 않는다"고 반론했다.

시마나카와 오카와의 대립은 그 후에도 몇 번 되풀이되었고, 미쓰카와가 1919년 5월에 『왜 볼셰비키(과격파)를 적시하는가?(何故に過激派を敵とする乎)』라는 책자를 냈을 때에는 표면화되었다. 이 작은 책자는 러시아의 볼셰비키 혁명에 대한 미쓰카와의 감상을 적은 것으로 10월혁명을 위험시하고 적시해서는 안 된다는 논지였다. 시모나카나 시마나카 등은 이 논지에 찬동했다. 또 노장회에는 소속하지 않았지만 여명회의 후쿠다 도쿠조도 거의 전면적으로 동의했다. 그러나 오카와는 "'볼셰비키'의 존재는 현재의 자본주의를 무너뜨리는 데는 도움이 되겠지만 우리에게는 결코 최고의 이상(理想)은 아니니 이에 대한 새로운 반동이 꼭 일어날 것이다"라고 미쓰카와에게 반대했다고 한다.

그렇다고 해서 미쓰카와가 볼셰비키를 위험시하게 된 것은 아니었다. 미쓰카와는 1925년의 「니나가와 박사의 사상을 비난하다」에서 무솔리니를 "찬양하고," 레닌을 "악마처럼 매도"하는 니나가와 아라타에 대해서 다음과 같이 썼다. "무솔리니가 위대하지 않다고 말하고 싶은 것은 아니지만, 그는 레닌과 비교하면 큰 차이가 난다. 무솔리니는 단순히 '의무'를 국민에 가르쳤지만 레닌은 일하지 않는 자는 먹지 말라고 하여 사람들에게 노동의 의무를 가르치고 도덕적 인격까지 발휘하고 있다."

이런 말로 봐도 미쓰카와 등이 단순하게 사회주의에 반발한 것은 아니었다. 또 노장회, 유존사가 서구의 파시즘에 감화되어서 파시즘을 일본에 이식한 게 아니었다는 사실도 알 수 있을 것이다. 즉 미쓰카와가 레닌에게 감복하고 있는 점에서도 알 수 있듯이 그들은 종래의 우익에도 있는 내셔널리즘과, 자본주의체제에 대한 반대사상인 사회주의와의 갈등 속에서 일본의 국가개조를 추진하는 사상을 구축하려고 했던 것이다. 참고로 미쓰카와는 볼셰비키에 대한 호감을 계속 가지고 있었던 만큼 후에 오카와에게는 사상적으로 거리를 두고 기타 잇키에게 접근하게 되었다.

그런데 노장회는 이 외에도 보통선거의 가부를 논하고 사회주의 연구를 위해 다카바타케 모토유키나 기타하라 다쓰오(北原龍雄)의 강연을 듣기도 했다. 다카바타케는 이 모임에 초청된 것을 기뻐하면서 『신사회(新社會)』(1919년 2월)에 이와 같이 적었다. "후쿠다 도쿠조 박사를 통해서 여명회에 입회신청을 했을 때에는 사상이 과격하다는 이유로 거절당했다. 하지만 노장회에서는 기꺼이 나를 맞이해주고 내 주장에 귀를 기울여주었다. 나는 요시노 박사의 지루한 민본주의보다는 천황을 받들어 모시고 사회주의로 매진하는 것도 마다하지 않는 사토 중장, 미야지마 다이하치 등의 국가주의에 공감하는 바가 크다."

여기에 나오는 후쿠다 도쿠조는 브렌타노[42]의 제자로서 독일의 사회정책학파에서 배운 사람인데 사상적 색채로는 자본주의의 수정을 목적으로 하는 개량주의에 가까웠다. 이것과 다카바타케의 국가사회주의가 맞지 않은 것은 어떤 뜻에서는 당연하다. 어쨌든 다카바타케의 이 발언은 국가사회주의운동과 천황제 밑에서의 국가개조운동이 결부될 가능성을 보여주는 것으로 무척 흥미롭다.

---

42) Franz Brentano, 1838~1917. 오스트리아의 철학자, 심리학자. 기술(記述)심리학을 제창했다.

그런데 1919년 7월 14일에 오카와가 「유럽과 러시아의 진상 및 노농(勞農)정부의 건설적 시설」에 대해서 강연을 하고 8월 29일에 사카이가 「노동계급의 승리」를 강연할 무렵에는, 천황제 밑에서 국가사회주의를 추진함으로써 사회주의와 내셔널리즘의 대립을 지양하려는 경향이 지배적이었다. 뿐만 아니라 토론에 그치지 않고 그것을 실천하려는 그룹이 미쓰카와와 오카와를 중심으로 해서 생겨났다. 먼저 야마다 우시타로(山田丑太郎)가 호즈미 야쓰카(穗積八束)의 집 옆에 적당한 집을 찾았다. 그리고 가 모리조(何盛三, 1885~1951)[43]가 이 근거지에 이름을 붙여달라고 해서 미쓰카와가 '유존사'로 명명했다. 1919년 8월 1일의 일이다.

하지만 국가개조의 실천에 관해서는 저널리스트 출신의 미쓰카와와 학자 출신의 오카와는 전혀 아는 것이 없었다. 이때 미쓰카와가 기타 잇키를 생각했다. 미쓰카와는 기타의 『국체론 및 순정사회주의』(1906)를 와세다 대학의 도서관에서 읽고 감동한 바 있었고 그 책이 발행금지된 사정도 알고 있었다. 또 미쓰카와가 『대일본』 편집을 하고 있었던 1915년 말에 기타가 대일본사에 『지나혁명 및 일본외교혁명(支那革命及び日本外交革命)』〔『지나혁명외사(支那革命外史)』의 전반부〕을 보내왔다. 대일본사 주간 가와시마 나니와(川島浪速, 1866~1949)[44]로부터 이 책을 받아본

---

43) 도쿄 태생. 부친은 에도 막부에서 네덜란드에 유학, 일본 조선학(造船學)의 선구자가 된 아카마쓰 다이사부로(赤松大三郞)이지만 15~16세 때 가(何) 씨의 양자가 되었다. 가 씨는 일본에 귀화한 중국인 집안이다. 모리조는 교토 대학에서 경제학을 전공, 가와카미 하지메(河上肇)의 영향을 받았다. 졸업 후 회사에 취직했지만 사직했다. 베트남 혁명에 관심을 가지고 베트남 독립운동의 지사들을 도와주었다. 미야지마 다이하치가 연 젠린쇼인(善隣書院)에서 중국어를 배워 거기서 중국어를 가르치고 중국어교과서를 쓰기도 했다. 또 그는 에스페란티스트이기도 했으며, 아마토(阿魔徒)라는 필명을 쓴 적도 있다. 1919년 노장회에 들어가 오카와 슈메이를 알게 되고 유존사에도 가입한 듯하다. 중국을 방랑하고 1947년에 귀국, 1951년 아오모리에서 죽었다.
44) 나가노 현 태생. 도쿄외국어학교 중퇴. 청일전쟁 때 육군통역관으로 종군, 후에 타이완총독

미쓰카와는 기타의 식견이 높은 것에 감탄해서 그를 찾아간 적도 있었다. 그리고 미쓰카와가 기타를 생각한 더 직접적인 계기로서는 상하이에 체재했던 기타가 미쓰카와에게 보낸 긴 편지 「베르사유회의에 대한 최고판결」(1919년 6월 28일자)이 있었다.

미쓰카와는 그 편지를 등사판으로 인쇄해서 국민외교회나 노장회에 배포했다. 또 기타는 나가이 류타로나 나카노 세이고, 오가사와라 나가나리(小笠原長生) 해군중장에게도 이 편지를 보여주라고 부탁했고, 미쓰카와는 물론 그들에게도 나누어주었다. 그 결과 1919년 11월에 기타, 미쓰카와, 오카와, 그리고 나가이와 나카노도 참여해서 비공식 개조동맹이 생겼다.

그런데 유존사 설립에 즈음해서 미쓰카와는 기타를 일본에 돌아오게 하려고 생각했다. 『삼국간섭 이후』에서 그는 말한다. "나는 마음속으로 기타 잇키 군을 상하이에서 귀국시켜서 그 식견과 경험으로 혼돈스러운 국내개조의 기운을 조정시키고 지도하게 할 수밖에 없다고 생각했다. 기타 군은 일찍이 사회주의자로서 관헌의 박해와 압박을 당했지만, 자신의 신념을 지키기 위해 러일전쟁에 반대한 고토쿠 슈스이나 사카이 도시히코와 결별했다. 지금은 소위 사회주의자가 아니라 열렬한 국가민족주의자다."

기타가 소위 사회주의자가 아니라 국가민족주의자라는 평가는, 기타가 오카와와 같은 "황실 중심주의"가 되었다는 뜻이 아니다. 왜냐하면 미쓰카와는 이어서 "기타 군은 소위 사회주의자를 싫어했지만 동시에

부에서도 일했다. 청나라에 고용되어 베이징경무학당(北京警務學堂)을 창설, 경찰관을 양성했다. 신해혁명이 일어나자 청나라 왕족 숙친왕(肅親王)의 딸을 입양해서 '가와시마 요시코(川島芳子)'로 명명했다. 기타 만몽독립운동에도 관여했다.

황실 중심주의도 싫어했다"라고도 쓰고 있기 때문이다. 어찌 되었건 미쓰카와는 기타가 일본에 돌아오게 만들기를 제안하고 오카와가 상하이까지 가서 기타를 설득하기로 했다. 미쓰카와는 기타에게 줄 "인도 문제의 관계자인 문학사(文學士) 오카와 슈메이 형"이라는 소개장을 써 주었다. 1919년 8월 8일의 일이다.

가 모리조가 오카와의 여비 100엔을 조달하고, 당시 만철의 동아경제조사국 편집과장이었던 오카와는 휴가를 얻어 상하이로 떠났다. 8월 16일에 가라쓰(唐津)⁴⁵⁾를 출발해서 8월 22일 밤에 상하이에 도착했다. 다음 날인 23일 이른 아침, 오카와는 유항로(有恒路)의 나가타(長田) 병원에 가서 기타를 불러달라고 부탁했다. 이때 기타는 『국가개조안원리대강(國家改造案原理大綱)』의 끝부분을 집필하는 중이었다.

오카와는 「기타 잇키 군을 회상하다(北一輝君を憶ふ)」(『신세력(新勢力)』 1958년 11월]에서 말한다.

첫 대면의 인사를 마치고 같이 태양관이라는 여관에 갔다. 방에서 종일 이야기를 나누고 밤에는 이부자리를 나란히 깔고 밤새도록 이야기를 했다. 이튿날은 프랑스 조계 뒷골목에 있던 기타 군 집에서 또 이야기하고, 다음 날인 25일 나가사키행 기선(汽船)을 타고 상하이를 떠났다. 이 이틀은 나에게 있어 결코 잊을 수 없는 시간이었고 기타 군도 마찬가지였다. [……] 『일본개조법안대강』은 기타 군이 내가 상하이에 가기 약 한 달 전부터 『국가개조안원리대강』이라는 제목으로 지독한 고민을 하면서 쓰고 있었던 것이다. 내가 상하이에 간 것은 제1권부터 제7권까지

---

45) 규슈 사가 현에 있는 지명.

탈고하고 제8권 『국가의 권리』 집필을 시작(할 때였다)……

즉 오카와나 미쓰카와가 유존사를 만들어서 국가개조운동에 착수하려던 바로 그때 기타는 바다 저편에 있는 상하이에서 일본개조의 구체적 방책을 생각하고 있었던 것이다. 그런 기타에게 오카와는 일본의 국내정세는 이제 "난리의 징조"가 보이고 있으니 곧 귀국해달라고 요청했고, 기타는 이를 승낙했다. 그리고 그때까지 쓴 원고를 이와타 후미오에게 맡기고 먼저 귀국했다. 기타가 제8권과 결론을 쓰고 일본에 돌아온 것은 1920년 초였고 유존사에 가입한 게 1월 5일이었다.

그러면 무엇이 기타를 하여금 바다 저편의 상하이에서 『국가개조안 원리대강』을 집필하도록 만들었는가. 중국의 5·4반일운동[46]의 원인은 일본의 외교정책 실패에 있다고 생각한 게 가장 큰 이유다. 아니, 외교정책뿐만 아니라 일본제국이 존립하는 방식 자체가 틀렸다고 기타는 생각했다. 「세번째 공간반포에 즈음해서 고함(第三回の公刊頒布に際して告ぐ)」(1926년 1월)에서 기타는 말한다.

나는 10여 년 동안 지나혁명에 관여해온 삶을 포기하고 일본에 돌아갈 결의를 굳혔다. 10년 동안 특히 가속도적으로 부패하고 타락한 본국을 그대로 방치하면 세계에 대한 정책도 중국에 대한 정책도 본국 자체도 명백히 파멸할 거라고 생각했다. 〔……〕 그래, 일본으로 돌아가자. 일본의 혼을 밑바닥에서부터 뒤집어서 일본 자체의 혁명을 하자.

---

46) 1919년 5월 4일, 베르사유조약에 대한 불만이 터져서 베이징에서 학생들을 중심으로 발생하고, 중화민국 전토에 퍼진 반일, 반제국주의운동.

이와 같이 기타에게 있어 귀국한다는 것은 일본에서 국가개조에 임한다는 것과 동의어였으며 『국가개조안원리대강』 집필은 기타가 일본에 돌아오기 위한 전제였다. 그리고 그 원고가 기타와 함께 일본에 도착했을 때 유존사는 명실공히 국가개조운동의 거점이 되었다.

제3장
흑룡회와 사회민주당의 분립

1

　흑룡회와 사회민주당은 모두 메이지 34년, 즉 20세기의 막이 오른 1901년에 결성되었다. 이 두 조직이 근대 일본의 우익과 좌익의 대극을 형성했다는 것이 오늘날의 정설이다.

　하지만 이 조직명은 흑룡회 주간 우치다 료헤이와 사회민주당의 실질적 중심인물 고토쿠 슈스이라는 인명으로 대치해도 될 것이다. 그리고 그렇게 생각하면 우치다의 스승인 도야마 미쓰루와 고토쿠 슈스이의 스승 나카에 조민이 우익과 좌익의 원류에 위치한다는 설도 이해할 수 있다.

　또 이들 인명은 우치다의 『러시아 망국론』(1901년 간행, 발행금지되어 같은 해 말에 『러시아론』으로 제목을 바꾸고 개정)과 슈스이의 『20세기의 괴물 제국주의』(1901년 간행)라는, 당시의 대표적 저작으로 대치할 수도 있다. 아니,

조직과 인물과 사상을 겹친 위에 흑룡회와 사회민주당이 우익과 좌익의 대극을 이루고 있다는 앞의 정설이 성립하는 것 같다.

그런데 우익과 좌익의 정의는 서로가 그렇게 정한 게 아니라 지배계급이 정한 것이다. 그리고 이 우와 좌를 적당히 잘라버리면서 권력을 유지한 게 바로 근대 일본의 리버럴이었다. 그 경우 우익은 흑룡회, 우치다 료헤이 등이며 『러시아 망국론』이었다. 좌익은 사회민주당, 고토쿠 슈스이 등이며 『20세기의 괴물 제국주의』였다. 리버럴은 그 조직과 인물과 사상의 총체를 보고 자기들의 사정에 맞는 것은 적당히 넘기면서 이용하고, 불편한 부분은 잘라버리고 탄압했다.

예를 들어, 오늘날의 좌익 계통은 "흑룡회는 패전 후에 GHQ[47]가 해산시킬 때까지 존속했지만 사회민주당은 (결성) 당일 결성금지되었다"고 하면서 좌익의 혁명성을 주장한다. 이에 대해 오늘날 우익 계통은 "슈스이의 『20세기의 괴물 제국주의』는 발행금지되지 않았지만 우치다의 『러시아 망국론』은 발행금지되었다"고 하며 당시의 지배계급에 대한 반체제로서의 의의를 주장한다. 그러나 그런 식으로 우와 좌가 반체제 운동의 정통성을 다투는 동안 리버럴은 권력을 유지했던 게 아닌가. 즉 1901년 당시 지배계급은 우익을 일로주전론의 측면에서는 잘라버리면서 내셔널리즘의 측면에서는 인정하고, 또 한편으로 좌익을 반전론의 측면에서 이용하면서 반국가주의의 측면에서는 잘라버린 것이다.

리버럴의 이러한 권력지배원리는 어느 시대에나 적용되어왔다. 메이지 말년, 좌의 고토쿠 슈스이 등은 대역사건으로 탄압당했다. 다른 한편으로 우의 우치다 료헤이의 경우 그들이 추진해온 일한합방론이, 일

---

47) General Headquarters의 약칭. 제2차 세계대전 후 일본을 점령한 연합군 총사령부.

한병합이라는 정치적 현실로 인해 유명무실화되고 말았다. 우익에서의, 또는 좌익에서의 변혁에 구애받는 이상 리버럴의 손에서 권력을 탈환하지 못한다. 그들의 손에서 권력을 빼앗기 위해는 그들의 권력지배원리를 거꾸로 이용해야 한다. 그렇게 생각한 사람이 흑룡회와 사회민주당 사이에서 사상을 형성한 기타 잇키였다. 또는 미쓰카와 가메타로나 오카와 슈메이였다. 즉, 그들 '유존사의 삼위일체'는 당시의 신우익이자 신좌익이었다.

어찌 되었든 흑룡회와 사회민주당은 그 원류인 도야마 미쓰루와 나카에 조민까지 거슬러 올라가면 알 수 있듯이, 원래는 다 메이지국가에 대한 반체제운동이었다. 아시즈 우즈히코는 일찍이 도야마 미쓰루와 나카에 조민이 사상적으로, 즉 민권운동, 조약개정문제, 동아경륜(東亞經綸)에 관해서 큰 차이가 없었다고 강조한 바 있다. 아시즈의 그런 견해는 「메이지사상사에서 우익과 좌익의 원류(明治思想史における右翼と左翼の源流)」(『신세력』, 1963년 2월. 후에 『무사도(武士道)』에 수록)에 자세히 전개되어 있다.

다케우치 요시미의 「아시아주의의 전망」(『아시아주의』, 1963년 8월호에 실린 해설문. 후에 「일본의 아시아주의」로 제목을 바꾸어 평론집 제3권에 수록)은 아시즈의 주장을 소개하면서, 그토록 친했던 도야마 미쓰루와 나카에 조민이 우치다와 슈스이의 시대에 이르러 "갈라서서 다시 만나지 않았다는 사실은 일본만이 아니라 아시아에 있어서 불행한 일이었다"고 결론짓고 있다.

나는 예전에 「나카에 조민과 도야마 미쓰루」(1972년 7월. 후에 『역사라는 어둠(歷史という闇)』에 수록)에서 1901년의 시점에 우치다와 슈스이의 접촉이 없지는 않았다는 사실에 대해서 지적한 바 있다. 왜냐하면 1902년 7월 우치다의 제창으로 창설된 일로협회에는 고토쿠 슈스이도 찬성자로 참

가하고 있기 때문이다. 일로협회의 설립취지는, 우치다가 이토 히로부미에게 말한 바에 의하면, "평화론자는 평화의 길을 가고 개전론자(開戰論者)는 개전의 길을 가면 길 끝에서 자연스레 하나가 되리라고 믿습니다"〔『국사 우치다 료헤이전(國士內田良平傳)』〕라는 것이니 비전론자인 슈스이가 거기에 관여했다고 해도 그리 이상하지는 않다. 적어도 1902년 7월의 시점에서는, 우치다 료헤이와 고토쿠 슈스이 사이에 그런 회로가 존재했었다.

단, 일로협회 찬성자 중에는 우치다, 이토, 슈스이 이외에 에노모토 다케아키(榎本武揚, 초대 회두), 가네코 겐타로, 오쿠라 기하치로(大倉喜八郎), 히라오카 고타로(우치다의 숙부), 도쿠토미 소호(德富蘇峰, 1863~1957)[48] 등이 있었다. 참고로 일로협회에 관한 기사는 흑룡회 본부가 간행한 기관지『흑룡』에 실려 있다.

하지만 내가 조사한 바로는 고토쿠 슈스이의 이름이『흑룡』에 나오는 것은 일로협회 찬성자로 나왔을 때 단 한 번뿐이다. 그의 스승 나카에 조민이 흑룡회 객원으로 등록되고 동문 선배 고야마 히사노스케(후술)가 같은 회 회원이 되어 있는 점으로 미루어 보아 이때 슈스이가 흑룡회와 거리를 두고 있었음은 명백하다.

그런데 같은 시기에 시작한 메이지국가에 대한 반체제운동이, 흑룡

---

48) 구마모토 현 태생. 저널리스트, 평론가, 역사가. 본명은 도쿠토미 조이치로(德富猪一郎)로 소설가 도쿠토미 로카(德富蘆花)의 형. 일찍이 구마모토양학교(熊本洋學校), 교토의 도시샤영학교(同志社英學校)에서 수학. 1882년부터 86년까지 고향에서 민주적인 학교를 지향한 오에기주쿠(大江義塾)를 열어, 사학, 문장학, 경제학 등을 가르쳤다. 1887년 도쿄에 거처를 옮겨서 민우사(民友社)를 설립,『국민지우(國民之友)』『국민신문』등을 발행해서 평민주의를 주장했다. 삼국간섭에 충격을 받은 것을 계기로 국권주의자가 되었다. 1945년에 A급 전범 용의자가 되었지만 2년 후에 해제됐다. 55세부터 89세까지『근세일본 국민사』전 100권을 집필했다.

회와 사회민주당이라는 양극으로 분립되게 된 계기가 뭘까. 그리고 그 분립이 어떻게 나타났는지, 또 이 분립을 초극하려는 움직임은 없었는가 하는 게 이 글의 주제다. 다만 나는 이 주제를 여기서 우치다 료헤이와 고토쿠 슈스이, 또는 도야마 미쓰루와 나카에 조민이라는 대극의 원류만으로 파악하려고 하지는 않으며 이 대극 사이에 놓인 구즈우 겐타쿠(葛生玄晫, 1863~1926)와 고야마 히사노스케, 기타 잇키의 삶을 통해서 파악해보고자 한다.

즉, 흑룡회와 사회민주당이 생긴 시점이 아니라 그것이 생기려고 하는 카오스를 검토하고 싶은 것이다. 그 카오스는 서로 상반되는 가능성을 동시에 포함하고 있었을 것이다. 그 상반되는 가능성을 세 명의 인물 안에 그려보려고 한다. 그리고 거꾸로 흑룡회와 사회민주당의 양극 분립을 초극하려는 움직임이 일어날 수는 없었는가 하는 문제를 생각해보고 싶다.

2

흑룡회는 1901년 2월 3일에 정식으로 발족했다. 결성의 계획은 전년 말에 시작하고 1월 13일 도쿄 고지마치(麴町)에 있던 우치다 료헤이의 집에서 취지서 초안, 가(假)규약 등을 협의했다. 이토 도모야(伊東知也), 요시쿠라 오세이, 구즈우 겐타쿠, 미야자키 라이조(宮崎來城), 히라야마 슈, 곤도 신지(權藤震二, 곤도 세이쿄의 동생), 오자키 유키마사(尾崎行昌, 오자키 유키오의 동생) 등 10여 명이 모였다. 『이륙신보(二六新報)』의 기자 미야자키 라이조가 만든 취지서 초안에 따르면, 결성의 목적은 삼국간섭의 굴욕을 해소하고 러시아를 토벌하고 동아(東亞)를 일으키는 경륜(經綸)을 행하기 위해 러시아, 중국, 만주, 조선의 사정을 조사하는 한편, 나라를 위해 일하는 인재를 양성해서 국가의 유사시에 도움이 되도록 하자는 것이었다.

2월 3일, 간다 금휘관(錦輝館)에 59명이 모였다. 우치다 료헤이를 주간으로 선출하고 간사 3명은 일단 우치다와 구즈우 2명만 뽑았다. 모임의 이름 흑룡회는 시베리아와 만주 사이를 흐르는 흑룡강(아무르 강)에서 유래한다. 이 시기 '흑룡화장품'이나 '정로환(征露丸, 지금은 '正露丸'으로 쓴다),' 나카무라야(中村屋)[49]의 '시베리아'라는 이름의 케이크가 등장했지만, 흑룡회는 그 풍조에 앞섰던 셈이다.

그런데 우치다와 함께 간사로 선출된 구즈우 겐타쿠는 어떤 인물인가. 사사로운 이야기지만 예전에 자유당계의 『소보공립신문(總房共立新聞)』을 뒤지고 있었을 때, 1882년 6월의 항목에서 편집장 구즈우 겐타쿠가 "감옥에 들어갔다"는 기사를 발견했다. 그에 따르면 그는 같은 신문에 「국법으로는 죄가 되었지만 공도로는 죄가 아니다(罪ヲ國法二得タルモ未ダ必ズ公道二得ズ)」라는 논문을 게재한 까닭에 금고 1개월 반, 벌금 7엔을 선고받았다.

나는 그 기사를 보고 흑룡회 간사인 구즈우가 민권파 신문에서 활동했다는 사실을 의외로 생각했다. 그러나 다시 생각해보면 도야마 미쓰

---

[49] 1901년 도쿄에서 창업한 빵집으로 빵 이외에도 과자, 레토르트 카레 등을 제조 판매하고 레스토랑 등을 경영하는 기업으로 성장했다. 현재 신주쿠에 본점이 있어 '신주쿠 나카무라야'로 알려져 있다. 창업자 소마 아이조(相馬愛藏)는 사회사업가였으며 아내 소마 곳코(相馬黑光)는 유명한 수필가였다. 그들은 가난한 예술가를 도와주고 일본에서 추방하려고 했던 인도의 독립운동가 라스 비하리 보스를 숨겨주기도 했다. 그들의 딸 도시코(俊子)는 보스와 결혼했다.

루도 본래 애국사(愛國社)⁵⁰⁾의 운동에 가담하고 규슈 개진당(九州改進黨)의 하나인 현양사의 중심인물이었으니 뒤에 흑룡회 간사가 될 구즈우가 과격한 민권론자로서의 전력을 가지고 있어도 전혀 이상하지는 않을 것이다. 그렇게 생각해서 『동아선각지사기전(東亞先覺志士記傳)』 하권에 있는 열전을 봤더니 구즈우의 전기가 자세히 나와 있었다. 그래서 『소보공립신문』『자유당사(自由黨史)』『동아선각지사기전』 등을 참고로 하면서 구즈우가 흑룡회 간사가 되기까지의 행보를 더듬어보기로 하자. 그러면 당시의 그가 민권파의 과격행동에 가담할 수도, 오사카사건에 연좌할 수도 있었던, 그런 여러 가지 가능성의 싹을 찾을 수 있을 것이다. 말하자면 흑룡회 간사는 그에게 있어 그 많은 가능성의 도달점 중의 하나에 지나지 않았다.

구즈우 겐타쿠는 1862년 시모우사(下總)⁵¹⁾에서 태어났다. 우치다 료헤이보다 열세 살 위, 도야마 미쓰루보다 일곱 살 아래다. 그에게 이르는 조상 8대는 대대로 의사를 가업으로 했고 그도 역시 의사가 되기 위해 열아홉 살 때 치바현립의학교에 입학했다. 입학은 했지만 그는 의사가 되기를 원하지 않았고, 때마침 일어나고 있었던 민권운동의 영향도 있어서 반년 만에 자퇴해버렸다.

그 후 그는 쓰쿠바신사(筑波神社)⁵²⁾의 신관 아오야기 다카토모(青柳高鞆) 밑에서 국학을 배웠다. 아오야기는 1963년 아시카가(足利) 3대의 목상의 머리를 잘라 산조(三條) 부근의 강가에 방치한 근왕지사 중의 한 사람이라고 한다.⁵³⁾ 또 구즈우는 국학을 배우는 한편 시모쓰마(下妻)⁵⁴⁾지

---

50) 1875년 오사카에서 결성된 자유민권운동의 단체.
51) 현재의 치바 현 및 이바라키 현의 북부.
52) 이바라키 현에 있는 쓰쿠바산을 신체(神體)로 모신 신사.

방의 자유당원과 교분을 맺었는데, 시모쓰마는 가바산사건의 주모자라고 지목되는 도미마쓰 마사야스(富松正安) 등의 세력이 강한 지방이다.

그 후 선구적 민권론자로 이름 높은 사쿠라이 시즈카(櫻井靜, 1857~1905)의 『소보공립신문』(1881년 6월 창간)에 들어가 곧 편집장이 되었다. 그의 전임자는 니시카와 쓰테쓰(西川通徹), 후임은 야마모토 다카노리(山本隆德)[55]였으며 둘 다 자유당원이다. 〔이 관계에 대해서는 나의「묻힌 변혁사상——야마모토 다카노리론(埋められた變革思想——山本隆德論)」(『역사라는 어둠』)에 상세히 기술되어 있다.〕 구즈우는 몇 차례 필화사건을 일으킨 후 그곳을 떠나 『도카이신문(東海新聞)』 주필이 되지만 그때도 몇 번 투옥된 바 있다.

그는 1887년에 이노우에(井上) 외상[56]의 조약개정문제가 일어나자 상경해서 그에 대한 반대운동에 분주했지만, 보안조례 공포로 인해 수도에서 퇴거하라는 명령을 받았다. 그래서 시모우사로 돌아가 고향과 가

---

53) 1863년, 교토의 사찰 등지원(等持院)에 안치되어 있었던 3대에 걸친 아시카가 쇼군들의 목상에서 목을 빼고 산조대교(三條大橋) 부근에서 가모가와(鴨川) 강가에 방치한 사건. 도쿠가와 장군에 천주(天誅)를 내린다는 뜻으로 히라타파(平田派) 국학자를 비롯한 과격한 존왕양이파 사람들이 거행했다. 그들은 아시카가 씨는 천황을 추방하면서 무로마치(室町) 막부를 연 역적(逆賊)이며 도쿠가와 막부는 그보다 나쁘다는 내용의 벽보도 내붙였다.
54) 이바라키 현 서부에 있는 지명.
55) 에히메 현 태생. 원래 성은 고쓰모리(告森)라고 한다. 마쓰야마(松山) 중학을 나와 게이오의숙(慶應義塾)에서 영학(英學)을 배운 듯하다. 야마모토 성을 쓰면서 『소보공립신문』에 입사해 뛰어난 논설을 썼지만 스무 살에 신문사를 그만두고 고향에 돌아갔다. 이후는 시미즈(淸水) 집안의 양자가 되어 시미즈 성을 쓰고 은행장, 중의원의원 등을 역임했다.
56) 이노우에 가오루(井上馨, 1835~1915). 메이지유신에서 활약한 지사 중의 한 사람으로 유신 후에 정부의 요직을 역임했다. 이토 히로부미 내각의 외상으로서는 불평등조약 개정을 위한 서구화 정책을 내세워서 녹명관(鹿鳴館)에서 서양식 파티나 무도회 등을 열게 했다. 1868년 외국 사절단과의 조약개정회의에서 이노우에가 몇 가지 양보를 제시한 것이 다음 해에 일반에 알려져 문제가 되었다. 전국적으로 일어난 반대운동으로 결국 조약개정은 좌절되었다.

까운 사와라(佐原)에서 열린 자유당원 결사동맹의회(自由黨員結社同盟義會)에 참여해서 다카노 린조(高野麟三) 등과 사귀었다.

또 그는 1889년 오쿠마 외상의 조약개정문제가 일어나자 다시 상경해서 그것을 저지하려고 분주했다. 어느 날 『아즈마신문(あずま新聞)』의 주간을 맡고 있던 다카노 린조가 그를 찾아왔다. 다카노는 사장 오이 겐타로에게서 폭탄을 입수해달라는 부탁을 받았다고 했다. 그것은 현양사 사원 구루시마 쓰네키 — 그는 나카에 조민의 불학숙에서 수학한 적이 있었다 — 가 도야마 미쓰루에게 폭탄이 필요하다고 말하고, 도야마가 오이에게, 네가 가지고 있는 좋은 것(오사카사건 때 준비한 폭탄)을 달라고 의뢰한 것이다.

구즈우는 고쿠보 기시치(小久保喜七)의 서생(書生)[57] 후치오카 고마키치(淵岡駒吉)와 꾀해서 다마(多摩)지방에서 장사(壯士)로 이름난 모리쿠보 사쿠조(森久保作藏)에게서 폭탄을 입수했다. 구루시마는 그것을 오쿠마 외상에게 던졌고 오쿠마는 한쪽 다리를 잃어 조약개정은 취소되었다. 아마 구즈우와 도야마, 그리고 현양사와의 직접적인 관계가 이때 시작된 것 같다. 그리고 현양사와의 관계가 뒤에 흑룡회 간사 선출로 이어진다.

그는 같은 해 10월 구루시마와 모의를 꾀한 혐의로 수감되었지만 익년 4월 증거 불충분으로 석방되었다. 그 후 구루시마의 뜻을 이어서 김옥균과 교분을 맺고 도야마 등을 따라 동아문제에 힘을 쓰기 시작한다. 그의 편저 『김옥균(金玉均)』은 일본에서의 김옥균에 관한 유일한 기본 문헌이라고 해도 될 것이다. 그런데 1894년 김옥균이 상하이에서 암살

---

57) 남에 집에 기식하며 집안일을 도와주면서 공부하는 청년.

당한 것에 분개한 구즈우는 청일전쟁을 촉진하게 되었다. 이 무렵부터 그의 행동은 우치다 료헤이와 보조를 맞추기 시작한다. 예를 들어 구즈우는 1899년경 일로개전에 대비해서 사와라에 봉공의단(奉公義團)을 조직해서 가난한 젊은이들을 사관학교에 입학시키도록 힘을 썼다.

그런데 이렇게 1900년까지 구즈우 젠타쿠의 반생을 살펴보면 거기에 여러 가지 가능성이 숨어 있었다는 사실을 깨닫게 된다. 즉, 그는 자유당 좌파였으니 도미마쓰 마사야스 등과 함께 가바산사건에 가담할 수도 있었고, 오이 겐타로와 함께 오사카사건에 연좌할 수도 있었다. 또 구루시마 쓰네키처럼 테러를 일으켜서 죽을 수도 있었다. 거꾸로 국회개설 때는 나카에 조민이나 오이 겐타로처럼 국회의원이 될 가능성도 있었다. 또 사회민주당이 자유당 좌파의 흐름을 잇는 것인 만큼 구즈우가 사회민주당에 소속할 가능성도 없지는 않았다. 하지만 그는 그 모든 가능성을 버리고 흑룡회 간사의 길을 택한 것이다.

3

고야마 히사노스케는 1858년 신슈(信州) 고모로(小諸)[58] 태생으로 나카에 조민의 불학숙에서 수학했다. 불학숙에서는 구루시마 쓰네키의 선배이고 조민 문하생으로는 고토쿠 슈스이의 선배가 되는 고야마는, 자타가 공인하는 조민의 수제자였다. 조민의 『1년 반(一年有半)』(1901)에는 고야마에 대한 다음과 같은 구절이 있다. "탁류 같은 오늘날의 세상

---

58) 지금의 나가노 현 동부에 있는 지명.

에서 고야마는 순수하고 사랑스러운 인물이다."

고야마는 조민과 마찬가지로 암에 걸렸고 조민보다 먼저 죽었다. 그는 1901년 9월 15일경 자신이 아픈데도 불구하고 조민의 문병을 갔지만 그로부터 한 달도 안 되는 10월 3일에 세상을 떠났다. 한편 조민이 죽은 것은 그로부터 두 달 후인 12월 13일의 일이다.

조민은 병상에서 집필한 『1년 반』의 원고를 고토쿠 슈스이에게 맡겼다. 슈스이가 곧 인쇄해도 되겠느냐고 물어봤더니 조민은 괜찮다고 했다. 그래서 슈스이는 다음 날 그 원고를 들고 도쿄로 돌아가 "선배 고야마 히사노스케 군과 의논했다. 고야마 군도 나의 의견에 찬성했다." 슈스이는 하쿠분칸(博文館)[59]의 오하시 신타로(大橋新太郎) ── 그의 이름도 일로협회 찬성자 중에 들어 있다 ── 에게 발행을 의뢰했다. 조민과 고야마와 슈스이의 관계는, 그런 식이었다.

고야마가 별세했을 때 슈스이는 『요로즈초호(万朝報)』에 기고한 추도문에서 "그는 참으로 다혈 다감한 인물이었다. 솔직하고 순진한 것은 마치 어린애 같았다"고 말했다. 이것을 보고 병상에 있던 조민은 눈물을 흘리며 슈스이에게 편지를 썼다. "고야마를 추도하는 글이 게재된 것을 보았소. 세상 사람들에게 악인으로 오해받은 고야마는, 재미삼아 악당을 자칭하고 있었지만 사실은 악당이 아니고 정말 어린애같이 직정경행(直情徑行), 순수하고 사랑스러운 기인(奇人)이었음을 잘 묘사해주었네. 본인도 땅밑에서 기뻐할 것이며 그를 사랑한 나도 눈물과 함께 읽었소."

이렇게 조민과 고야마는 마음이 통했을 뿐만 아니라 정치적인 행동

---

59) 1887년에 오하시 사헤이(大橋佐平)가 창업한 출판사. 잡지 『태양』『소년세계』, 총서나 단행본도 다수 출판해서 큰 성공을 거두었다.

의 대부분을 함께했다. 연설을 싫어하는 조민을 유세여행에 꾀어낸 사람이 바로 고야마였다. 1887년 11월 20일 조민은 나가노 현에서 열린 친목회에 출석해서 연설을 했다. 이때의 연설이 『시나노마이니치신문(信濃每日新聞)』에 실렸는데, 그에 따르면 조민은 정부의 굴욕적 외교정책을 고치기 위해서 재야세력을 모아야 한다고 말하고 있다. 그 후 조민은 24일의 정치연설회와 25일의 친목회에 출석하고 고야마의 고향인 고모로에도 들렀다.

1890년 9월 조민 등이 입헌자유당을 결성하고 고야마는 상의원(常議員)으로 참가했다. 1892년의 제2회 선거 때 조민은 나가노 5구에서 입후보한 고야마를 응원하러 고모로에 가서 연일 응원연설을 하고 다녔다. 고야마가 낙선하자 이번에는 민당 통일의 모태로서의 기관지를 함께 계획한다. 또 1900년 9월에 이토 히로부미를 총재로 모신 입헌정우회가 성립된 데 대해 격노한 조민은, 이를 타도하기 위해 오이나 고야마와 함께 자유당 재흥을 기도한다. 이때 조민이 슈스이에게 「자유당의 제사를 지내는 글(自由黨を祭る文)」[60]을 집필시킨 것은 현재 잘 알려져 있다. 같은 달 조민은 고야마와 함께 국민동맹회에 들어가고 익년 1901년 3월 나가노에서 열린 '청나라 보전(保全)연설회' 및 친목회에 둘이서 출석했다. 즉 실제 정치운동에는 별로 적극적인 태도를 보이지 않았던 조민이, 그 약간의 정치활동의 대부분을 고야마와 함께한 셈이다.

그런데 이 국민동맹회(중심인물은 고노에 아쓰마로)는 강경외교노선을 택해서 대륙침략을 주장하는 단체였다. 조민이 거기에 참가했을 때 슈스이는, 국민동맹회는 "러시아 토벌을 목적"으로 한 소위 "제국주의

---

60) 자유민권을 위해 활동해온 자유당 계열의 헌정당이 그들을 탄압했던 이토 히로부미의 입헌정우회에 참가한 것을 비판한 글.

단체"이니, 이에 참가하는 것은 "자유평등의 대의에 어긋나지 않겠느냐"고 조민에게 물어봤다. 이에 대한 조민의 답은 다음과 같다. "러시아와 싸우고 싶다. 이기면 즉시 대륙에 세력을 뻗쳐서 동양의 평화를 유지해야 한다. 지면 즉시 온 나라가 곤궁에 빠져서 그 미몽에서 깨어날 것이다. 이 기회를 잘 타면 번벌(藩閥)을 소탕해서 내정을 혁신시킬 수 있다. 이것도 좋은 일이 아닌가." 여기에는 조민의 정치역학이 깔려 있다. 슈스이처럼 내셔널리즘을 다 부정하지 않았던 조민으로서는 러시아에 대한 주전론을 택하는 것도 당연한 일이었다. 마쓰나가 쇼조는 『나카에 조민』에서 앞의 조민의 말을 인용하면서 "그대로 믿을 수는 없다"고 하지만, 나는 그대로 믿어도 될 것 같다. 그렇지 않으면 임종이 다가온 조민이 일부러 흑룡회 객원이 될 이유가 없기 때문이다.

각설하고, 고야마는 조민과 함께 흑룡회 회원이 되었다. 그렇다면 러시아에 대한 주전론을 주장해온 고야마가 사회민주당에 가입할 가능성은 전혀 없었다고 생각하는 사람도 있겠지만 꼭 그렇게 단언할 수는 없다. 고야마는 확실히 흑룡회의 회원이었는데도, 다름 아닌 고모로 지방 사람들이 그를 사회주의자로 알고 있었기 때문이다.

예를 들어 우에하라 구니카즈(上原邦一)의 『풍운의 비석—사쿠[61] 자유민권운동사(風雲の碑—佐久自由民權運動史)』에는 고야마가 "사쿠에서는 민권운동가라기보다 사회주의자의 입장에 서 있었다"는 구절이 있다. 고야마는 1897년에 고토쿠 슈스이와 연계해서 고모로에서 사회주의연구회를 결성하고 빈농을 토대로 해서 사회주의의 연구와 보급을 도모했다고 한다. 단, 1897년에 (도쿄에서) 생긴 것은 사회문제연구회였으니

---

61) 나가노 현 동부에 있는 지명.

사회주의연구회가 생긴 것은 1898년일지도 모른다.

도쿄의 사회주의연구회는 사회주의연구에 흥미와 필요를 느낀 유니테리언 사람들이 1898년 10월, 유일관(惟一館)에 모여서 결성한 단체다. 회원은 무라이 도모요시(村上知至), 아베 이소오, 가타야마 센, 고토쿠 슈스이, 스기무라 소진칸(杉村楚人冠), 가와카미 기요시, 사지 지쓰넨(佐治實然), 가네코 기이치(金子喜一) 등이었다. 이 중 아베, 가타야마, 슈스이, 가와카미 네 명이 3년 후 사회민주당 결성멤버가 된다. 나머지 두 명은 기노시타 나오에와 니시카와 고지로다.

그리고 고야마는 도쿄의 사회주의연구회와 따로 슈스이와 연계를 하면서, 고모로에서 사회주의연구회를 결성했다. 물론 이 연구회의 수준이 높았던 것 같지는 않고, 연구나 보급에 큰 성과를 올렸다는 기록도 남아 있지 않다. 도쿄에서 열린 사회주의연구회의 연구보고를 소개하는 정도였을지도 모른다. 하지만 그 경로를 통해서 고야마가 3년 후에 생긴 사회민주당에 접근할 가능성은 충분히 있었다.

도쿄의 사회주의연구회는 1900년 1월까지 열한 번 연구례회를 열었다. 그 제11회에 이 단체가 사회주의협회로 이름을 고치고 이듬해 3월 24일에는 제17회 예회를 열었다. 이 시기에는 기노시타 나오에도 참가했었다.

4

기노시타 나오에의 『신 · 인간 · 자유(神 · 人間 · 自由)』에 의하면, 1901년 4월의 어느 날 슈스이가 마이니치신문사(每日新聞社)에 그를 찾아왔다고 한다. 슈스이는 느닷없이 "야, 사회당을 하자"라고 했고, 나오에가 "그래, 하자"라고 대답했더니 슈스이는 싱긋 웃고 돌아갔다.

며칠 후 나오에는 슈스이에게서 4월 21일 고후쿠바시(吳服橋)[62] 가까운 곳에 있는 철공조합 사무실에서 창립위원회를 열 테니 참석하라는 연락을 받았다. 나오에가 나가봤더니 아베, 가타야마, 가와카미, 슈스이가 와 있었다. 또 가타야마가 데려온 『노동세계(勞動世界)』의 젊은 기자 니시카와 고지로도 참가해서 도합 여섯 명이었다.

그들은 사회당으로서는 세계 최대의 규모를 자랑하던 독일을 본받아서 사회민주당을 만들기로 했다. 선언서는 가장 나이 많은 아베가 쓰고 가타야마와 나오에가 간사가 되었다.

선언서가 발표된 것은 5월 20일 『노동세계』 『요로즈초호』 『마이니치신문』 『호치신문(報知新聞)』 『도카이신문』 등 여섯 신문이었다. 「사회민주당선언(社會民主黨宣言)」의 첫머리는 "어떻게 빈부의 격차를 타파해야 할지는 참으로 20세기의 대문제다"라는 것이었다. 사회민주당의 문제의식이 여기에 집약되어 있다고 봐도 될 것이다.

그 선언에 따르면, 예전에는 "귀족과 평민"이라는 계급제도가 있었지만, 지금은 "부자와 가난한 자"라는 계급제도가 생겼다. 이런 상황에서 민주정치를 해서 정권을 공평하게 분배해도 경제상의 불평등은 해소되지 않는다. 경제상의 이익을 사회전체로 환원하지 않으면 민주주의도 의미가 없다. 따라서 "사회주의를 날실로 하고 민주주의를 씨실로 하여" 계급제도 타파를 지향하고, 이에 따라 자본가가 이익을 얻기 위한 전쟁도 없애야 한다는 게 그들의 주장이다.

---

62) 도쿄 역 근처에 있었던 다리의 이름.

역사를 계급투쟁의 관점에서만 보면 민족국가도 자본가가 지배하는 것이다. 따라서 국가는 자본가의 것으로서 부정되어야 하며, 전쟁도 마찬가지다. 고토쿠 슈스이의 내셔널리즘 완전 부정과 비전론이 여기서 도출된다.

이「사회민주당선언」이 나왔을 때, 갓 18세가 된 기타 데루쓰구(北輝次, 후의 기타 잇키)는 우연히 도쿄에 와 있었다. 사회민주당은 결성 당일 금지되어버렸지만 기타는 그것이 현실세계에 나타난 순간을 목격했다. 그리고 그는 그 선언을 잘 읽은 다음에「인도의 대의(人道の大義)」라는 논문을 써서 고향의『사도신문(佐渡新聞)』에 투고했다.

이것은 추정에 지나지 않는다. 추정이기는 하지만 그로부터 4년 후에 기타가 쓴「사도 중학생에게 보내다(佐渡中學生に輿ふ)」[63]에 '어떤 사회민주주의자'라고 서명한 사실로 미루어보아도 기타가 사회민주당을 목격했을 가능성은 꽤 높다.

그렇지만 기타는 쌍수를 들어 사회민주당선언에 찬성하지는 않았다.「인도의 대의」의 서명이 '도쿄, 고세키(硬石)'로 되어 있는 점에서 알 수 있듯이 이 시점에서 기타는 오히려 흑룡회에 가까운 입장을 취하고 있었다. '고세키'는 흑룡회 주간 우치다 료헤이의 필명을 빌린 것이기 때문이다. 그것은 기타가 많은 점에서 고세키의 생각에 공명하면서 빌린 이름이었을 것이다. 당시 우치다 료헤이는 내셔널리즘을 전면적으로 부정하는 입장이었다. 그러므로 일본이 러시아와의 전쟁을 시작하는 것은 당연하지만 동시에 러시아 민족주의혁명도 당연히 일어나야 한다고 생각했다.

---

63) 사도 중학 후배들에게 혁명을 호소하는 격문 같은 시. 기타는 이 작품 속에서 일본 사회를 "어떤 사람"에게 복종을 강요하는 "동양의 토인부락"이라고 매도하고 있다.

어찌 되었든 『사도신문』 주필인 다테 기타로(伊達喜太郎)는 1902년에 상경한 후 흑룡회 회원이 되지만 그는 그 이전에도 흑룡회와 관계가 있었다. 그것은 그가 원래 『이륙신보』 기자였기 때문이다. 흑룡회 창립멤버 중에는 미야자키 라이조, 이토 도모야, 곤도 신지 등 『이륙신보』 기자가 있었고 우치다 료헤이의 천우협에도 스즈키 덴간, 오사키 쇼키치 등, 같은 신문의 기자들이 있었다. 사장 아키야마 데이스케(秋山定輔, 1868~1950)도 흑룡회에 가까운 입장에 있었다.

『국사 우치다 료헤이전』은, 흑룡회 창립 당시 — 1901년 초라고 추정된다 — 의 재미난 일화를 전해주고 있다. "(흑룡회의) 고정수입은 숙부 히라오카 고타로가 다달이 지급해주는 약간의 생활비밖에 없었으니 그들의 가난은 말도 아니었다. 〔……〕 여름부터 겨울에 걸쳐 료헤이도 동지들도 홑옷 차림이다. 너무 추워서 견디지 못해 씨름판에 나가 씨름을 한다. 〔……〕 씨름을 한 사람들이 국회의원 고야마 히사노스케, 『이륙신보』의 아키야마 데이스케, 다테 기타로, 후쿠다 와고로(福田和五郎), 다가와 다이키치로(田川大吉郎) 등이다."

이 씨름 장면을 1901년 초라고 생각한 것은 10월에 고야마가 세상을 떠났기 때문이다. 그런데 이 시점에서 앞에 이름이 나온 고야마 히사노스케와, 기타에게는 형 같은 존재였던 다테 기타로가 서로 아는 사이였다는 사실이 무척 흥미롭다. 게다가 그들이 흑룡회의 씨름판에서 씨름을 했다니 말이다. 그러나 다테가 기타에게 미친 영향에 관해서는 『젊은 기타 잇키(若き北一輝)』에 서술했으니 여기서 되풀이하지 않는다.

좀 옆길로 벗어나지만, 흑룡회가 『이륙신보』와 밀접한 관계에 있었고 사회민주당이 『요로즈초호』와 가까웠다는 사실은 상세히 검토할 만한 문제일지도 모른다. 당시 『이륙신보』와 『요로즈초호』는 모든 면에서 라이벌이었다. 『요로즈초호』에는 슈스이, 가와카미 기요시 이외에 비전론 사회주의자 사카이 도시히코(堺利彦)나 이시카와 산시로(石川三四郎), 시바 데이키치(斯波貞吉) 등이 있었다. 또 이상단(理想團)[64]에 참가하는 우치무라 간조, 사장 구로이와 루이코(黑岩淚香, 1862~1920)[65]마저도 비전론자였다.

옆으로 샌 김에 하나 더 덧붙인다면 당시 마키노 시즈오(牧野賤雄)라는 사람이 중심이 되어 도쿄에 있는 사도 출신 사람들을 돌봐주고 있었는데, 마키노는 흑룡회 고문변호사이기도 했으니 기타가 마키노로부터 『흑룡』을 받아봤을 가능성은 충분히 있다. 참고로 그 마키노의 아들(손자?)이 현재 도쿄에서 변호사를 하고 있고 공산당 당원이라는 소문을 들은 적이 있지만 아직 확인하지 못하고 있다. 그러나 흑룡회 고문변호사의 아들이 공산당원이라 해도 놀랄 것은 없다. 말하자면 구라하라 고레히토(藏原惟人, 1902~1991)[66]의 부친(?)이 도야마 미쓰루의 신봉자였던 것과 비슷한 일이다. 예전에 구라하라 고레히로(藏原惟郭, 1861~1949)[67]는 미국에서 돌아와 도쿄에서 선거에 입후보했다. 그때 도야마에게 소개장을 써달라고 부탁했더니, 도야마는 "구라하라 고레히

---

64) 1901년 사회개량을 목적으로 결성된 단체로 우치무라, 구로이와 이외에 사카이 도시히코, 고토쿠 슈스이 등이 참여했다.
65) 도사(土佐, 현재의 고치 현) 태생. 신문기자, 소설가. 본명은 구로이와 슈로쿠(周六). 탐정소설 번역으로 유명했다. 신문『요로즈초호』를 발간했다.
66) 도쿄 태생. 문예평론가. 도쿄외국어학교에서 러시아어를 배우고 러시아에서 유학했다. 귀국 후 프롤레타리아문학 평론가로 지도적 역할을 하다가 1932년 검거되었다. 전후에는 신일본문학회를 창립, 일본공산당 중앙위원으로 공산당의 문화정책을 책정하고, 러시아 문학을 소개하기도 했다.
67) 구마모토 현 태생. 정치가, 교육가. 아소신사(阿蘇神社) 신관 집안에 태어나 도시샤영학교(同志社英學校)를 졸업하고 미국에 유학, 후에 영국에 건너갔다. 귀국 후 구마모토영학교 교장을 지내는 등 교육가로 활동하고 후에 중의원의원이 되었다.

로라고 하는 사람을 소개하겠습니다"라고 썼다. 가리발디를 흉내 내서 빨간 조끼를 입고 거드름을 피우던 구라하라는, 그것을 보고 "'……라고 하는 사람'이라니, 선생님도 너무하신다"라고 말하면서 머리를 긁적거렸다고 한다.

각설하고, 『흑룡』 제1호가 나온 것도, 「사회민주당선언」이 나온 것도 다 1901년 5월이다. 기타 잇키의 사상적 기반은 처음에는 흑룡회에 가까운 것이었다. 내가 말하고 싶은 것은, 기타가 『흑룡』을 먼저 봤다는 사실이 아니라, 그가 처음에는 자유민권운동의 여파 속에서 민권운동을 내셔널리즘 운동으로 파악했다는 사실이다. 그것이 사회민주당을 알게 되면서 민권운동을 반내셔널리즘의 맹아로 즉 사회주의에 이르는 것으로 파악할 수도 있다는 사실에 생각이 미친 것이다. 그래서 기타는 이때 자신의 입장을 흑룡회와 사회민주당 사이에 놓고 다시 사상을 형성해야 했다. 그러나 흑룡회와 사회민주당이 결정적으로 다른 점은 전자가 내셔널리즘을 전면적으로 긍정하고 후자가 내셔널리즘을 전면적으로 부정한 데 있다. 그리고 사회민주당은 내셔널리즘 대신 계급투쟁을 역사의 중핵으로 삼았다.

하여간 기타 잇키가 흑룡회와 사회민주당의 양극 사이에서 사상적 갈등을 되풀이한 끝에 제출한 논문이 「인도의 대의」였을 것이다. 그러나 이것은 기타가 사회민주당의 "사회주의와 민주주의"에 압도적인 영향을 받으면서도 아직 흑룡회의 국가관에 가까운, 천황을 정점으로 한 가족국가관을 불식하지 못하고 있던 시점의 논문이다. 따라서 그 내셔널리즘의 내셔널이란, 천황을 사제로 모신 사직에 입각하는 것이었다. 그것은 기타가 흑룡회 주간 우치다 료헤이의 필명 고세키를 빌린 사실에서도 알 수 있다. 그래서 「인도의 대의」의 첫번째 항목은 "천황은 일반인들이 가까이 갈 수 있고 그들이 배알할 수 있는 제도가 되어야 한다"로 되어 있다.

다른 네 개 항목은 모두 사회민주당 선언에도 있는 내용인데, 이 첫번째 항목만은 기타가 추가한 것이다. 내가 「마지막 초망—무라카미 이치로론(最後の草莽—村上一郎論)」에서 이 논문에 대해, 기타를 천황 숭배자라고 하고 싶은 사람에게는 좋을지 몰라도 나처럼 기타를 유일자(唯一者)[68]를 의식하는 정치적 낭만주의자로 보는 사람에게는 거추장스러운 논문이라고 쓴 것은 이 첫번째 항목 때문이다.

하지만 기타는 그 후 천황제 국가에 의해 '사회민주주의자'로 압살당하면서 사회민주주의의 흔적마저 벗어버리게 된다. 또 사회주의 진영은 흑룡회에 가까운 입장, 즉 내셔널리스트 또는 주전론자로서의 기타를 용납하지 않았다. 그러므로 그는 단독으로 '순정(純正)사회주의'를 내세우게 되었다. 이것은 말하자면 이중의 자기부정이다. 그리고 흑룡회와 사회민주당의 양극 분립을 초극하려는 움직임이, 여기서 싹을 틔우고 있었다.

---

[68] 독일의 철학자 막스 슈티르너(Max Stirner, 1806~1856)의 개념. 슈티르너는 '나'라는 자아를 '유일자'로 불렀다. "유일자에게 있어 모든 권위는 자신의 손에 있는 것이었다. 이때 기타는 자기절대주의를 천황절대주의에 대치시키고 있었다"(마쓰모토 겐이치, 『젊은 기타 잇키』). 기타가 슈티르너의 영향을 받은 게 아니라 저자가 기타의 사상을 그렇게 표현한 것이다.

제4장
우익사상 연구의 갈림길[69]

 일본낭만파, 농본주의자, 아시아주의자, 초국가주의자 등 '소위' 우익에 속하는 사상가를 다루는 것은 일찍이 사상사에서 금기였다. 우리가 이 금기로부터 해방되기 시작한 것은 1960년 안보투쟁 전후의 일이다.
 이 해방의 선구가 된 논문이 「일본의 아시아주의」에 이르는 다케우치 요시미의 여러 논문과, 하시카와 분조의 『일본낭만파 비판 서설』이었음은 주지하는 바와 같다. 이 해방 이래 소위 우익에 속하는 사상가의 저술이 잇달아 복각, 간행되었다. 지난 십여 년 동안 야스다 요주로 선집, 다치바나 시라키 저작집, 기타 잇키 저작집, 미야자키 도텐 전집, 곤도 세이쿄 저작집 등이 출판되었고 현재 이시와라 간지 전집이 간행되기 시작했다고 한다. 또 이들 저작물을 소재로 그들의 전기나 평론, 평전도 나오기 시작했다.

---

69) 이 글은 1976년에 씌어졌다.

이렇게 쓰면 예전에 금기시되었던 사상가들이 지금 전성기를 구가하고 있는 것처럼 보이는데, 분명 그런 경향이 안 보이는 것은 아니다. 그렇다면 금기는 없어졌는가? 그렇지는 않은 것 같다.

예컨대 여기서 거론할 다키자와 마코토(瀧澤誠, 1943~)의 『우치다 료헤이 평전(評傳內田良平)』〔다이와쇼보(大和書房)〕을 포함한 평전 시리즈는 미야자키 도텐, 기타 잇키 등 아시아에 깊이 관여한 사상가들이 그 대상이다. 이시와라 간지도 무라카미 이치로(村上一郎)[70]가 집필할 예정이었다고 한다. 그런데 이 평전 시리즈를 내는 출판사의 직원이 어떤 유명인사에게서 "당신네 회사 사장은 우익이냐"는 질문을 받았다고 한다. 우치다 료헤이, 미야자키 도텐, 기타 잇키 등의 사상가를 단순하게 악인 취급하는 금기가 여전히 뿌리 깊이 남아 있음을 증명하는 일화다.

우익이 근대 일본의 악업에 자주 협력해온 것은 틀림없는 사실이다. 하지만 그렇다고 해서 소위 우익에 속하는 사상가의 사상을 전부 다 타기해야 한다는 결론이 나오지는 않는다. 혹 그것이 타기할 수밖에 없는 것이었다면, 그 타기할 만한 우익이 도와준 근대 일본의 악업을 진주군의 도움 없이는 막지 못했던 좌익의 사상도 역시 근대 일본에 있어서는 무효였다고 할 수 있는 게 아닌가.

그러나 나는 이런 말을 하려고 했던 것은 아니다. 내가 말하고 싶은 것은 다음과 같다. '소위' 우익에 속하는 사상가의 사상을 금기시하는 데서 사상적으로 얻을 수 있는 것은 아무것도 없다. 이것은 신성시하는 데서 사상적으로 얻을 수 있는 것이 아무것도 없는 것과 마찬가지다. 그런데 그렇게 말하기 위해서는 우익의 사상이란 무엇인가를 정확

---

70) 1975년에 자살했다. 이시와라 간지의 평전은 씌어지지 않았다. 자세한 설명은 p. 67 각주 104) 참조.

히 파악하는 작업이 꼭 이루어져야 한다.

아마 그 작업을 통하지 않으면 소위 우익에 속하는 사상가의 사상이, 우익에 대한 기성관념에서 얼마나 동떨어져 있고 현재 우익이라 불리고 있는 고다마 요시오(兒玉譽士夫, 1911~1984)나 사사카와 료이치(笹川良一, 1899~1995)가 사상으로서의 우익의 타락한 모습임을 알지 못할 것이다. 『현대사상(現代思想)』 7월호의 특집 「우익──내셔널리즘의 역설(右翼／ナショナリズムの逆說)」의 편집 작업이 어느 정도 진행되었는지 아직 잘 모르겠지만 적어도 우익을 금기시하거나 신성시하거나 하는 태도와는 거리가 먼 것은 확실한 것 같다.

금기시는 사상적으로 아무것도 낳지 못한다. 도리어 우익의 존재의의를 스스로 다 떠맡아버리는 작업 이외에 우익을 궁극적으로 부정하는 길은 없을 것이다.[71] 그리고 우익의 존재의의를 확정하기 위해서 근대 일본의 우익이 걸어온 행보 속에서 '사상으로서의 우익'이 추출되어야 한다.

그것을 마쓰모토 세이초 같은 사람이 모를 리가 없는데 그가 그 금기시하는 태도로부터 자유롭지 못한 원인의 절반은 그가 살아온 시대에 있을지도 모른다. 그러나 그 시대가 그에게 강요한 금기 자체의 의미를 사상적으로 검증하지 않는 한 그 시대를 넘어서 다음 시대를 개척할 만한 사상을 얻을 수는 없을 것이다. 즉 마쓰모토 세이초는 '사상으로서의 우익'과 정면으로 대결하지 않고 있다. 우익을 오로지 이데올로기적으로 재단함으로써 사상적 대결을 피하고 있다.

---

71) 우익은 민족의 에토스를 체현하는 내셔널리스트로서 역사적인 존재의의를 가지고 있었다. 그러므로 우익을 궁극적으로 부정하려면 스스로가 민족의 에토스를 이해하고 대변하는 존재가 되지 않는 한 불가능할 것이다.

예를 들어 마쓰모토 세이초는 『기타 잇키론』〔고단샤(講談社)〕에서 미야자키 도텐에 대해 다음과 같이 쓰고 있다.

미야자키 도텐은 말할 것도 없이 현양사 도야마 미쓰루의 동생뻘이 되는 사람으로 '지나 낭인' 또는 '지사'라고 불린 국권주의자다. 국권주의자란, 일본 정부나 정계 지도자의 앞잡이가 돼서 외국침략의 기반을 만들거나 외국에서 공작을 해서 소동을 일으켜 일본이 개입 또는 출병하는 단서를 만드는 게 임무였다. 〔……〕 현재의 CIA 같은 성격의 것인데 정부기관이 아닌 점이 CIA와 다르다. 미야자키 도텐 등이 '혁명평론사(革命評論社)'라고 쓴 간판을 내건 것도 중국의 실력을 약화시키는 혁명운동을 돕기 위한 명목이었지 참된 '혁명'과는 아무런 관계도 없었다. 〔……〕 그들이 일본을 혁명하지 않는 것은 메이지유신으로 "하나의 혁명이 끝났기 때문"이 아니라 그들이 천황제 메이지정부의 앞잡이였기 때문이다. 일본의 혁명당인 평민사와 교류한 것도 고토쿠 슈스이 등의 동향을 살피기 위한 첩보활동이었을지 모른다.

세이초의 도텐에 대한 평가는 거의 폭언에 가깝다. 과연 도텐은 악명 높은 흑룡회의 주간 우치다 료헤이와 연대행동을 한 적도 있고 도야마 미쓰루의 "동생뻘"이라고 표현할 수도 있을지 모르겠다. "지나 낭인"이었고 "지사"이기도 했을 것이다. 하지만 도텐을 "국권주의자"라고 규정하는 것은 명백한 오류다. 어쩌면 마쓰모토 세이초는 도텐과 도야마 미쓰루, 흑룡회 등의 금기시된, 소위 우익과의 연결을 중요시한 나머지 도텐이 쓴 글을 하나도 보지 않았던 게 아닌가 싶다.

도대체 도텐의 글 어디에서 어떻게 국권주의를 찾을 수가 있다는 말인가. 또 세이초는 도텐 등이 '혁명평론사'를 일으킨 것은 "중국의 실력을 약화시키기 위한 혁명운동"을 도와주면서 중국을 약체화시켜서 침략하기 위한 것이었다고 말하지만, 만일 그렇다면 쑨원이나 황싱(黃興) 등의 혁명운동이 망국적인 것이었다는 이야기가 된다. 그러나 쑨원 등의 혁명운동은 중국을 망국의 상태로 빠뜨린 청나라 정부를 타도하기 위한 것으로 청나라를 무너뜨림으로써 중국을 흥국으로 만들려는 것이었다. 그 혁명운동과 연대하는 것이 중국의 실력을 약화시키는 결과를 낳는다니 도대체 무슨 말인가.

1918년 중국에서 돌아온 미야자키 도텐은 그곳에서 중국 민족의 "자각하고 진보하는" 모습을 보고, 일본의 상태를 돌이켜보면서 한탄하지 않을 수가 없었다. 『소하만록(銷夏漫錄)』에서 그는 말한다.

일본이 망국이라면 물론 중화민국도 망국입니다. 그러나 중국은 국가적으로 망해도 혹은 이상적(理想的)으로 살 수 있을지도 모르고 이상적으로 살지 못해도 민족적으로는 망하지 않습니다. 망하지 않을뿐더러 어쩌면 오히려 크게 발전할 수도 있습니다. 지나 민족은 민족으로서 발전할 만한 모든 요소를 갖추고 있습니다. 〔……〕 (일본은) 혹 국가적으로 망하면 민족으로서의 일본인이 어떻게 될지 저는 불안합니다. 그러면 이상적으로는 어떨까 하면 이것은 더욱 안 됩니다. 일본은 이상의 존재를 허용하지 않는 나라입니다.

도텐의 이런 사상 어디에서 국권주의를 찾아볼 수 있는가. 또는 CIA적 성격이 보이는가. 하물며 "일본의 혁명당인 평민사"에 대해서 첩보활동을 할 수가 있었겠는가. 극단적으로 말하면 도텐은 "일본의 혁명당"에 대해서 실망은 했겠지만, 동향을 살필 만한 가치가 거기에 있다고는 생각하지 않았다.

와타나베 교지(渡邊京二)가 평전 시리즈 『미야자키 도텐(宮崎滔天)』에서 주장하는 바에 의하면, 도텐은 일본에는 국내혁명의 가능성이 희박하고 혹 혁명을 일으켜도 일본에는 세계를 움직이는 힘이 없으니 세계를 움직일 만한 힘이 있는 중국을 혁명하기 위해 스스로 중국인이 되어 혁명의 근거지를 중국에 만들려고 했다고 한다. 도쿠토미 소호[72)의 오에기주쿠(大江義塾)에서 제2유신론을 배운 도텐이, 제2유신을 보류하고 중국혁명을 지향했다는 사실에서 미루어보면 납득이 가는 논리다.

필경 마쓰모토 세이초로 하여금 미야자키 도텐이 국권주의자이고 "천황제 메이지정부의 앞잡이"라고 말하게 한 것은, 일본 근대사에서, 그리고 지금도 여전히 때때로 권력의 주구가 되고 사상적으로는 보수주의자와 구별하지 못하게 된 우익의 역사적 현실일 것이다. 하지만 내가 보기에는, 우익이 체제에 편입되어 사상적으로 타락하기 시작하면 그것을 부정하는 것처럼 그다음의 우익이 대두해온 것 같다. 즉, 도야마 미쓰루를 부정하는 것처럼 우치다 료헤이가 등장하고 우치다를 부정하는 것처럼 기타 잇키가 등장하고 기타를 부정하는 것처럼 스에마쓰 다헤이가 등장했다. 이것은 결코 세력다툼 같은 것이 아니라 우익이 반체제로 남기 위해 그런 식으로 도통을 지키려고 한 것이다. 우익들은 좌익이 그것을 부정했다는 이유로 차례로 사라진 게 아니었다. 우익은, 말하자면 우익 그 자체에 의해 초월되어왔다.

덧붙여 말하면 스에마쓰 다헤이를 부정할 만한 신우익은 아직 나타

---

72) p. 136 각주 48) 참조.

나지 않고 있다. 작금에 인기 많았던 스즈키 구니오 등의 '신우익'은 일종의 상품화에 불과하며 그들의 사상은 대학투쟁 당시의 '신좌익'에조차 맞서지 못한다. 하물며 스에마쓰 다헤이 같은 우익에는 그 발밑에도 미치지 못한다. 그런 것이 어떻게 현실에 관여하는 사상이 될 수 있는가.

어찌 되었건 마쓰모토 세이초가 기타 잇키에 대해서 내린 평가는 앞에서 말한 미야자키 도텐에 대한 평가와 별 차이가 없다. 어쩌면 그것은 이름을 '우치다 료헤이'나 '오카와 슈메이'로 바꿔놓아도 전혀 상관없을지 모른다. 이름은 바뀌어도 겉보기는 다 우익이고, 마쓰모토 세이초는 그들을 한결같이 '악인'이라고 평가하기만 한다. 세이초는 『국체론 및 순정사회주의』를 썼을 때의 기타는 "젊은 사회민주주의자"였고 『일본개조법안대강』을 썼을 때의 기타는 "국가주의자"로 전향했다고 한다. 하지만 바로 이런 이데올로기적 재단에서 얻어지는 것이 아무것도 없었기 때문에 우리들의 내재적 우익사상 연구가 시작된 것이다.

물론 내재적 연구가 우익에 사상적으로 빠져들어가는 결과를 초래하지 않는다고 단언할 수는 없다. 아니, 상대의 논리에 말려들어가버릴 가능성이 다분히 있다고 하는 게 오히려 적합할 수도 있으니, 마쓰모토 세이초와 같은 시대를 살아온 이들은 그게 걱정이 되는 모양이다. 하지만 우익사상을 안이하게 부정하면서 초월해봤자 일본낭만파도 초국가주의자도 죽지 않는다는 사실은 8·15 이후의 역사가 잘 말해주고 있지 않은가.

안이하게 부정하면서 초월한다는 것은 우익사상을 이데올로기적으로 재단한다는 뜻인데, 우리 세대는 그런 작업에 서투르다. 『평전 우치다 료헤이』를 쓴 다키자와 마코토가 나와 같은 생각을 가지고 있는지는 모르지만, 적어도 이 책은 우치다 료헤이를 이데올로기적으로 재단하지는 않았다. 그런 점에서 나는 이 책을 옹호해도 될 것 같다.

그러나 다키자와가 방대한 사료를 구사하면서도 이 평전에서「고세키 50년 연보(硬石五十年譜)」나『동아선각지사기전』, 또는 최근에 나온『국사 우치다 료헤이전』(1967)이 그려낸 우치다 료헤이의 이미지에서 한걸음도 나아가지 못한 것은 무슨 까닭일까. 현재 우익사상 연구가 부딪치고 있는 문제를 여기서 찾을 수 있을 것이다.

예컨대 1935년 12월 오모토교(大本敎)[73]에 대한 제2차 탄압이 있었다. 우치다 료헤이는 그 전해에 데구치 오니사부로(出口王仁三郎, 1871~1948)와 손을 잡아 쇼와신성회(昭和神聖會)를 조직하고 있었기 때문에 이 탄압을 다음과 같이 비판했다.

설령 오모토교가 내가 믿는 것 같은 메이지유신의 황모(皇謨)[74]를 반영하고 일본 정신을 현현시킨 것이 아니고 거기에 당국자가 보는 것처럼 허용할 수 없는 범죄가 있다고 해도, 오모토의 범죄 이상으로 현저한, 불경하고 불온한 법률위반 행동을 감히 하고 있는 천리교(天理敎)[75]에 대해〔……〕천리교도 반드시 검거하지 않으면 안 될 것이다. 천리교를 검거함과 동시에 미노베(美濃部) 박사[76]를 비롯해 제국대학에서 반국체사상(反國體思想)을 가르친 교수들도 다 검거해야 한다.

---

73) 신도(神道)계 신흥종교의 하나로 개조(開祖) 데구치 나오(出口ナオ)와 그녀의 사위인 데구치 오니사부로가 교토에 본부를 두고 1892년에 시작했다. 1935년의 제2차 탄압으로 해산되었다가 1946년에 재발족했다. 현재는 '오모토'로 개칭.
74) 천황이 국가를 통치하기 위한 방법.
75) 신도계 신흥종교의 하나로 1838년 나카야마 미키(中山みき)가 시작했다. 본부는 나라 현 덴리 시에 있다.

이런 우치다의 발언을 『오모토 70년사(大本七十年史)』(1962)가 극히 호의적으로 평가해서 우치다 자신이 "당국의 '무책임한 종교단속'과 비열한 태도를 날카롭게 비판"했다고 요약하고 있는 것은 탄압당한 입장에서의 발언이니 이해할 수도 있다. 하지만 다키자와마저 오모토교단이나 우치다 료헤이의 말을 그대로 받아들이는 것은 아무래도 탐탁하지 않다.

즉, 다키자와는 앞의 우치다의 발언을 인용하면서 다음과 같이 비평한다.

국가권력의 탄압으로 인해 역경의 절정에 있고 진지하게 변호해주는 사람도 적었던 오모토교에 대해 이렇게 진지하고 성의 있는 변호를 감히 한 료헤이의 자세에는, 그가 흑룡회 초기에 보였던 발랄한 정신의 본령이, 죽음을 앞에 둔 이때 오랜만에 엿보이는 것 같다.

하지만 우치다의 발언은 과연 오모토교를 "진지하게 변호"한 것일까. 또 이것은 "발랄한" 정신의 발로에 의한 권력비판일까. 나에게는 그렇게 보이지 않는다. 우치다의 발언은 확실히 국체이데올로기가 지배하고 있고 그 정신은 경직되어 있다. 1901년에 흑룡회가 성립되었을 때 "사이고 다카모리의 정신적 후예"를 자임한 사람의 모습은 흔적조차 찾을 수 없다.

---

76) 미노베 다쓰키치(美濃部達吉, 1873~1948). 효고 현 태생. 법학자, 도쿄 대학 교수. 천황기관설을 제창했다. 1935년 국체명징론이 일어났을 때 우익이 천황기관설을 공격하면서 미노베는 귀족원 의원을 사임하고 그의 저서는 절판 등에 처해졌다.

생각건대 다키자와 마코토는 우치다 료헤이의 사상을 내재적으로 더듬는 것을 목적으로 하면서 그대로 1935년 당시의 우치다 료헤이가 되어버린 모양이다. 앞에서 다키자와의 저서는 이데올로기적 재단을 하고 있지 않다고 썼지만 여기서 다키자와는 국체이데올로기의 대변자가 되려고 하고 있다. 우익사상을 내재적으로 비판하는 것은 정말 어려운 일이라고 생각하지 않을 수가 없다. 그러나 그 난관을 감히 돌파하지 않는 한, 우익의 존재의의를 자신 측으로 인수(引受)하고 마지막에는 그것을 사멸시키는 것은 불가능하다. 지금 우익사상 연구는 금기를 없애느냐 아니면 그 논리에 말려들어버리느냐 하는 갈림길에 서 있다.

제5장

근대 일본의 흑막풍토

    정치가 정치로서 자립하지 못하고 있을 때 그것을 권모술수로 굴복시키는 일이 가능해지는데, 이 권모술수를 구사해서 정치를 굴복시키는 능력을 지닌 사람을 흔히 '흑막'이라 부른다. 즉, 일류의 마키아벨리스트가 아니면 흑막이 되지 못한다. 그렇지 않다면 그 사람은 흑막이 아니라 이권을 노리는 정치브로커에 불과하다.

    그렇게 생각해보니 전후는 몰라도 전전에는 흑막이라 할 만한 인물은 거의 존재하지 않았던 것 같다. 근대 일본 정치의 흑막을 감히 찾아보면 에도 말기의 사이고 다카모리, 메이지 20년경의 도야마 미쓰루, 다이쇼 말기의 기타 잇키 정도일 것이다. 혈맹단의 이노우에 닛쇼도 들고 싶지만 그는 혈맹단을 정식으로 조직한 사람이고, 그 암살단을 시켜 정치를 굴복시키려는 목적이 있었던 것은 아니니 흑막이라고 부르기는 어려울 것 같다.

    흑막이라는 호칭은 1924년의 제2차 호헌운동을 정치공작으로 지원한 정우회(政友會)의 고이즈미 산신(小泉三申, 1872~1937)[77] 같은 사람에게 오히려 잘 어울릴지 모른다. 다나카 기이치(田中義一, 1864~1924)[78]로 하여금 육군을 그만두게 하고 정우회 총재로 만든 것도, 고토쿠 슈스이와 평생 교분을 맺으면서 슈스이를 정치운동에서 은퇴시켜서 저술활동에 전념하게 만든 것도, 공산주의자였던 하야시 후사오를 비호해서 전향자로서 부활시킨 것도, '정계책사(政界策士)' 고이즈미 산신의 소행이었다. 물론 이것들이 다 그의 권모술수에 의한 것은 아니었을 것이다. 고이즈미는 슈스이가 사형당한 후에도 그 묘비명을 써주었을 뿐만 아니라 미망인 모로오카 지요코(師岡千代子)를 20년 동안 돌봐주었다.

어쩌면 정치가 근대적 원리로 확립되어 있지 않은 일본에서는 흑막조차 단순한 권모술수가 아니라 인간적인 연대가 불가피한 것 같은, 바꿔 말하면 사랑을 매개로 하는 것 같은 형태를 취하지 않을 수 없었던 게 아니었을까. 바바 쓰네고(馬場恒吾, 1875~1957)의 글에 따르면 고이즈미의 친구 요코타 센노스케(橫田千之助, 1870~1925)는 다음과 같이 말했다고 한다. "고이즈미는 혁명가다. 그래서 나는 고이즈미와 이야기하고 있으면 정열이 주입되어 기운이 난다. 뭐든 해낼 만한 용기가 난다." 이것은 고이즈미가 상대편 마음에 혁명을 일으키는 달인이었음을 증명하는 말이다. 결국 일본에서 흑막이란 이론과 폭력 이외에 사랑까지 무기 삼아 사람을 움직이고 정치를 굴복시키는 존재였다.

예를 들어 사이고 다카모리가 에도 말기의 정계에서 흑막으로 활약

---

77) 시즈오카(靜岡) 현 출신, 정치가. 본명은 고이즈미 사쿠타로(小泉策太郞)로, 산신은 아호. 신문기자, 신문사 사장 등을 역임한 후 정치가로 전신했다.
78) 야마구치 현 출신. 육군대장이 된 후 정치가로 전신. 1925년 정우회 총재가 되었다. 제26대 내각총리대신(1927~1929).

할 수 있었던 것은 사가라 소조(相樂總三, 1839~68)라는 초망지사를 동지로 얻은 후의 일이다. 1867년 10월부터 11월 말까지 사가라가 사쓰마 번 저택[79]에 모은 존왕양이파(尊王攘夷派)의 낭사(浪士)[80]는 약 500명. 사이고는 사가라를 대장으로 하는 이 낭사부대를 시켜 에도 시중에 소요를 일으키게 했는데, 이것은 대정봉환(大政奉還, 10월 14일)[81] 이후 급속히 안정되고 있었던 대세를 다시 막부 토벌로 발전시키기 위해 사이고가 취한 방책이었다.

아니나 다를까 막부는 사이고의 도발에 말려들어 12월 25일 미타(三田)[82]에 있던 사쓰마 번 저택을 모조리 태워버렸다. 그 보고를 들은 사이고는 "됐다!"라고 외쳤다고 한다. 사이고의 입장에서는, 시중에 소요를 일으킨 것은 사쓰마 번의 무사가 아니라 낭사들이었는데도 불구하고 막부가 다름 아닌 사쓰마 번의 저택을 태워버렸으니, 여기서 사쓰마 번이 막부를 토벌할 만한 대의명분이 선다. 이와 같이 사이고는 정치의 표면에 얼굴을 드러내지 않으면서 막부토벌이라는 정치를 성립시켰다.

그런데 도야마 미쓰루의 경우 구루시마 쓰네키가 사가라 소조와 비슷한 역할을 했다. 1889년 10월 18일, 도야마가 지배하는 현양사의 맹원 구루시마는 오쿠마 시게노부 외상에게 폭탄을 던졌다. 이것은 오쿠마의 굴욕적 조약개정안에 반대하는 도야마의 뜻을 구루시마가 스스로 체현한 것이다.

---

79) 당시 사쓰마 번은 에도 시내에 거대한 저택을 몇 군데 소유하고 있었다.
80) 섬길 주인이 없는 무사. 낭인.
81) 1867년에 도쿠가와 15대 쇼군 요시노부(慶喜)가 정권을 조정으로 봉환한 것을 말하는데, 에도 막부의 종언과 메이지 정부의 출발을 고하는 사건이었다.
82) 현재 주소로는 도쿄 도 미나토 구 시바(東京都港區芝) 부근.

도야마는 개정반대파의 모임에 출석했을 때도 거의 발언을 하지 않았다. 어떻게 생각하느냐고 누가 물어봤더니 도야마는 "의견은 별로 없지만 오쿠마를 하여금 조약개정을 하지 못하게 만들 뿐이다"라고 대답했다. 그 수단이 구루시마가 폭탄을 던지는 것이었지만, 도야마가 구루시마에게 그렇게 하라고 교사한 것은 아니다. 구루시마가 폭탄을 던져서 조약개정을 저지하고 싶다고 말한 데 대해, 도야마는 구루시마가 폭탄을 입수할 수 있게 오이 겐타로에게 부탁해주었을 뿐이다.

오쿠마는 한쪽 다리를 잃은 정도였지만, 결과적으로 그의 조약개정안이 날아가버렸다. 그 후 구루시마 쓰네키의 장례식에서 도야마는 이렇게 말했다고 한다. "천하의 모든 논의는 네 일격만도 못하다." 이 말은 마침내 정치의 표면에 나오지 않으면서 정치를 굴복시킨 도야마의 흑막다운 모습을 선명하게 말해주고 있다.

이에 대해 기타 잇키의 경우에는 괴문서와 이와타 후미오(岩田富美夫)가 구루시마의 역할을 했다. 1918년 1월 구니노미야 나가코(久邇宮良子)가 동궁비(東宮妃)로 결정되고 다음 해 9월에 '납채(納采)'의 의식이 거행되었다. 그런데 1920년 봄 육군군의중장 이시구로 다다노리(石黑忠悳, 1845~1941)가 나가코의 외가인 시미즈(島津)의 집안에는 색맹의 유전이 있으니 그녀는 황후로 적합하지 않다는 상신서를 제출했다.

조슈(長州)계 원로 야마가타 아리토모(山縣有朋, 1838~1922)는 그 상신서를 지지했다. 이에 따라 조사가 허술했다는 명목으로 궁내대신(宮內大臣)이 사임하고 야마가타계인 나카무라 유지로(中村雄次郎, 1852~1928)로 바뀌면서 대세는 나가코 옹립 중지 쪽으로 향했다. 그리하여 구니노미야 쪽은 동궁어학문소(東宮御學問所)[83] 어용괘(御用掛)[84]였던 스기우라 시게타케(杉浦重剛, 1855~1924)[85]를 움직여서 반격했다. 스기우라는 친구인 도야마 미쓰루의 협력을 구하고 도야마가 휘하의 낭인들을 움직였지만 무척 중대한 일이라 눈에 띄는 일을 할 수가 없었다. 이때 기타는 구니노미야에게 '권고문'이라고 제목을 붙인 괴문서를 보냈다.

그 괴문서는 야마가타 측의 잘못을 날카롭게 지적한 내용으로 구니노미야 일가는 감격했다. 한편, 이를 엿본 경시청도 야마가타 측도 두려워했다고 한다. 또 기타의 부하인 이와타 후미오 등이 야마가타 암살단을 조직했다는 괴정보도 뒤섞여 야마가타는 드디어 그 계획을 포기했다. 궁내대신이 이 약혼은 변경되지 않는다고 고시하면서 사태는 겨우 수습되었다.

덧붙여서 말하면 문제가 수습되고 얼마 지났을 때 하얀 턱수염을 기른 어떤 노인이 기타의 집을 찾아왔다. 노인이 말하기를, 마당에 꽃이 피어 있는 목서(木犀)가 너무 예쁘니 가지를 하나 주실 수 있겠느냐는 것이었다. 기타는 가지를 잘라주고 노인은 상냥히 그 자리를 떠났다. 그런데 사실은 이 노인이야말로 스기우라 시게타케였으며 기타에게 감사의 뜻을 표하러 온 것이었다. 기타는 끝내 정치의 전면에 나오지 않으면서 야마가타 일파의 책모를 포기시켜버렸다.

그런데 사이고와 도야마, 그리고 기타는 어떻게 권모술수로 정치를 굴복시킬 수 있었을까. 생각건대 사이고가 맞섰던 당시에도 막부의 입장, 도야마가 포기시키려고 한 굴욕적 조약개정, 또 기타가 중지시킨 야마가타 아리토모의 책모 등은 다 정치로서 자립되어 있지 않았다. 그것들이 정치로서 자립되어 있지 않았기 때문에 흑막의 권모술수에

---

83) 쇼와 천황이 황태자였을 때 그를 교육하기 위해 1914년부터 1921년까지 설치된 기관.
84) 궁내성의 명을 받아 용무를 담당하는 직위.
85) 교육가, 사상가. 잡지 『일본인』을 발행했고 오쿠마 등의 조약개정안에 반대했다.

굴복해버린 것이다.

이렇게 생각하면 흑막이 나타나는 조건으로서는 내재적인 것과 외재적인 것 둘 다 필요하다는 사실을 알 수 있다. 내재적인 조건이란 본인이 마키아벨리즘을 구사할 만한 이론적·정치적·인간적 기량을 가지고 있어야 한다는 것이고, 외재적인 조건은 정치가 정치로서 자립하지 못하고 있는 상황이다. 하지만 이 외재적 조건은 근대 일본에 보편적으로 존재하고 있었던 것 같다. 그것이 바로 근대 일본이 일견 흑막처럼 보이는 이권 브로커들을 다수 배출한 원인이었다.

그러나 정치가 정치로서 자립하지 못하는 상태가 보편적으로 존재했던 이유가 무엇일까. 그 까닭은 근대 일본에서는 리버럴리스트가 좌익과 우익 사이에서 항상 균형을 잡으면서 권력을 장악해왔기 때문이다. 정치란 결국 균형 잡기였다. 그런고로 혹 우익이 극우로 기울어가면 지배계급은 균형을 잡기 위해 우측으로 다가서야 한다. 그리고 그것을 잘 아는 흑막은 일부러 자신들 속에 극우를 만들어내면서 지배계급을 우측으로 끌어당길 수 있다.

하지만 이것은 좌익에 관해서도 적용되는 이야기로 혹 좌익에 흑막적 인물이 있으면 스스로의 내부에 있는 극좌를 내닫게 함으로써 지배계급으로 하여금 이 극좌를 자르게 하기 위해 좌측으로 끌어당길 수도 있다. 그런데도 불구하고 앞에서 흑막적 인물로 거론한 세 사람이 다 우익에 속한다는 사실에서도 알 수 있듯이, 좌익에는 마키아벨리즘을 구사해서 정치를 굴복시킬 만한 기량의 소유자가 별로 없었다.

단, 좌익의 명예를 위해 급히 덧붙인다면 그런 기량의 소유자도 없었거니와 정치의 뒤안길을 배회하면서 이권을 노리는 사람도 좌익에는 별로 없었다. 아마 이것은 언제나 대중운동이 되려고 했던 좌익운동의 필연적 귀결이었을 것이다. 좌익 가운데에서 흑막적 소질을 가지고 있었던 사람은 일인일당적(一人一黨的) 요소가 강한 아나키즘 운동에 속한 오스기 사카에 정도였던 것 같다. 오스기는 권력에 대한 투쟁을 전개하면서도 자신의 생활비를 당시의 대신(大臣)에게서 얻는 것쯤은 감히 해냈던 사람이었다.

이에 비해 우익에는 이권을 노리고 다니는 패들이 많다. 가장 뛰어난 이론적·정치적·인간적 기량을 지니고 있었던 기타 잇키조차 공갈로 생계를 잇고 있었다. 어쨌건 간에 일인일당적 요소를 갖는 우익은 그 정치적 이념이나 요구를 지배계급에 인정받기 위해서는 온갖 수단을 강구하려고 한다. 또 근대 일본의 정치가 어떤 식으로 돌아가고 있는지 구체적으로 알려고 한다. 그것을 모르면 수단을 강구해봤자 효율이 떨어지기 때문이다.

우익이 흑막이 되기 위해서는 이런 '노력'이 필요하다. 물론 노력의 방향이 틀렸다고 할 수도 있겠지만 현실적으로 정치를 움직이려고 했으며 또 어느 정도 그것을 실현시켰다는 사실은 결코 무시할 수 없다. 극단적으로 말하면 그들은 악마와 결탁해서라도 정치를 움직이려고 했다. 가공할 만한 일이다.

제6장
내셔널리즘 재평가의 흐름

　최근[86] 들어 소위 우익에 대한 연구나 평전이 활발하게 나오고 있다. 이 현상에는 작년쯤부터 신우익이 대두한 것, 록히드사건에 우익이 개입한 사실 등이 영향을 미치고 있을지도 모른다.

　하지만 이 현상은 예전에 야스다강당(安田講堂)[87]을 점거한 전공투(全共鬪)[88]에서 2·26사건을 일으킨 청년장교를 연상했던 우리 세대에게는 무척 자연스러운 결과다. 물론 전공투와 청년장교는 사상적 성격을 달리한다. 그럼에도 불구하고, 그들은 시대적 제약을 많이 받으면서도 그 시대 자체에 반역하는 정념(情念)의 양태는 거의 닮은꼴이었던 게 아닐까. 생각건대 우리가 청년장교운동에 대해서 느끼는 일종의 공감도

---
86) 이 글은 1976년에 씌어진 것이다.
87) 도쿄 대학 혼고(本鄕) 캠퍼스에 있는 강당. 야스다 재벌의 창시자 야스다 젠지로의 기부로 세워졌다. 높은 시계탑이 있어 도쿄 대학의 상징 같은 건물이다.
88) 전학공투회의(全學共鬪會議)의 약칭. 1960년대 말 대학분쟁 때 일본 각지의 대학에 결성된 학생운동조직.

거기서 생긴 것 같다.

그런데 한때 내 친구들이 술에 취할 때마다 "야, '멱라의 노래'를 부르자!"라고 했던 시기가 있었다. '멱라의 노래'란 소위 쇼와유신의 노래, 정확하게 말하면 「청년일본의 노래」[89][미카미 다쿠(三上卓, 1905~1971)[90] 작사]가 "멱라수(汨羅水)에 거친 파도가 일고……"로 시작되는 것에서 붙은 이름이다. 아마 우리는 "보루 위에 우리들의 세계를……"[91]이라고 부르고 싶어도 이제 보루가 없다는 쓰라린 현실인식 때문에 쑥스러워서 그랬던 것 같다. 다만, 나는 '멱라의 노래'조차 부끄러워서 부르지 못했다.

그건 그렇고 우리 세대가 전공투운동에서 청년장교운동을 연상한 사상적 배경에는, 하시카와 분조 편저 『초국가주의(超國家主義)』[지쿠마쇼보(筑摩書房), 1964]에서 받은 충격이 존재했을 것이다. 그리고 그런 사실 자체가 벌써 현대사상사로서 고찰의 대상이 될 수도 있겠다. 하지만 여기서는 내셔널리즘을 사상의 주축으로 한 소위 우익의 사상을 연구 또는 평전의 대상으로 삼는 현재의 동향이 그런 연상을 바탕으로 하고 있다는 것만 확인하면 된다.

즉 이는 전공투운동의 전후 민주주의 비판이 사상적으로는 전후 민주주의가 회피해온 내셔널리즘의 재평가로 나타났음을 뜻한다. 그러나 전

---

89) 5·15사건의 주모자의 한 사람인 미카미가 만든 노래. 멱라는 초(楚)나라의 굴원(屈原)이 나라의 운명을 한탄하면서 투신한 강의 이름.
90) 사가 현 태생. 해군병학교(海軍兵學校) 졸업. 1932년의 5·15사건 때 이누카이 수상을 사살한 해군중위였다. 감옥에 들어갔지만 1938년에 가출옥해서 1940년부터 이노우에 닛쇼와 함께 '히모로기주쿠(ひもろぎ塾)'('히모로기'는 신전에 올리는 음식을 뜻함)를 열어서 청년을 양성하는 등 활동을 재개했다. 1961년에도 쿠데타 계획에 관여한 바 있다.
91) 「바르샤바의 노동가」의 1절. 이 노래는 학생운동이 한창일 때 「인터내셔널가」와 함께 유행했다.

후 민주주의 비판으로서의 내셔널리즘 재평가라면 벌써 20년 전에 다케우치 요시미가 그 작업에 착수했었다. 아마 나와 간 다카요키(菅孝行, 1939~)가 다케우치 요시미론을 쓰게 된 이유도 여기에 있었던 것 같다.[92]

다케우치 요시미가「근대주의와 민족의 문제(近代主義と民族の問題)」에 다음과 같은 말을 쓴 것은 놀랍게도 1951년의 일이다.

> 근대주의는 전후의 공백상태에 있어 일종의 문화적 역할은 했다고 할 수 있다. 〔……〕 피로 물든 민족주의의 악몽을 잊기 위해서는 민족의 존재를 사상(捨象)한 상태로 사물을 생각해보는 것도 꼭 나쁜 일은 아니었을지도 모른다. 하지만 공백이 메워졌을 때 그 연장선상에 문화의 창조가 이루어지게 될지, 적어도 현재까지는 꽤 의심스럽다.

근대주의의 한 변종인 전후 민주주의가 그 후 다케우치의 안티테제를 수용했을까? 하지 않은 것 같다. 전후 민주주의가 민족문제에 의해 혹심한 보복을 당할 운명이 이때 정해졌다고 할 수 있다. 정치 차원에서 말하면 국민운동 national movement으로서의 60년 안보투쟁의 패배가 이것이다. 또 사상의 차원에서는 내셔널리즘의 재평가, 혹은 중국혁명을 비롯한 민족투쟁에 대한 의식의 결여 등의 문제가 이에 해당된다.

즉 현재 아시아주의자를 포함하는 소위 우익에 대한 연구와 평전이 속속 나오고 있는 현상은 전후 민주주의가 사상으로서 패퇴했음을 말해주고 있다. 일찍이 후쿠자와 유키치, 우에키 에모리, 고토쿠 슈스이,

---

92) 저자(1946년생)는 1975년에『다케우치 요시미론 — 혁명과 침묵(竹內好論 — 革命と沈默)』을, 간 다카유키(1936년생)는 다음 해에『다케우치 요시미론 — 아시아에 대한 반가(竹內好論 — 亞細亞への反歌)』를 출간했다.

요시노 사쿠조 등이 차지했던 위치를, 지금은 오카쿠라 덴신, 기타 잇키, 곤도 세이쿄, 다치바나 고자부로가 차지해버릴 낌새까지 보인다. 미야자키 도텐 전집이 현재 간행 중이고 이시와라 간지 전집도 간행하기 시작했다고 하니 그들도 머지않아 복권될 것이다. 또 다이와쇼보(大和書房)가 내고 있는, 아시아에 관여한 사상가들의 평전 시리즈(미야자키 도텐, 우치다 료헤이, 기타 잇키가 간행 중)에서는 앞으로 미나카타 구마구스(南方熊楠, 1867~1941)[93]나 나카에 우시키치[94] 이외에도 다치바나 시라키(橘樸),[95] 다루이 도키치 등도 대상으로 검토하고 있다고 한다.

이와 같이 민족의 문제는 '사상(捨象)'되기는커녕 근대주의를 대신하는 테제가 된 것 같은 인상조차 있는데, 그 폐해가 벌써 나타나기 시작했다. 내셔널리즘이 근대주의와의 상극 끝에 진테제(종합)를 도출하는 매개가 되는 게 아니라 그 자체가 가치가 되어버릴 법한 경우까지 생기고 있다. 예를 들어 다키자와 마코토의 『평전 우치다 료헤이』의 어떤 부분이 그 경우에 해당한다. 다키자와는 우치다 등의 흑룡회가 메이지 말기에 조선의 이용구 등의 일진회와 손을 잡고 추진한 일한 '합방'이, 당시의 지배계급에 의해 한국 '병합'으로 바뀌어버린 것에 언급하면서, 합방운동의 좌절은 우치다에게 있어 "천황의 신용에 관계되는 국제적 신의(信義)의 문제"였다고 설명하고 있다. 그리하여 우치다의 입장은 "국제적 도의를 잊은 사람"인 가쓰라 다로(桂太郎, 1848~1913)[96]와 대조적인 것으로 평가된다.

---

93) 와카야마(和歌山) 현 태생. 천재적인 민속학자, 박물학자, 생물학자.
94) p. 223 각주 45) 참조.
95) p. 205 각주 26) 참조.
96) 조슈 번 출신. 군인, 정치가. 한국병합조약 체결 때 수상이었다.

하지만 일한합방운동의 좌절을 단순히 국제적 신의의 문제로만 집약해버릴 수 있는가. 우치다 료헤이에게는 그것만의 문제였을지도 모른다. 그러나 다키자와가 근대주의와 내셔널리즘의 상극에서 진테제를 도출하려고 한다면, 그것을 단지 국제적 신의의 문제로 처리해버리는 행위가 내셔널리스트로서의 타락임을 지적하면서 그런 내셔널리즘이 어떤 문제성을 내포하고 있는지를 날카롭게 비판해야 할 것이다. 요컨대 내가 말하고 싶은 것은, 우치다의 그런 발상과 그가 관동대지진 때 제출한, 조선인 박살을 시인하는 건백서는 반드시 상통하는 데가 있을 것이고 다키자와가 그것을 비판하지 않는 것은 아무리 생각해도 이상하다는 것이다.

확실히 지난 몇 년 사이에 소위 우익에 관한 원자료(原資料)가 잇따라 간행 또는 복각되었다. 『국사 우치다 료헤이전』(1967), 『대동숙 30년사』(1972)도 그렇고, 『현양사 사사』(1966년 복각), 『동아선각지사기전』(1974년 복각) 모두 우익에 관한 제일급의 자료다. 하지만 그 자료에 담긴 자기 정당화와 몽상을 간취하지 않는 한, 이들 우익 연구는 자료를 추인하는 작업으로 끝나버릴 것이다. 그리고 마쓰모토 세이초의 『기타 잇키론』이 선입견만에 의지해서 우익을 경원하는 일로 시종하고 조금도 자료를 깊이 읽으려고 하지 않는 것과 비슷한 행위가 되어버릴 것이다.

| 제3부 |

일본 우익과 만주 문제

思想 と し て の 右翼

제1장
일본 농본주의와 대륙
── 가토 간지를 둘러싸고

1

 1932년(쇼와 7년) 10월에 시작된 만주 이민은 관동군 사령부 소속 만주국 육군 군사교관 도미야 가네오(東宮鐵男, 1892~1937)[1]와 일본국민고등학교[2] 교장 가토 간지 두 사람의 연계로 이루어진 사업이다. 만주국 건국선언이 나온 것은 같은 해 3월이었으니 이 만주 이민의 목적은 말할 나위도 없이 군사와 농업에 있었다. 육군인 도미야는 군사목적을

---

1) 군마 현 태생. 육군사관학교 졸업. 1922년 1년 동안 자비로 중국에 유학해서 어학과 중국 사정을 연구했다. 1926년 관동군 봉천독립수비대 중대장이 되어 1928년 장지린 폭살사건을 실행했지만, 그 사실이 일반에 밝혀진 것은 전후의 일로, 생전의 그는 "만주 이민의 아버지"로 알려져 있었다. 1937년에 전사했다.
2) 1927년 이바라키 현 도모베초(友部町)에서 농업을 경영하는 인재를 양성하기 위한 실천적 교육을 목표로 설립된 학교로 가토가 초대 교장을 맡았다. 1935년 이바라키 현 우치하라초(內原町)로 이전했다. 1950년 일본고등국민학교, 1980년 일본농업실천대학교, 1991년 일본농업실천학원(日本農業實踐學園)으로 개칭돼서 현재까지 이어지고 있다.

대표하고 농본주의자 가토가 농업목적을 대표하는 셈이다.

그 두 가지 목적은 이야사카촌(彌榮村)을 형성하는 제1차 만주 이민의 호칭에서도 찾을 수가 있는데, 자무스에 도착한 이민단에 주어진 이름은 다음과 같다. 자무스 치안유지대, 둔간(군)제1대대〔屯墾(軍)第1大隊〕, 둔간대 자무스 치안유지이민단, 특별농업 이민단, 둔간 시험이민단, 제1차 지린성(吉林省) 재향군인 둔간 이민, 그리고 일본군이 '비적(匪賊)'이라고 부른 중국 농민들이 그들에게 붙인 이름은 '둔비(屯匪)'였다. 어느 호칭에도 군사목적과 농업목적 양쪽의 뜻이 담겨 있다.

그런데 도미야와 가토가 만난 것은 1932년 7월 14일이 처음이다. 그 3개월 후에는 제1차 만주 이민을 보냈는데, 두 사람 모두 이민에 관한 복안이 이미 있었기 때문에 연계가 수월하게 이루어졌다고 보는 게 타당하겠다. 그리고 실제로 두 사람은 각각 군사와 농업이라는 서로 다른 당면의 목적을 가지면서도 일본 제국주의의 국익이라는 궁극의 목적에 있어서는 일치하는 이민안을 들고 맞대면했다.

가토 간지의「6천 명 이민안」(1932년 1월)에 바탕을 두고 척무성(拓務省)이 작성한 안을 대장성(大藏省)이 거부한 것은 1932년 3월의 일이다. 이 척무성 안은 만철의 도움을 상정한 "순전히 산업이민적 색채"〔『만주공산비(共産匪) 연구』(제2집)〕의 것으로 국내 농촌의 피폐와 실업자 증가를 대륙 이민으로 해소시키려고 한 것이었다. 그런데 대장성이 거부한 직후 5·15사건이 터진 것을 계기로 한 번 폐기되었던 척무성 안이 부활되었다.

왜냐하면 이누카이(犬養) 수상[3]이 암살당하면서 내각이 총사직하고

---

3) 이누카이 쓰요시(犬養毅, 1855~1932). 오카야마(岡山) 현 태생. 정치가. 호는 보쿠도(木堂). 1929년 정우회 총재, 1931년 수상. 5·15사건으로 살해되었다. 오자키 유키오(尾崎行

해군계 사이토(齋藤)⁴⁾ 내각이 조직되었다. 이때 척무대신(拓務大臣)이 된 사람이 나가이 류타로(永井柳太郞)⁵⁾인데, 그는 만주 이민안에 적극적이었다. 예전에 평민사에 드나들고 사회문제에 민감했던 나가이는 5·15사건의 사상적 배경이 쇼와 초기 농촌의 피폐와 실업자 증대에 있으며, 그것을 해소하기 위해 대륙으로 이민을 보내는 게 가장 좋은 정책이라 생각했을 것이다. 그리하여 나가이는 다시 만주 이민안을 제출하라고 관리국장 이코마(生駒)에게 요구했다.

이민안은 이미 각의에서 각하되었으니 그것을 다시 제안하기 위해서 이코마는 더 구체적이고 실현가능한 계획을 작성할 필요가 있었다. 그리하여 이코마가 가토에게 연락했고, 가토는 가와타(河田) 척무차관에게서 "만 정보(町步) 정도의 땅이 확보되면 이민을 간행하겠다"는 언질을 받은 다음에 만주로 떠났다. 가토는 벌써 만주 자유이민에 착수해서 봉천⁶⁾ 북대본영(奉天北大本營)이 있던 자리에 일본국민고등학교의 분교를 열어 이민 지도자를 양성하고 있었다. 이 부지를 알선한 사람이 이시와라 간지였고 이번에도 가토는 관동군 작전참모인 이시와라를 통해서 관동군 사령관 혼조 시게루(本庄繁, 1876~1945)를 만나 땅을 확보하려고 생각했다.

가토는 6월 하순에 일본을 출발해서 7월 13일에 봉천에서 이시와라 간지를 만났다. 가토가 이민을 위한 땅이 필요하다고 했더니 이시와라는 지린성과 룽장성(龍江省)에서 만 정보씩 찾아주겠다고 약속하면서 책

雄)와 함께 헌정(憲政)옹호운동을 주도해서 '헌정의 신'이라 불렸다. 또 김옥균, 쑨원, 황싱 등의 망명을 도와 보호해주기도 했다.
4) 사이토 마코토(齋藤實, 1858~1936). 군인, 정치가, 해군대장. 2·26사건으로 살해되었다.
5) p. 111 각주 17) 참조.
6) 지금의 선양(瀋陽).

상 서랍에서 제안서 한 통을 꺼내 "선생님, 이게 가능할까요?" 하고 물었다. 이 제안서는 『재향군인으로 지린성 둔간군 기간부대(基幹部隊)를 편성하고 지린성 동북지방에 영구 주둔시키는 건』이라는 제목으로 같은 해 6월에 도미야 가네오가 상사인 이시와라 간지에게 제출한 것이었다. 그것은 토지문제에 관련된 사항이라 제3과 특무부 참모의 손을 거쳐 하시모토(橋本) 참모장에게 제출되어야 했는데 특무부가 "시기상조"라 판단해서 이시와라에게 돌아온 것이다. 가토를 만났을 때 도미야가 벌써 복안으로 가지고 있었던 이민안이 바로 이것이다.

가토는 이 제안서를 보고 자신과 거의 비슷한 생각이 거기에 씌어 있는 것을 알았다. 그래서 이시와라의 중개로 급히 가토와 도미야가 대면하게 되었다. 가토의 「도미야 군과 나(東宮君と僕)」(『도미야 가네오 전기(東宮鐵男傳)』, 1940)에 따르면 사정은 다음과 같다.

그것(제안서)을 읽어봤더니 거기에 나와 있는 둔간군의 편제는 내가 생각해온 것과 거의 비슷했다. 그래서 나는 곧 이것은 물론 할 수 있다, 꼭 하고 싶다고 말했다. 한 가지 다른 점은 그때 도미야 군의 안은 조선인을 주로 하고 일본인은 그 간부로 삼아 둔간군을 편제한다는 것이었고 그는 일본인에게 만주 이민은 어렵다는 생각을 가지고 있었다. 〔……〕 이시와라 씨가 "도미야 군을 부를까요?"라고 해서 "불러주십시오"라고 대답했더니 도미야 군을 찾아주었다.

가토 간지와 도미야 가네오는 다음 날인 7월 14일에 장장 열 시간이나 계속해서 봉천 대성(大星)호텔에서 밤새도록 이야기를 나누었다. 그 결과 도미야는 조선인을 이민시키는 안을 철회하고 가토는 일본인 재향군인을 주로 한다는 것에 동의하면서 양자가 무장이민으로 합의를 봤다.

이 합의에 의해 도미야는 자신이 오랫동안 생각해온 '만주집단이민' 안을 실행할 수 있게 되었다. 도미야는 1927년 11월 5일의 일기에 이렇게 썼다. "병기검사, 밤에 하타(秦) 소장 주최의 연회, 일본과 중국의 관민이 거의 다 모였다. 이지마(飯島) 씨가 우리 집에서 잤다. 여전히 통쾌한 사람이다. 내가 오래전부터 이상으로 했던 만주집단이민을 실시하는 계획이 있다고 한다." 이것을 썼을 때의 도미야는 봉천독립수비중대장(1926년 12월부터 1929년 7월까지)이었다.

도미야는 독립수비중대장으로 1928년 6월 고모토 다이사쿠(河本大作, 1883~1953) 대좌의 지휘로 봉천에서 돌아오는 도중에 장지린(張作霖)을 열차와 함께 폭살했다. 이 사건 때문에 고모토는 군을 떠나게 되는데 그가 퇴역에 즈음해서 "후임은 이 사람밖에 없다"고 추천한 사람이 이시와라 간지였고, 그 추천으로 이시와라는 1928년 10월에 관동군 작전참모로 취임했다.

도미야는 장지린 폭살 1년 후 오카야마(岡山) 제10연대 중대장으로 전임해서 거기서 '만주집단이민'의 구체안을 작성하기 시작했는데, 여기에는 이시와라와의 접촉이 영향을 미쳤을지도 모른다. 하지만 이시와라가 「만몽문제에 관한 견해(滿蒙問題私見)」를 쓴 것은 1931년 5월이라 다시 만주로 돌아온 도미야는 직접적으로는 그 글에 시사를 받고 둔간군에 관한 제안서를 이시와라에게 제출한 것 같다.

이시와라는 「만몽문제에 관한 견해」에서 이렇게 말했다. 만몽문제 해결에 관해서는 "이것을 우리 영토로 하는" 것 이외에 방책이 없다. 그렇게 하기 위해서는 군부가 주동이 되어 "모략으로 기회를" 만들어야 한다. 그리고 만몽을 영유함으로써 소련에 대항할 수 있고 조선의 통치를 안정시킬 수 있고 중국에 대해서 "지도적인 위치에" 설 수 있게 될 것이다. 게다가 만몽의 농산물이 일본의 식량문제를 해결하고 그 철과 석탄은 중공업의 기초를 확립하고 그곳의 기업은 일본의 실업자를 구할 것이다.

그가 말한 것처럼 군부가 주동이 되어 "모략으로 기회를" 만든 사건이 1931년 9월의 유조호(柳條湖)[7] 만철선로폭파다. 그것을 구실로 관동군이 군사행동을 일으킨 것이 다름 아닌 만주사변이다. 그렇지만 만주사변 이후 이시와라는 만몽영유계획을 버리고 새로 독립국을 수립하는 방향으로 방침을 변경한다. 이 방침변경을 자세히 논할 여유는 없지만 이 독립국 건설이 당시 대륙에서 꽤 일반적인 풍조였다는 사실은 기억해둘 만하다. 가사기 요시아키[8]를 중심으로 하는 대웅봉회(大雄峯會)[9]의 맹원이었던 나카노 고이쓰(中野琥逸, 지방자치지도부 고문)에 따르면『만몽독립건국론(滿蒙獨立建國論)』이 책으로 나온 것은 1932년 1월의 다카기 쇼노스케(高木翔之助)의 저서가 처음인 것 같은데 독립국에 대한 강령이나 의견은 당시 꽤 많이 있었던 모양이다. 이시와라도 결과적으로 그에

---

7) 예전에는 '유조구(柳條構)'라 했지만 유조호가 옳다고 한다.
8) 도치기 현 태생. 1920년 도쿄 대학 법학부 졸업. 재학 시절 오카와 슈메이 등의 '해의 회(日の會)'에 들고 노장회와 유존회, 뒤에는 행지사에 참가했다. 만철의 동아경제조사국(도쿄)에 입사, 만철 사원을 중심으로 한 동아청년거사회(東亞青年居士會)를 결성해서 만주국의 건설을 목표로 삼았다. 또 행지사가 분열된 후에 동해연맹(東海聯盟), 동흥연맹(東興聯盟)을 조직했다. 다롄에 전근되어 대웅봉회를 결성, 만주자치를 주장했다. 만주국에 자치지도부가 생긴 이후 가사기 일파는 그 지도원으로서 영향력을 행사했다. 가사기는 1932년에 사직, 1933년 대아세아건설사(大亞細亞建設社)를 결성하는 등의 활동을 했다.
9) 가사기 요시아키가 결성한 단체로 웅봉회라고도 불렸다. 청년연맹보다 소규모로 젊은 만철 사원들이 많았다. 만주사변 전에 청년연맹 같은 계몽선전활동은 하지 않고 만몽문제 연구회를 열어 동지적 결속을 굳혔다.

보조를 맞춘 셈이지만 그는 그렇게 방침을 바꾸자 그것을 제대로 실현시키도록 힘을 썼다. 그래서 둔간군(무장이민)은 그 독립국을 유지하기 위해 꼭 필요했다. 이시와라는 "이민은 결국 가토 씨와 도미야가" 실현한 것이며, 두 사람은 "하늘이 내려준 둘도 없는 협력자"였다고 말하지만, 두 사람의 만남을 설정한 이시와라가 무장이민이 필요하다고 생각하지 않았더라면 그것은 실현되지 못했을 것이다. 또 가토와 도미야가 만난 후 특무부 참모와 참모장을 설득한 사람은 다름 아닌 이시와라였다. 그런 의미에서 가토, 도미야, 이시와라 이 세 사람을 무장이민의 계획자라고 불러도 될 것이다.

단, 무장이민의 실시에 종사한 사람은 도미야와 가토 두 명이다. 봉천 대성호텔에서 밤새 이야기를 나눈 두 사람은 그 후의 임무를 다음과 같이 분담했다.

> 내(가토)가 할 일은, 내지로 돌아와 정부와 교섭해서 재향군인 500명을 모으는 것이다. 그 500명을 어떻게든 9월 말일까지 하얼빈에 데리고 간다. 내 일은 그것뿐이며 그에 관해서는 전적으로 나에게 맡긴다고 한다. 도미야 군은 그 재향군인 500명분의 무기와 숙소를 준비한다. 그리고 식민할 땅 만 정보의 선정, 식량과 연료의 준비, 관동군 및 위천청(于琛澂) 씨(만주국 치안대신)나 만주국군과의 절충 등은 다 도미야 군이 한다. 나는 재향군인 500명을 모아 9월 말일까지 데려가기만 하면 된다.

즉 가토는 무장이민을 데리고 가는 일을, 도미야는 이민의 인수를 담당했다. 7월 15일 미명에 그 분담이 결정되자 가토는 그날 바로 봉천을 떠났다. 그리고 8월 16일 각의를 통과시키도록 척무성의 예산작성을 돕고 총리대신을 면회하고 농림대신을 만나고 육군대신은 세 번이나 만났다. 참모본부의 마사키 진자부로(眞崎甚三郎, 1876~1956)도 만났다. 하여튼 가토는 그동안 분주하게 돌아다녔다.

각의를 통과한 후 척무성의 촉탁사령을 받은 야마자키 요시오(山崎芳雄)는 입식지의 상황을 시찰하고 오라는 지령을 받았다. 7월 29일에 출발하고 8월 22일까지 돌아오라는 기한부였다. 8월 6일 이란(依蘭)[10]에서 도미야를 만났더니 위천청 치안대신, 양(楊) 참모장, 오사코(大迫) 중좌, 간다(神田) 대위도 같은 자리에 있었다. 인수 측의 태세는 순조롭게 진행되고 있는 것 같았다. 도미야는 무장이민이 예정대로 올지 걱정이 돼서 야마자키에게 "돌아가서 척무성에 보고할 때 비적(匪賊)이 나온다는 이야기는 하지 말았으면 좋겠소. 척무성 사람들이 무서워할지도 모르니까" 하고 부탁했다. 이에 대해서 야마자키는 "예, 말하지 않겠습니다"라고 약속했다. 하지만 이것이 후에 이민단에서 퇴단자가 속출하게 되는 원인을 만들었다.

어쨌든 야마자키가 시찰결과를 보고한 게 8월 22일로 제63임시의회가 시작한 날이었다. 무장이민안이 각의 및 의회를 통과한 것은 나가이 척무대신의 적극적 추진과 그것에 강경히 반대했던 다카하시 고레키요(高橋是清, 1854~1936)가 대장대신의 자리를 잃은 것이 큰 영향을 미쳤을 것이다. 그리고 그전의 "순전한 산업이민"안과는 달리, 이번에는 무기나 숙소를 육군이 대여해서 자위(自衛)하고 식량은 기본적으로 자급한다고 하니 대장성에도 척무성에도 나쁠 것이 없었다. 그렇다고 육군이 일방적으로 손해를 본 것도 아니었다. 그 광대한 만주에 관동군

---

10) 지명. 하얼빈에 속한다.

은 1만 6천 명의 병력밖에 없었을뿐더러 그 대부분을 아직 앞날을 예측할 수 없는 만주국군을 지도하는 데 할당하고 있었다. 여기에 무기를 든 일본 농민— 즉 자급하는 사람들— 이 와주면 싼값으로 일본군이 생기는 셈이니 육군으로도 대환영이었을 것이다.

그렇다면 이 무장이민으로 누가 손해를 봤는가. 물론 땅을 빼앗기는 또는 싸게 매수당하는 '비적,' 즉 중국 농민이며, 땅을 가질 수 있다는 꿈을 꾸고 대륙으로 건너가는 일본의 무산농민이다. 입식 후 전자가 튀룽산(土龍山)에서 무장봉기를 일으키고 후자가 간부 경질문제를 비롯한 내부소동을 일으키게 되는 것은 그들이 실질적인 피해자였기 때문이다.

2

그런데 당시 대륙으로 농업이민을 보내려고 했던 사람은 가토 간지만이 아니었다. 만주국의 출현이 이 구상에 현실성을 부여했고 많은 사람들이 일확천금을 꿈꾸고 대륙으로 건너갔다. 1932년 7월에는 도쿄 후카가와(深川)의 실업자 수용소 천조원(天照園)이 41명의 선발이민(選拔移民)을 보냈는데 그들은 봉천 서쪽의 치안지아디안(錢家店)에 입식했다. 이와 관련하여 말하면, 이시와라에게 땅이 필요하다고 말했을 때 가토는 벌써 치안지아디안에 입식하는 안을 가지고 있었다. 치안지아디안은 폭살된 장지린의 장남 장쉐량(張學良)이 소유한 농장이었으니 천조원도 가토도 당연히 군부의 힘을 배경으로 해서 그곳을 입식지로 선정했을 것이다.

또 같은 7월, 뤼순(旅順)에 본부를 둔 재향군인회인 성앵회(星櫻會)가 400명의 '야외작업대'를 가고시마에서 조직해서 북만(北滿)의 차이지아디안(蔡家店)에 입식시켰다. 하지만 이 무장이민도 두 달 후에는 통일성을 잃고 결국 실패로 끝난다.

덧붙여 말하면 이와 같은 만주 이민의 유행에 편승해서 불황으로 허덕이는 농민을 미끼로 삼는 '가짜 이민마(移民魔)'가 나타났다. 『기록 현대사 ― 일본의 백 년(記錄現代史 ― 日本の百年)』에 의하면 그 예로, 고치(高知) 현의 예비군인 기타오카 요시마사(北岡喜誠)의 '도사 농경원(土佐農耕園),' 나가노(長野) 현의 청년을 과대선전으로 모은 구로카와 다키치(黑川太吉)의 '대륙식민강습소' 등을 들 수 있다.

그들에 비하면 일본국민고등학교 교장으로 그 분교를 봉천에 두고 있는 가토의 경우 결코 가짜는 아니었다. 그리고 그의 이민계획은 자유이민으로부터 무장이민으로 바뀌면서 더 구체적이고 더 현실적인 구상으로 1930년대의 일본에서 이민열을 부추겼다.

그러면 가토는 어떤 계기로 대륙으로의 농업이민을 생각하게 되었을까. 그것을 그의 주체적 경위에 따라 검토해보자. 현재까지 가미 쇼이치로(上笙一郎, 1933~)가 『만몽개척청소년의용군(滿蒙開拓靑少年義勇軍)』을 써서 '일본아동사(日本兒童史)'의 측면에서 가토의 책임을 추궁한 바 있지만, 여기서는 일본 근대사상사에 관한 문제로 파악하려고 한다.

가토 간지는 1884년 1월 22일, 도쿄 혼조(本所)에서 옛 사족의 집에 태어났다. 같은 시기에 태어난 농본주의적 사상가를 들면 1893년생의 다치바나 고자부로(이바라키(茨城) 현), 1885년생의 나카자토 가이잔(도쿄 다마(多摩)川), 1880년생의 에토 데키레이(江渡狄嶺, 1880~1944, 아오모리(青森) 현), 1891년의 구라타 햐쿠조(倉田百三, 히로시마(廣島) 현), 1878년의 시모나카 야사부로〔효고(兵庫) 현〕 등이 있다. 참고로 본론에 관련되는 인물의 생년을 들어보면 이시와라 간지〔야마가타(山形) 현〕는 1889년, 다치바나, 구라타와 제1고등학교에서 동급이었던 야나이하라 다다오〔矢內原忠雄, 에히메(愛媛) 현〕[12]는 1893년, 도미야 가네오〔군마(群馬) 현〕는 1892년생이다.

가토는 가나자와(金澤) 제4고등학교 시절에 미국인 여성 선교사에게 가르침을 받아 열광적인 기독교 신자가 되었는데, 천황에서부터 거지에 이르기까지 기독교로 개종시켜야겠다고 생각할 정도였다. 하지만 그것이 전적으로 종교적인 것이었다고 할 수는 없다. 왜냐하면 당시 그가 숭배하는 사람은 톨스토이였기 때문이다. 메이지 후기 톨스토이의 이미지는 기독교적 '사랑의 실현'을 주장하는 사도임과 동시에 땅을 일구고 손바닥에 물집이 잡히는 사람이 되어야 한다고 주장하는 사상가이기도 했다.

메이지 말부터 다이쇼 시대까지의 톨스토이주의자는, 도쿠토미 로카(德富蘆花, 1868~1927)[13]를 비롯해서 후에 농본주의자로 유명해진 사람들이 많다. 앞에서 든 다치바나 고자부로, 나카자토 가이잔, 에토 데키레이, 구라타 햐쿠조, 시모나카 야사부로 등이 모두 그러했다. 톨스토이주의자로 출발한 가토는 그들과 같은 길을 걷기 시작한 것이다.

그런데 가토는 도쿄제국대학에 입학하려고 삼수한 경험, 결핵을 앓는 애인과의 짧은 결혼생활의 파국, 농과대학을 졸업하고 취직한 내무

---

11) 가이잔의 고향 하무라는 메이지유신으로 가나가와 현에 편입된 후 다른 마을과 합병해서 니시타마(西多摩) 촌이 되었고 그 후 1893년에 도쿄로 편입되었다.
12) 경제학자. 도쿄 대학 교수를 지냈지만 중일전쟁을 비판해서 1937년에 사직했다. 전후 같은 대학 총장을 지냈다. 무교회파 기독교인으로도 알려져 있다.
13) 구마모토 현 출신. 소설가. 도쿠토미 소호(德富蘇峰)의 동생. 도시샤(同志社) 중퇴. 톨스토이에 심취해서 만년에는 전원에서 여생을 보냈다.

성(內務省)과 제국농회(帝國農會)에서의 직업적 의문 및 삶의 번민 등으로 인해 기독교 신앙을 잃어버린다. 그의『일본농촌교육(日本農村敎育)』 (1934)에 의하면 사정은 다음과 같다.

되풀이 생각한 끝에 저는 뭐가 뭔지 전혀 모르게 됐습니다. 사랑의 실현을 주장하면서도 기실 그게 뭔지 잘 모릅니다. 나는 지금도 그렇게 생각합니다. 구세군 같은 단체가 자산가에게서 기부금을 받고 연말이 되면 거리에서 기부를 받아서 가난한 사람들에게 떡을 먹이고 있습니다만 과연 그것이 참된 자선인지 의심스럽습니다.〔……〕그래서 저는 많이 번민한 끝에 기독교가 뭔지 모르게 되었습니다.〔……〕신앙이 없어져서 살아갈 길을 잃어버렸기 때문에 많이 번민을 했고 살아도 죽어도 어떻게 되어도 괜찮다고 생각하게 됐습니다.〔……〕내무성, 제국농회에 다니는 동안의 제 심경은 그런 것이었습니다.

구세군 등에 관해서는 가토의 말이 옳지만 여기서 그 고백의 내용은 문제 삼지 않겠다. 그 내용보다 그가 삶에 근본적 의문을 품었다는 사실이 더 중요하다. 러일전쟁 이후 메이지 말기의 청년들은 한결같이 삶에 대한 의문을 품고 있어서, '번민'이 사회적 유행어가 되기까지 했다. 이것은 가토가 사상적 유행병에 걸렸다는 게 아니라 그가 걸린 병이 다른 사람들에게도 공통되는 것이었음을 뜻한다.

반전 사회주의자로 출발한 나카자토 가이잔이 열렬한 톨스토이주의자가 되어 도쿠토미 로카를 방문하고, 그다음에 오카다식 정좌법(岡田式靜坐法)[14] 도장에 다니면서 심신의 평안을 찾으려고 한 것은 이보다 조금 앞의 일이다. 또 그 몇 년 후에는 당시 제1고등학교 학생이었던 다치바나 고자부로가 그 도장에 다녔다. 그러나 다치바나는 정좌로 만족하지 못해 제1고등학교를 중퇴하고 고향에 '애향회(愛鄕會)'와 형제촌농장(兄弟村農場)'을 열면서 처음으로 안심하게 되었다. 가이잔이 '주쿠(塾) 교육'과 그가 '식민지'라 부르는 농장[15]의 두 가지 일을 병행한 것과 마찬가지다. 이것은 에토 데키레이가 말한 것처럼 일본의 농본주의가 항상 '땅과 마음을 일구면서'라는 슬로건을 내걸고 있었다는 사실을 상기시킨다. 에토도 역시 '일등원(一燈園)'의 니시다 덴코나 '행걸도(行乞道)'의 미야자키 야스에몬(宮崎安右衛門, 1888~1963) 같은 톨스토이의 열광적인 숭배자였고 로카의 중개로 무사시노(武藏野)에 '백성애도장(百姓愛道場)'을 열었다.

그런데 가토는 삶에 대한 근본적 의문을 어떻게 풀고 어떻게 번민을 해결했을까. 오뇌를 떨칠 수가 없어서 직장에서 자주 싸움을 일으켰던 그는 깨우침을 얻으려고 자주 아카기산(赤城山)[16]에 갔는데, 거기서 두 번쯤 죽을 뻔했다. 그는 죽음을 앞두고 "처음으로 '살아간다는 것'을" 진심으로 이해하게 되었다. 그리고 "목숨을 소중히 하지 않으면 안 된다"고 생각했을 때 그는 회심했다.

이리하여 삶의 긍정은 다음과 같은 단계를 거쳐 농본주의로 도달한다. 즉, "살아간다고 결정한 이상, 의식주가 없으면 살아갈 수 없다." 그리고 의식주의 기본을 생산하는 게 '농업'이다. 바꿔 말하면 농업의

---

14) 오카다 도라지로(岡田虎二郎, 1872~1920)가 시작한 건강법으로 바른 자세로 앉음으로써 신심의 건강을 회복시켰다고 한다. '정좌회'가 각지에서 열리고 지식인들도 많이 다녔지만 오카다의 사후 급속히 쇠퇴했다.
15) 나카자토 가이잔은 고향인 하무라에 밭을 만들어서 그곳을 '식민지'라 불렀다. 또 거기서 주로 농업을 하면서 자급자족의 생활을 하는 '세이린손주쿠(西隣村塾)'를 열어서 청년을 교육하고 일요학교에서 소년소녀를 가르쳤다.
16) 군마 현에 있는 산으로 최고봉은 표고 1,828미터.

의의를 모르는 사람은 "자신의 삶을 부정하고 있다." 내무성, 제국농회에서 외국서적의 번역으로 농업을 공부해봤자 농업의 의의를 알 수는 없다. 그래서 그는 "관료생활을 그만두고 가래와 괭이를 잡기 시작했다."

가토는 혼자 땅을 가는 한편, 아이치 현 안조농림학교(安城農林學校), 야마가타 현 자치강습소, 이바라키 현 일본국민고등학교 등에서 교편을 잡게 되고, 그 과정에서 가케이 가쓰히코의 지도를 받아 '일본 정신'에 눈을 떴다. 가토는 안조농림학교의 초대 교장으로 1901년부터 19년간 교장을 맡은 야마자키 노부요시의 소개로 가케이에게 접근한 모양이다. 야마자키가 그에게 미친 영향은 컸다. 가토는 이야사카촌을 비롯해 자신이 지도하는 곳에서 '야마토바타라키(日本體操)'[17]를 채용했는데 그것은 야마자키가 먼저 채용했을 것이다. 가토는 「내가 경복하는 세 명의 늙은 농부(私の敬服している三人の老農士)」(1888)에서 다치 스케자에몬(舘助左衛門), 모리카와 겐자부로(森川源三郎), 시미즈 도모에(清水友衛) 세 사람을 들었지만, 그 세 명을 발견하기 전에 야마자키를 스승으로 삼아 공부했다고 말하고 있다. 그리고 그 야마자키는 가케이 가쓰히코의 고신도론(古神道論)을 충실하게 실천하고 있었다.

야마자키는 1929년에 '신푸기주쿠'를 열 때 즈음해서 "내 이상은 돈을 안 쓰고 시간을 안 들이고 수고를 안 들이고 형식에 얽매이지 않고 규칙에 제약받지 않고 물질에 타락하지 않으면서 참된 농민을 양성하기 위한 교육을 창출하는 것이다. 황국의 농민임을 의식하고 농업을

---

[17] 황국정신, 무도, 농업을 터득시키기 위한 체조. 『고사기(古事記)』의 신손(神孫)강림신화의 줄거리를 바탕으로 만든 것인데 신도의 축문도 들어 있고 움직이는 것보다 가만히 있는 시간이 더 긴 이상한 체조였다. '皇國運動'이라는 한자를 쓰기도 했다.

분담해서 천황에 귀일하는 신념의 사람을 양성하는 것이다"〔『홍촌행각(興村行脚)』〕라고 말했지만, 그 사상은 가토의 일본국민고등학교에서도 충실히 계승되었다. 하지만 그 때문에 가토는 자신의 학생에게서 만몽이민에는 도움이 되겠지만 시골에서 농사를 짓는 데는 조금도 도움이 안 되는 교육이라는 비판을 받게 된다. 농본주의는 다 농본적 정신주의다. 마침 일본주의가 일본 정신주의인 것처럼.

하여간 야마자키의 이 말은 가케이 가쓰히코의 고신도론의 영향을 명백히 반영하고 있다. 가케이는 1912년의 『고신도대의(古神道大義)』에서 헤겔 철학의 기본 개념인 '보편적 자아'를 고신도 속의 아메노미나카누시노카미(天之御中主神)에 응용해서 그것이 아마테라스오미카미(天照大神), 그리고 그 연장으로서의 천황에게 현현하고 있다고 생각한다. 그래서 "천황의 총람 밑에 서로가 일본인 또는 일본적 자아라는 보편적 자아로 귀일"하는 것을 일본인이 나아갈 길이라고 주장한다. 이것을 농업으로 실현시키려는 게 야마자키의 생각이었다. 가토의 사상은 『일본농촌교육』에 "만세일계의 천황이 총람하시는 아래 대일본이라는 큰 생명으로 귀일해서 생활하겠다"는 말이 있듯이 야마자키의 사상보다 나아간 데가 거의 없고 가토의 사상적 독자성을 찾지 못한다.

땅을 일구고 천황에게 귀일해서 집, 마을, 국가를 위해 진력하고 그 것을 통해서 '인류사회의 참된 평화'와 '세계문명의 건설'에 자신을 바친다. 이것이 가토 간지 사상의 근본이며 전부다. 일본국민고등학교의 설립은 그 사상을 실현시키기 위한 구체적 행동이다. 사상에 있어서 야마자키를 능가하는 점이 하나도 없었던 가토는 행동, 즉 사상의 실천에 있어서는 야마자키를 훨씬 앞질렀다. 아니, 야마자키만이 아니라 농본주의자의 대부분을 앞질렀다. 가토의 독자성은 바로 여기에 있다.

1915년에 일본국민고등학교협회가 생겼는데 농림차관(후의 대신) 이시구로 다다아쓰(石黒忠篤), 도쿄제국대학의 나스 시로시(那須皓) 교수와 와타나베 마타하루(渡邊俣治) 교수, 농무국장 고다이라 겐이치(小平權一), 야마자키 노부요시, 가토의 여섯 명이 1946년 4월까지 이사를 맡았다. 이 학교를 설립하는 데는 이노우에 준노스케(井上準之助, 1869~1932, 대장대신)도 대찬성이었다고 한다.

1927년에 이 학교가 설립된 이후 농업교육과 정신교육을 겸하는 '농민도장'이 속속 생겼다. 오늘날 이름이 전해지지 않는 농민도장의 수는 셀 수 없을 정도다. 야마자키의 '신푸기주쿠,'(1929) 나카자토 가이잔의 세이린손주쿠(西隣村塾, 1930), 다치바나의 '아이쿄주쿠'(1931)도 농민도장이었지만 이들 속에서 일본국민고등학교는 정신교육을 편중하는 점에서 두드러진 존재였다.

그것은 이 학교의 「설립 취지서」에서 가토를 소개하는 부분을 봐도 분명히 알 수 있다. 취지서는 말한다.

농촌청년교육기관은 단지 자금과 설비만으로는 충분하지 않다. 가장 중요한 것은 중심이 되는 인물이며 특수한 천분을 가지는 인격자를 찾는 것이 절대적으로 필요하다. 그러지 않으면 정신이 빠진 형해만을 공연히 만들어내게 될 것이다. 〔……〕 야마가타 현립 자치강습소 소장 농학사 가토 간지 군은 견실, 강의, 열성, 노력을 갖춘 인사로 우리들 모두가 천성무이(天成無二)의 농촌교육가로 인정하는 사람이다. 〔……〕 가토 씨는 최근 보기 드문 정신가(精神家)이며 학생 시절에는 기독교 연구를 했지만 졸업 후 열심히 고신도에 경도하고 지금은 우리나라 농촌문제 해결의 근본 및 청년훈육의 기초는 황국정신에 두어야 한다는 신념으로 스

스로 밭을 갈고 학생들과 함께 농업노동에 종사하고 [……]

여기에는 가토의 농본주의가 농본적 정신주의라는 사실이 선명히 나타나 있는데 이것은 틀림없이 도미야의 정신주의적 이민론과 잘 맞았을 것이다. 『도미야 가네오 전기』에 「단상 한 묶음(斷想一束)」이라는 글을 쓴 미야케 하지메(三宅一)는 도미야를 다음과 같이 회상하고 있다.

이민에 대한 선생님(도미야)의 관념은 "일본에 땅이 없으니 넓은 만주에 땅을 구해서 이민하라, 만주에서의 농업은 내지보다 편하고 수입이 많다"는 식의 공리적인 것은 아니었다. "내지(內地)보다 힘들어도 이민은 가야 한다"고 말씀하셨다.

3

그런데 가토가 천황에게 귀일하는 것을 농업교육의 근간으로 하고 있었다고 해도 그 사실만으로는 농업이민을 대륙으로 보낼 이유가 되지 못한다. 물론 농업이민은 일본 제국주의의 국책이었으니 이 국책에 따르는 것은 황도(皇道, 일본 정신)[18]에 따르는 것이었지만, 가토는 국책에 편승한 게 아니라 오히려 국책을 만들어낸 사람이었을 것이다.

가토가 생각하는 것 같은 천황제 농본주의가 그대로 농업이민에 연결되지 않는 것은, 다치바나 고자부로의 아이쿄주쿠가 농업이민에 적

---

18) 천황이 나라를 다스리는 도리.

극적인 태도를 보이지 않았다는 사실에서도 알 수 있다. 그렇다면 '일본국민고등학교운동'이 그 과정에서 '식민운동'을 낳게 되는 데는 어떤 계기가 있었을까. 가토는 그것을 『일본농촌교육』에서 다음과 같이 말하고 있다. 어느 날 어떤 졸업생이 울면서 호소했다. "선생님 말씀은 잘 알았습니다. 그래서 저는 꼭 일본의 농민으로 살아가려는 결심은 했지만, 저는 소작인의 아들이라 경작할 땅조차 없습니다. 저는 농업을 못하는 게 아니라 기술이 있으니 꼭 하고 싶습니다. 선생님 말씀을 듣고 더 농업을 하고 싶어졌는데 어디서 하면 되겠습니까?"

이것은 자못 무산농민들에게 절실한 문제였다. 가토 자신이 농지를 소유하지 않았으니 이 호소가 통절히 느껴진 모양이다. 학교에서 농업교육과 정신교육을 할 수는 있지만 졸업생이 그 교육을 실천할 자리가 없다면, 가장 중요한 것이 빠져 있는 셈이다. 그래서 가토가 고민 끝에 생각해낸 결과가 농업이민이었으며, 그것도 해결책을 자유이민에서만 찾는 게 아니라 척무성과 상의해서 농업이민을 국책화시키려고 했다. 이런 점이 관료 출신의 특징적인 발상이다.

그가 농업이민을 조선에서 구체화하기 시작했을 때, 대륙에 '만주국'이 출현했다. 그것은 가토에게 있어 운명적인 사건이었다고 할 수 있다. 처음에는 조선의 평강(平康)이나 군산(群山)에 자유이민을 보낸 가토는 이때부터 입식처를 만주에만 한정하게 되었다. 물론 그것이 가능해진 것은 1932년 7월 14일 도미야 가네오와 합의를 봤기 때문이다. 이때부터 일본국민고등학교는 무장이민이라는 국책을 추진하는 주체가 되고 가토는 그 중심적 이데올로그로서의 역할을 하기 시작했다.

1932년 8월 30일의 임시의회에서 제1회 시험이민 500명분에 대한 예산 20만 7,805엔이 인정되고 일본국민고등학교(이바라키 현 지부)

및 이와테(岩手) 현 로쿠하라(六原)도장과 야마가타 현 오타카네(大高根) 도장은 시험이민후보 463명을 한 달 동안 교육했다. 그리고 제1차 시험이민은 야마자키 요시오를 단장으로 10월 6일 자무스를 향해 일본을 떠났다. 도착한 것은 10월 14일이다.

한편, 이민을 맞이하는 도미야는 8월 20일자로 『제1차 지린성 재향군인 둔전이민 실시안 골자』를 집필하고 있었다. 1927년의 '만주집단이민' 계획은 1932년 6월의 『재향군인으로 지린 둔간군 기간부대를 편성하고 지린성 동북지방에 영구 주둔시키는 건』이라는 제안서를 거쳐 여기서 결실을 맺었다. 이것은 1937년 2월 11일자로 『제1차 만주 이민 연혁에 관한 참고자료』로 정리되지만 무장이민 규정은 1932년 8월의 규정이 더 깔끔하다.

『제1차 지린성 재향군인 둔전이민 실시안 골자』에 따르면 무장이민의 '목적'은 다음과 같다.

1. 제국 이민으로서의 일반 목적.
2. 만주 이민의 선발자(先發者)로서 북만지방에 일본인 농업이민을 유리하게 실시할 수 있음을 입증하고 뒤를 따르는 자에게 모범을 보인다.
3. 만주국군을 지원하고 지방의 치안을 회복, 유지하고 신국가 건설 작업을 촉진한다.
4. 러시아에 대한 국방.
5. 만주 국내의 치안유지에 관하여 관동군의 임무를 일부 담당.

도미야와 이시와라가 무장이민을 관동군의 하청 또는 만주국군의 지원부대로 쓰려고 했었다는 사실은 이 '목적'을 보면 명백하다. 물론 도미야 등은 무장이민의 본래적인 뜻이 농업이민에 있었음을 모르는 것은 아니었다. 그런고로 "만주국과 이민대와의 관계"에서 먼저 군사행동을 주로 하고 순차적으로 농작업 중심으로 이행시킨다는 것을 다음과 같이 명기해두어야 했다.

제1기 군사행동을 주로 한다.
본년 겨울은 지린군과 직접 협동해서 이것을 지원하고 강동(江東)지방에서 비적소탕 및 치안유지를 맡고 생업을 겸해서 간둔(墾屯)준비를 한다.

제2기 둔전병(屯田兵)시대 약 3년
둔전을 경작하고 지린군의 둔간 작업의 기간(基幹)이 되면서 지방의 치안유지, 즉 비적 소탕을 한다.

제3기 순이민(純移民) 시대.
희망자를 제대시키고 땅과 농구를 지급해서 자영시킨다.

그러나 463명의 제1차 시험이민들은 자신들의 자위를 위해 싸우는 것은 각오했겠지만 비적토벌까지 해야 한다는 생각은 못했을 것이다. 척무성의 이민정책에도 그런 말은 없었다. 응모자격은 "농촌출신자로 다년 농업에 종사하고 경험이 있는 기교육군인(旣敎育軍人)"이라고 써 있었지만 전선에 파견될 줄은 아무도 상상하지 못했을 것이다.

어쨌든 둔간군 제1대대(第一大隊)가, 입식지인 자무스의 치안상태가 안 좋고 겨울이 되었기 때문에 그 남쪽 14리[19] 거리에 있는 영풍진(永豊

鎭)으로 입식지를 옮긴 것은 1933년 2월이다. 그런데 2월 25일에는 벌써 둔간군에서 전사자가 나왔다. 4월 1일에는 영풍진에서 밭에 첫 괭이질을 하기 위한 행사를 치른 후 300정보의 파종을 마쳤지만 제1대대 내부에서는 이미 동요가 일어나고 있었다.

동요의 원인과 경과는 도미야 자신이 가장 잘 알고 있었다. 그의 『제1차 무장이민 지도의 회상』(1935년 10월)에 따르면 다음과 같다.

희망에 불탄 봄갈이 때의 기세는 곧 사라졌다. 첫여름부터 날씨 등 예기치 못했던 장애 때문에 작업이 잘 진행되지 않는 것, 일확천금의 꿈이 깨지고 허술한 옷을 입고 좁쌀밥을 먹고 종일 두터운 땅을 일구는 고생, 김이 빠지고 담뱃값까지 써버린 후의 외로움, 의지가 약한 사람들의 노동기피, 앞날의 불안에 관한 헛소문 등으로 사기가 저하되었을 때 노량자 벌림반(魯亮子伐林班)이 습격당해서 세 명이 참살되고 병기, 탄약, 피복, 식량을 다 약탈당했다. 또 전사자의 대우와 관련하여 국가에서는 하등의 배려도 없다 등의 헛소문이 있었다. 불안한 마음은 마침내 겁발하여 의뢰심이 되었다. 국가에서 보조를 받고 세상의 찬사를 받으면서 고생 없이 사업이 완성되기를 꿈꾸던 사람의 선동으로 인해 이 공기가 드디어 폭발해서 지도자의 노력 부족을 구실로 한 간부불신운동으로 이어졌다. 게다가 아메바 이질이 퍼져서, 7월은 제초하는 시기라 만주 농가가 가장 바쁜 때인데도 매일 백 수십 명의 결근자가 생겼다. 논밭은 잡초로 덮여 착한 청년들까지 기력을 잃어가는 형편에 망연하게 되어버리는 등의 참상을 보였다.

---

19) 일본의 1리는 3.927킬로미터로 한국의 약 10리에 해당한다.

여기에는 제1대대가 동요하게 된 원인이 거의 다 열거되어 있다. 즉, 담뱃값조차 없는 가난, 중국 토착농민의 습격으로 목숨까지 위태로운 극한상황, 군대 같으면서도 신분보증이 전혀 없는 상태, 열악한 보건 위생. 참고로 10월에 도착한 이래 다음 해 7월의 간부배척사건까지 토착농민으로부터 받은 습격은 열네 번에 이르렀고 입식 당시부터 1935년 10월까지의 3년 동안에 희생자는 26명, 그중 사망자가 13명에 달했다. 동요하지 않을 수 없는 상황이다.

입식 후 9개월이 지난 7월, 이야사카촌(둔간군 제1대대)의 이민단은 간부 경질을 요구해서 도미야에게 성명문과 결의문을 제출했다. 하지만 도미야에게는 랴오허(饒河) 방면에서 토비(討匪)를 위해 출동하라는 명령이 내려와 있어서「둔간대 제군에 알림」이라는 성명문을 주고 대표자를 일단 철수시킨 후, 위급한 사태를 듣고 달려온 가토와 함께 7월 21일에 영풍진을 찾아가서 사태를 수습하려고 했다. 하지만 이 두 명의 '만주 이민의 아버지'가 묵는 숙소가 권총으로 습격당하는 등, 소요는 좀처럼 가라앉지 않았다. 결국 이야사카촌에서 백 수십 명이 퇴단해서 귀국하는 것을 허가해야 했는데, 1935년 10월까지 퇴단자는 179명에 이르렀다. 간부배척사건이 일어났을 때 제2대대의 지부리촌(千振村)도 영풍진 가까운 치후리(七虎力)에 입식했었지만 소요는 거기까지 비화해서 몇 십 명의 퇴단자가 나왔다.

그런데 도미야와 가토는 이 체험을 바탕으로 제2차 파견 때는 '의지가 약한 자' 및 '선동하는 자'를 제외해달라고 척무성에 요망하기로 했다. 그것은 어떤 사람을 가리키는 말인가. 『제1차 무장이민의 정신동요상황 및 제2차 이후의 인선에 관한 요망』에는 다음과 같은 구절이 있다. "농촌에 태어나서 학문을 조금 배우고 농경에 종사하지 않고 사무원 같은 일을 했던 자. 내지에서 비교적 유복한 생활을 하고 신문 잡지의 만주열에 영향을 받고 지원한 자. 머리가 긴 자(물론 머리가 길어도 착한 청년은 있지만 제명을 희망한 사람은 다 머리를 기른 소위 '하이칼라'[20]였다)."

물론 도미야도 이런 인물을 제외하기만 하면 이민단이 정착되리라고 생각한 것은 아니었다. 그래서 생각해낸 대책의 하나가 무장신부, 즉 대륙으로 색시를 부르는 일이다. 그는 1933년 2월에 벌써 신부를 모집하기 위한 포스터의 원안을 스스로 작성했다. 그 포스터의 문구는 다음과 같다.

> 신일본의 소녀여
> 대륙으로 시집가라
> 페치카[21]를 태우면서 돌아오기를 기다리면
> 눈길에서 방울소리가 들린다
> 방울소리는 차차 다가와
> 문을 열면 가랑눈이 모피외투에 쌓여 있다
> 눈을 떨치면 웃는 얼굴
> 웃음은 넘치고 차는 끓는다

하지만 도미야가 부른 것은 '대륙 신부'만이 아니었다. 만몽개척청소년의용군도 불렀다. 그는 앞의 『요망』에서 같은 조건하에서도 "의지가

---
20) 서양식의 옷차림이나 생활양식을 좋아하는 사람.
21) 러시아식 난방장치.

견고했던 자"로서 "일본국민고등학교 출신자. 가난해서 만주에 활로를 찾으려고 건너간 자. 순진한 연소자"의 세 가지 유형을 들고 있는데, 이 중 세번째 조건에 맞는 것으로 도미야와 가토는 청소년의용군을 생각해냈다.

하지만 도미야가 직접 종사한 것은 거의 사설(私設) 비슷한 소규모의 랴오허소년대(饒河少年隊, 14명)의 창설(1934년 9월)뿐이었다. 왜냐하면 그는 1937년 11월 14일 시캉성 펑후현 지지아위(浙江省平湖縣吉家宇) 부근에서 전사했기 때문이다. 그런데 이 14명의 소년을 추천한 사람은 가토와 만주주수자훈련소(滿洲周水子訓練所)를 경영하는 오타니 고즈이(大谷光瑞, 1876~1948)[22]였다. 오타니는 1929년에 쓴 『제국의 앞날(帝國之前途)』에서 일본인이 농업이민으로 "부적당"하다고 주장했는데도 불구하고, 군사와 농업을 목적으로 하는 청소년 이민을 도왔으니 도대체 무엇을 생각했는지 이해가 되지 않는다.

도미야의 전사 직전인 1937년 11월 3일, 가토는 나스 시로시, 이시구로 다다아쓰, 만주이주협회 이사장 오쿠라 긴모치(大藏公望), 같은 협회 이사 하시모토 덴자에몬(橋本傳左衛門), 일본연합청년단 이사장 고사카 마사야스(香坂昌康)와의 연명으로 『만몽개척청소년의용군 편성에 관한 건백서』를 제출했다. 도미야와 가토가 이것을 발안했음은 말할 것도 없다. 청소년의용군은 다음 해인 1938년부터 4년 동안 31만 명을 만주에 보내는 것을 목표로 창설되었는데, 그 건백서는 다음과 같이 말한다. 만주국을 "정말 일본 민족을 지도자로 하는 오족협화(五族協和)의 왕도국가로 만들기 위해서"는 일본 농민을 이주시키는 일이 불가결

---

22) 교토 태생. 승려. 탐험가로 중앙아시아의 고고학적 조사를 했다. 정토진종 본원사파(淨土眞宗 本願寺派) 제22대 문주(門主).

하며, 그렇게 하기 위해 가장 좋은 방법이 다름 아닌 "만몽개척청소년의용군의 편성"이다.

이 청소년의용군은 이바라키 현 우치하라(內原)에 세워진 우치하라 훈련소에서 두 달 동안 훈련을 받고 만주로 떠났다. 우치하라 훈련소는 일본국민고등학교 옆에 있었고 소장은 역시 가토 간지였다. 훈련소의 조직은 대부분 군대를 모방한 것이었으며, 1기(期)에 만여 명이나 되는 훈련생들은 '일륜병사(日輪兵舍)'라 불리는 원형숙소에서 기거했다.

우치하라 훈련소에서의 생활은 전적으로 가토의 사상에 따랐다. 즉 학문으로 '황국정신'을, 실습으로 '농업'을, 무술(武術)로 '무도(武道)'를 터득하는 것이다. 여기에는 당연히 가케이 가쓰히코의 고신도론(古神道論), 야마자키 노부요시의 심경법(深耕法)과 그것을 응용한 '천지(天地) 뒤엎기,' 그리고 가토가 신봉하는 직심영류(直心影流)의 검술(혼신의 힘으로 내려치는 검술의 유파)이 채용되어 있었다. 게다가 이 세 가지를 조합한 것으로 야마토바타라키가 채용되었다. 이것은 기본적으로는 가케이가 고안한 것인데 마지막에 "스메라미코토, 야사카, 이야사카, 이, 야, 사, 카!"[23]를 뱃속에서 나오는 목소리로 외치는 것으로 유명하다.

그러나 지금은 만몽개척청소년의용군을 거론하는 게 목적이 아니라, 도미야와 가토의 연계로 이루어진 만주 이민은 둔간군, 대륙 신부, 랴오허소년대, 그리고 청소년의용군으로 끝없이 발전했다는 사실을 강조하고 싶다. 분촌계획(分村計劃)도 마찬가지로 끝이 없었다. 무장이민도 제1차의 이야사카촌, 제2차의 지부리촌에서부터 제3차 수능(綏稜), 제4차 하다허(哈達河), 청지허(城子河)……라는 식으로 속속 파견되어, 가토

---

23) '스메라미코토'는 천황, '야사카'와 '이야사카'는 '만세'를 뜻하는 예스러운 말.

의 일본 농본주의는 제국주의 일본의 팽창과 함께 개척의 자리를 늘려 갔다.

가토에게 대륙은 일본의 일부였다. 이미 개간된 땅을 일본인 이민을 위해 '만주척식공사'(만척)가 무력을 배경으로 싸게 매수해버리는 것도 가토에게는 죄악이 아니었을 것이다. 1937년경 이시와라 간지가 "북만에 비적이 끊이지 않는 것은 개간된 땅을 만척이 빼앗았기 때문이다"라고 비판한 적이 있었다. 그 이시와라의 만척 비판에 대해서 가토는 기간지(旣墾地)의 매수는 1, 2할이라고 지적하면서 반론했다. 그러자 이시와라는 분연히 "가토 선생, 당신은 축문을 외우면서 도둑질을 하는가!" 하고 매도했다고 한다. 이시와라는 이미 만몽영유론에서 만주독립국론으로 생각을 완전히 바꾸고 있었지만, 가토의 생각으로는 그것들은 별 차이가 없는 것이었다. 가토에게 있어서 만주는 일본의 소유물이었기 때문이다. 그리고 이 경우 일본 제국주의의 현실을 생각하는 한 가토가 옳았다. 옳았다고 하는 것은, 가토의 생각이 더 현실에 들어 맞았다는 뜻이다. 그런고로 가토는 무장이민을, 대륙 신부를, 청소년 의용군을 끝없이 보내는 역할을 맡을 수가 있었다.

4

이시와라는 만척을 '토지도둑회사'라고 불렀다고 하는데 만주 이민 자체가 많든 적든 간에 토착 중국 농민에게서 땅을 빼앗는 결과를 내포하고 있었다. 또 '만척'은 '튀롱산사건'(뒤에 서술)을 비롯한 중국 농민의 잦은 저항을 보고 토지매수 등 이민 업무를 취급하는 기업으로

1936년 초에 설립된 기관이었다. 그렇다면 이시와라처럼 만척을 비판하는 것보다 오히려 만주 이민 자체가 비판되어야 할 것이다.

만주 이민에 대한 비판으로 자주 인용되는 글이 야나이하라 다다오의「만주견문기(滿洲見聞記)」(1932년 11월)다. 야나이하라는 만주국 성립 직전에 그 총무장관이 될 고마이 도쿠조(駒井德三, 1885~1961)[24]로부터 만주 경영에 대한 조언을 해달라는 의뢰를 받았지만 거절했다. 그가 만주를 시찰한 것은 그 반년 후인 8월부터 한 달 정도였는데, 그때의 견문이 「만주견문기」가 되었다.

여기에서 야나이하라는 만주에 농업이민이 적합하지 않은 이유를 다음과 같이 말하고 있다. 관동주(關東州) 및 만철 연선에 사는 일본인은 관동청이나 만철의 관계자가 많고 생활수준은 오히려 일본 내지(內地)보다 높다. 그렇다면 이곳에 입식하는 농업이민이 그들과 비슷한 수준의 생활을 요구하게 되는 것은 당연한 추세이며 그것이 생산비에 크게 반영된다. 이래서는 주변의 중국인과 경쟁하는 것은 무리가 있다. 그러므로 만주에서 "과수원 같은 자본가적 기업은 다른 얘기지만 보통 말하는 농민이주에는 별로 기대를 걸지 못한다." 게다가 이 지역에는 "이주의 여지"도 별로 많지 않다.

---

24) 시가 현 태생. 소년시절에 아라오 세이(荒尾精)를 만나 중국에 흥미를 가지고, 또 미야자키 도텐의『33년의 꿈』을 읽고 감동했다. 1904년 삿포로(札幌) 농학교 입학. 졸업논문 때문에 만주의 대두(大豆)를 조사하러 만주에 건너갔다가 만철의 이사를 알게 되었다. 1912년에 『만주대두론(滿洲大豆論)』을 출판하고 같은 해 8월에 만철에 입사했다. 1919년 고마이의 저서『지나면화 개량의 연구(支那棉花改良ノ硏究)』를 읽고 감명을 받은 쑨원이 고마이를 만찬에 초대했다. 이듬해 외무성 아시아국 촉탁이 되었다. 1925년 궈쑹링(郭松齡)의 만주독립운동에 참여하기 위해 외무성을 사임, 만주로 가려고 했지만 헌병에게 잡혔다. 이후 은거 생활을 했다. 1931년 관동군 재무고문으로 봉천에 부임했다. 이듬해 만주국 초대 총무장관이 되지만 1933년에는 관동군에 반발해서 사임, 귀국했다. 그 후 교육계에서 활약하고, 후지산(富士山) 산록의 수원개발 등에도 힘썼다.

그러나 야나이하라의 이 논리는 만주 이민에 대한 비판으로 유효한 것 같지는 않다. 왜냐하면 그의 논리에 따르면 이민은 자본주의적 경영에 의한 것이라면 가능하고 또 입식지를 매수하면 가능하기 때문이다. 그리고 고수준의 생활을 엄하게 훈계하는 도미야나 가토의 정신주의적 이민론에 대해서는 상대론이라 할 수 있어 근원적인 비판은 되지 못하고 있다.

예를 들어 가토는 『일본농촌교육』에서 이렇게 말했다.

혹은 이번 자위이민(自衛移民)에 관해서도 자위이민의 음식이 안 좋다고 일부 군인이나 관료 등이 말하지만 실제로 자위이민 가운데에서 농업의 정신을 이해한 사람, 농민으로 살아가려는 염원이 있는 사람들은 이민의 음식에 대해서 불평을 하지 않는다. 〔……〕 농민 자신이 농업의 의의를 명확히 이해하는 것, 즉 니노미야 손토쿠(二宮尊德, 1787~1856)[25] 선생의 "황무지를 가지고 황무지를 일군다"는 말을 명확히 이해하는 것이 중요합니다.

역시 니노미야 손토쿠가 등장했는데, 그는 가토만이 아니라 시모나카 야사부로, 나카자토 가이잔, 에토 데키레이 등 거의 모든 농본주의자에게 공통되는 이상상이니 그 자체에는 큰 의미가 없다. 결국 가토는 땅은 황도정신(皇道精神)으로 가는 것이라고 생각했고, 그런고로 '심

---

25) 사가미(相模, 현재의 가나가와 현) 태생. 에도 후기에 농촌부흥운동을 지도한 사람. 통칭 긴지로(金次郞). 예전에는 전국 각지의 많은 소학교(小學校) 교정에 어린 긴지로가 땔나무를 등에 지고 걸으면서 책을 읽는 모습의 동상 또는 석상이 서 있었고 '니노미야 긴지로'는 근면함의 상징으로 아이들에게 알려져 있었다.

경(深耕)'하면 거름조차 필요 없다고까지 했다. 가토가 생각하기에는 만주 이민은 일본 무산농민에게 농업을 위한 땅을 준다는 동기에서 전적으로 선(善)이었고 그 동기를 일본의 일부인 만주국에서 전개하는 일 이외에 아무것도 아니었다. 이민이 무장하는 것은 언제까지나 자위를 위해서다. 이런 발상을 근원적으로 비판하려면 동기의 선악이 아니라 행위의 의미 그 자체를 비판해야 한다. 그리고 그런 비판은 무장이민이 시작되었을 무렵, 『만주평론(滿洲評論)』의 다치바나 시라키(橘樸, 1881~1945)[26]에 의해서 이루어지고 있었다.

다치바나는 「만주 이민의 경제가치(滿洲移民の經濟價值)」(1934년 6월)에서 다음과 같이 말하고 있다.

> 만주국 정부는 지린성 동북지방에 "대규모의 농업용지 상조(商租)[27]"를 했다. 그 취지는 현재 경작하는 사람은 그대로 정주시키면서 동시에 "우수한 일본 농민"을 이주시켜서 그 힘으로 산업 및 문화가 발달되지

---

26) 오이타(大分) 현 태생. 저널리스트, 평론가, 호는 보쿠안(朴庵). 어릴 때부터 성적은 매우 우수했지만 자주 사건을 일으켜서 중학교, 고등학교를 옮겨 다녔다. 구마모토 현의 제5고등학교를 퇴학당한 후 와세다 대학에 입학하지만 시험 때 답안을 다른 학생들에게 보여준 사건의 책임을 지고 자퇴했다. 홋카이도(北海道)에서 신문기자가 되었다가 1906년 다롄에 건너가서 일본어 신문의 기자로 일하면서 중국문제에 관한 글을 많이 집필했다. 다치바나의 중국 연구는 루쉰(魯迅)이 "그 사람은 우리보다 중국을 잘 안다"고 절찬했던 정도였으며, 술을 좋아하고 뇌출혈의 후유증이 있어도 마지막까지 중국에 대한 사랑과 연구에 대한 정열은 잃지 않았다. 그러나 학력이 없고 학계와 관계없었던 그는 연구자로서 이단적인 존재라 그 연구도 정당한 평가를 받기가 어려웠다. 『경진일일신문(京津日日新聞)』『지나연구자료(支那研究資料)』『월간 지나연구(月刊支那研究)』『만주평론』 등을 무대로 활동했으며, 『지나사상연구(支那思想研究)』『지나사회연구(支那社會研究)』 등의 저작도 있다. 1925년부터 만철의 촉탁, 1932년부터 만주국 협화회 이사를 지냈다. 1939년부터 도쿄에서 평론가로 활약했지만 1943년 다시 방문한 중국에서 병을 얻어서 1945년 10월 봉천에서 간경변으로 사망했다.
27) 자유계약으로 인한 토지의 조차(租借).

않은 지방의 개발을 촉진하려는 것이었다. 이 일만(日滿) 당국의 호의적인 계획에도 불구하고 (만주에 토착하고 있는) 지방인민은 "토지가 매수된다는 소문을 내고 토지 퇴거를 강요당할 거라는 풍설을 퍼뜨리는 자가 있다" "심지어는 절망적 미망(迷妄)에 빠진 자"가 있다고 한다. 우리에겐 지금 이 사건에 대한 분석도 비판도 허용되지 않는다. 그러나 이것은 앞에서도 말한 것처럼 동기의 선악에 관계없이 과대하고 조급한 이민 내지 토지정착이 반드시 일으키는 '오해'이며 트러블이다.

여기서는 행위로서의 만주 이민이 철저하게 비판되고 있다. 혹 그 동기가 내지에서 농사를 짓는, 땅이 없는 사람들을 구제한다는 '선'한 것이었다 하더라도 중국 토착농민 입장에서는 땅을 빼앗기는 것이다. 그리고 거기에 "절망적 미망"이 원인일지 모르지만, 반드시 "트러블"이 생긴다고 다치바나는 지적했다.

트러블이란, 예를 들어 1934년에 발발한 '튀롱산사건'이다. 튀롱산사건이 발발한 일시는 책에 따라 다르다. 『도미야 가네오 전기』에서는 강덕(康德) 3년(쇼와 12년) 3월, 『만주국사(滿洲國史)』에서는 쇼와 9년 3월, 가미 쇼이치로의 『만몽개척청소년의용군』에서는 쇼와 9년 2월, 『일본제국주의하의 만주(日本帝國主義下の滿洲)』에 채록된 국무원 총무청 정보처 「성정휘보(省政彙報) 제4집, 삼강성(三江省) 편」에서는 강덕 원년(쇼와 8년) 3월로 기록되어 있다. 이것은 아마 강덕 원년(쇼와 9년, 1934) 3월이 맞을 것 같다.

3월 5일, 지부리촌 가까운 튀롱산에 시에원동(謝文東)을 수괴로 하는 농민 1만 명이 ① 일본군의 토지매수 반대 ② 총기회수 반대 ③ 종두 반대의 구호 아래 봉기했다. 시에원동은 지부리촌이 있는 치후리(七虎

力) 옆의 파후리(八虎力)의 촌장으로 만주사변 이후 자위단장도 겸하고 있었다. 그 자신이 그곳의 대지주였으니 일본군의 개척용지 매수에 반대했으며, 이야사카촌과 지부리촌의 배제를 목표로 항일파르티잔군, 즉 동북민중자위군을 일으킨 것이다.

시에원동 등은 3월 9일에는 벌써 튀롱산경찰서를 습격해서 무장해제시켰지만 관동군과 충돌한 것은 10일이다. 이 전투에서 관동군은 이즈카(飯塚) 연대장 이하 20여 명의 전사자를 냈고 이후 시에원동은 '항일의 영웅'으로 칭송되고 이란(依蘭) 일대에 위세를 떨쳤다. 시에원동이 귀순한 것은 5년 후인 1939년 3월 19일의 일이다.

이 튀롱산사건은 항일파르티잔의 전투였는데, 그 봉기의 직접적인 계기가 둔간대 및 그것을 위한 땅 매수에 있었다는 사실에 주목해야 한다. 즉 시에원동은 귀순 후의 담화에서 먼저 "둔간대를 자무스로 돌아가게 하는 게 목적이었다"고 말했다.

다치바나 시라키는 이런 현실을 직시하면서 만주 이민 비판을 전개했으니, 그것은 일본 제국주의를 바탕으로 대륙으로 진출한 가토 간지의 일본 농본주의에 대한 비판이기도 했다. 이것은 농본주의가 일본 농본주의인 이상 피할 수 없는 일이었다. 다치마나 시라키의 비판은 단지 가토의 사상에만 적용되는 게 아니라 시모나카 야사부로에게도 다치바나 고자부로에게도 에토 데키레이에게도 적용된다. 단, 가토만이 적극적으로 일본의 일부로서의 '만주국'에서 일본 무산농민 구제를, 다른 사람에 앞서 실천했을 뿐이다. 다치바나 고자부로는 5·15사건을 통한 국가개조로 일본 제국주의의 국내적 모순을 해결하려고 도모했는데, 가토는 그것을 대륙에서 해소하려고 한 것이다. 사상적으로는 별로 독자성이 없었던 가토가, 그 실천에 있어서는 독자성을 발휘한 것이다.

그러므로 패전으로 인해 일본이 만주를 잃어버렸다고 해도 가토 간지의 사상에는 특별한 변화가 일어날 리가 없고 일어나지 않는 것도 당연하다. 만주나 조선을 잃었다면 일본 내에서 일본국민고등학교운동＝일본 농본주의운동을 계속하면 되기 때문이다. 그리고 실제로 그것은 일본국민고등학교를 일본고등국민학교로, 명칭을 부분적으로 바꿔서 전후에도 계속되었다.

일본 제국주의는 패전을 계기로 천황에게 약간 다른 의미를 부여하게 되었고, 가토도 물론 그것을 따랐다. 가토는 「『공도(公道)』 창간에 즈음하여」(1945년 12월)에 이렇게 썼다.

이번에 우리들은 황국농민단을 해산하고 기관지 『이야사카(彌榮)』와 헤어져서 새로 『공도』를 발간하게 되었다. 하기야 우리는 꼭 황국농민단을 해산해야 한다는 생각은 없었고 기관지 『이야사카』를 폐간할 필요가 있다고 생각한 것도 아니었지만 어쩌면 이 '황국'이라든가 또는 '이야사카' 등의 이름이 극단적인 국가주의처럼 오해받을 우려가 없지는 않아서 이것을 해산하고 또 폐간해서 여기에 새로 『공도』를 발간하기로 했다.

과연, 가토의 농본주의에 '극단적 국가주의ultra nationalism'가 있었다고 단언할 수는 없다. 그것은 '극단적 국가주의'를 낳을 만큼 그의 사상이 강렬하지 않았음을 뜻하는 것인데, 그래도 가토가 황국과 황군에 편승해서 대륙으로 진출한 것은 틀림없는 사실이다. 그렇게 생각하면 가토는 패전이라는 사태에 대해, 잡지명을 『이야사카』로부터 『공도』로 바꾸는 정도의 의의밖에 인정하지 않았다고 할 수 있다. 오늘날에 있어서는 그것은 참으로 혜안이었다고 해야 한다.

그런데 『공도』라는 이름은 5개조 서문(誓文)[28]에 있는 "구래의 누습을 타파해서 천지의 공도를 바탕으로 해야 한다"는 구절에서 딴 것인데, 다음 해인 1947년에는 『농업지식(農業知識)』으로 다시 제목을 바꾼다. 가토는 『농업지식』에 이름을 내지 않았지만 그것은 전범 체포와 세상의 비난을 피하기 위해서였다. 그는 결국 공직에서 추방됐을 뿐이다.

어째서 가토 간지는 『이야사카』를 『공도』로 바꾸는 것 정도로 8·15를 헤쳐나갈 수 있었을까. 그 답은 간단하다. 8·15에는 그 정도의 의미밖에 없었기 때문이다. 아니면, 그 이상의 의미를 부여할 만한 내실이, 8월 15일 이후의 시일에 없었기 때문이다.

가토 간지는 1967년 3월 30일에 죽었다. 이제 만주국이 없으니 금후 만주 이민도 부활되지 않는다. 하지만 만주 이민의 전제가 된, 정신주의적 색채가 강한 일본 농본주의는 오늘날 약간 먼지가 쌓여 있을 뿐이다. 지금 야마토바타라키를 다시 시키면 그 마지막은 이렇게 끝날지도 모르겠다. "상징천황, 만세, 만세, 만, 세!"

---

28) 1863년 3월 14일에 메이지 천황이 선포한 메이지정부의 기본정책.

제2장
만주국의 건국과 그 사상적 기저

1

이시와라 간지가 만몽영유계획을 포기하고 만주독립국 구상으로 전환한 것은 1931년 9월 18일에 만주사변을 일으킨 후의 일이다. 그때까지는 각자의 입장에서 만주독립국론을 전개했던 만주청년연맹,[29] 대웅봉회, 다치바나 시라키 등과 몇 번 모임을 가지면서도 만주를 점령통치한다는 방침에 있어서 관동군 작전과장 이시와라의 생각은 시종일관 바뀌지 않았다.

이시와라가 만주 점령통치를 생각한 것은「만주건국 전날 밤의 심경

---

[29] 만주에 거주하는 일본인 및 조선인으로 결성된 정치결사로 1928년에 다롄에서 창립되고 1932년 봉천에서 해산했다. 군, 만철, 관동청 등의 기관과는 무관하게 성립되었으며 오히려 그런 기관들과 대립한 적도 적지 않게 있었다. 청년이라고 하지만 경제적으로 독립한 사람이 아니면 회원자격이 없었기 때문에 회원의 대부분이 30, 40대의 남성이었으며 만철 사원이 많았다.

(滿洲建國前夜の心境)」(1942)에 의하면 중국인은 "높은 문화"를 가지고 있지만 "근대국가를 건설"할 만한 "정치능력"이 없어 보였기 때문이다. 그렇게 생각하게 된 경위를 같은 글에서 찾아보면 대충 다음과 같다.

이시와라는 육군유년학교 시절부터 '중국의 혁명'에 대해서 큰 희망을 가지고 있었다. 1911년에 무창혁명(武昌革命)[30]이 일어났을 때 이시와라는 조선의 수비대에 있었는데, 그는 병사들을 이끌어 가까운 산에 올라가서 "만세"를 부르면서 중국의 앞날을 축하했다고 한다. 하지만 그 기쁨도 "금방" 끝났다. 쑨원이 위안스카이(袁世凱)와 타협하고 위안스카이는 혁명의 이상을 짓밟았다. 위안스카이의 사후 군벌의 항쟁이 계속되고 "혁명의 정신"은 좀처럼 이루어지지 않아서 이시와라는 "중국인의 정치적 능력에 의문을 품지 않을 수가 없게" 되었다.

이시와라는 만몽문제 해결의 "유일한 방책"은 일본에 의한 점령통치에 있다고 생각하기에 이르렀다. 그의 만몽영유계획은 1931년 5월 22일에 작성된 「만몽문제에 관한 견해(滿蒙問題私見)」에 상세히 기술되어 있는데, 이것은 그가 1928년 10월에 관동군 참모로 부임한 2년 반 후에 작성된 것이라 1931년 초부터 열리고 있었던 '만몽통치연구회'의 연구 성과가 포함되어 있었을 것이다.

하여간, 그 만몽영유계획의 내용을 「만몽문제에 관한 견해」에서 확인해보자. 이시와라는 말한다. 만몽문제의 해결책은 "이것을 우리 영토로 하는" 것밖에 없으며 그러기 위해서는 군부가 주동이 되어 "모략으로 기회를 만들"고, 관동군이 그 기회를 "타서" 단숨에 만몽을 영유해야 한다. 그 만몽영유로 인해 일본은 소련의 위협에 대항할 수가 있

---

30) 신해혁명을 뜻함.

고 조선의 "통치"를 안정시킬 수가 있다. 중국에 대해서는 "지도적 위치"에 설 수 있을 것이다. 게다가 만몽의 농산물은 일본의 식량문제를 해결하고 그 철과 석탄은 중공업의 기초를 확립할 것이며, 기타 여러 기업은 일본의 실업자를 구제할 것이다.

즉 이시와라 간지에게 만몽이란 공산주의 소련의 위협에서 일본 제국주의를 방위하는 최전선임과 동시에 농촌에 피폐와 실업자 증대 등 일본 제국주의의 국내적 모순을 해소하는 곳이기도 했다. 이시와라가 "국내의 개조"보다 "만몽문제 해결"을 먼저 해야 한다고 강조한 이유가 거기에 있다. 곤도 세이쿄나 다치바나 고자부로 등 농본주의자가 국내개조를 쇼와유신이라 부른 데 비해 이시와라 간지가 "만몽문제의 해결"을 쇼와유신이라 부른 것은 그것이 일본 제국주의의 국내적 모순을 해소할 수 있다고 생각했기 때문이다. 이시와라를 원조로 하는 동아연맹(東亞聯盟)[31]의 『쇼와유신론(昭和維新論)』이 국내개조보다 만몽문제를 중시하는 것은 당연한 일이다.

하지만 「만몽문제에 관한 견해」는 만몽을 영유하기 위해 군부가 주동하는 "모략"을 주장하고 있었다. 여기서 말하는 모략이 9월 18일 유조호에서의 만철선로 폭파였으며, 이것을 구실로 관동군이 군사행동을 일으킨 게 바로 만주사변이다. 이시와라는 장지린 폭살(1928년 6월) 모략을 지도한 고모토 다이사쿠의 후임이었으니 모략을 꾸미는 방법은 잘 알고 있었다. 참고로 말하면 이 군부주동의 모략에 관해서는 「만몽문

---

31) 이시와라 간지의 '동아연맹론'을 구체화하기 위해 1939년에 도쿄에서 '동아연맹협회'가 설립되었다. 이 단체는 동아의 여러 나라가 내정의 독립, 국방의 공동, 경제의 일체화를 전제로 해서 민족의 협화를 도모하면서 세계의 절대평화를 실현시키는 것을 목표로 삼았으나, 1941년 4월 도조 내각에 의해 해산을 강요당했다. 그 후 사상단체 동아연맹동지회(東亞聯盟同志會)로 다시 발족했지만 이렇다 할 활동은 하지 못했다.

제에 관한 견해」 성립 10일 후인 5월 31일, 이타가키 세이시로 대좌(관동군 고급참모), 하나야 다다시(花谷正, 1894~1957) 소좌(봉천특무기관원) 및 이마다 신타로(今田新太郎) 대위[시바야마(柴山)고문의 보좌관]와의 "모략에 관한 협의"에서 "만철 공격의 모략은 군부 이외의 자가 행하는"게 적당하다고 결정되었다.

그리고 그 결정대로 군부가 표면에 나오지 않은 채 만주사변이 발생했다. 그러면 이시와라 등이 생각한 만몽영유는 계획대로 실행되었을까? 아니다. 그 이유는 중앙의 참모본부가 이 계획을 거부했기 때문이다. 참모본부 작전부장 다테카와 요시쓰구(建川美次) 소장 등은 국민정부 밑에서 친일적 지방정권을 수립하는 방침을 가지고 있어서 일본군의 만몽영유를 인정하지 않았다. 그래서 이시와라 등은 "눈물을 삼키고" 만몽을 독립국가로 하는 안으로 "후퇴"하게 되었다.

이시와라는 9월 22일의 「만몽문제해결책안(滿蒙問題解決策案)」에 다음과 같은 주를 달았다. "눈물을 삼키고 만몽을 독립국으로 하는 안으로 후퇴하고 최후의 진지(陣地)로 삼았지만 좋은 기회가 다시 와서 만몽영토론을 실현할 날이 있기를 기대한다."

여기서 이시와라의 만주독립국 구상은 참모본부가 주장하는, 국민정부 밑에서의 친일적 지방정권 수립책에 대항하는 차선의 안이었고, 이시와라가 처음부터 만주독립국을 생각했던 게 아니라는 점에 주의를 해야 한다. 만주독립국 운동의 한 주체가 된 만주청년연맹계 사람들이, 이시와라가 만주사변 이전부터 독립국 건설을 생각했었다고 지적하는 것은 당치 않은 말이다.

예를 들어, 오자와 가이사쿠(小澤開策, 1898~1970)[32]와 함께 만주청년연맹의 지도적 입장에 있었던 야마구치 주지(山口重次, 1892~?, 만철 사원)

는 자신의 저서 『비극의 장군(悲劇の將軍)』(1952)에서 1931년 8월 23일의 일에 대해 다음과 같은 일화를 적고 있다. 그날, 이사장 가나이 쇼지(金井章次, 1886~1967, 만철 위생과장)³³⁾와 야마구치를 포함한 청년연맹의 간사 다섯 명이 해행사(偕行社)³⁴⁾에 가서 연맹의 취지를 설명했다. 그 자리에서 야마구치는, "민족협화는 민족투쟁의 반대말입니다. 우리 동아민족은 민족편견이나 민족차별을 초월해서 동양도의(東洋道義)로 귀일하고 화충협동(和衷協同)의 사회를 만들어서 국가를 세우려고 합니다"라고 말했다. 그러자 이시와라는 "참 훌륭하네. 〔……〕 하지만 현재의 만주에서 실현할 수 있겠나?"라는 질문을 하면서 청년연맹의 주장을 인정했다고 야마구치는 말한다.

그러나 이시와라는 민족협화의 이념은 일찍부터 인정했지만 만주독립국의 구상에는 훨씬 늦게, 조금씩 접근해갔다. 그것은 이시와라가 중국인의 "정치능력"에 의심을 품고 있는 이상 당연한 사태였을 것이다.

1931년 12월 2일의 단계에서 이시와라는 "신만몽(新滿蒙)의 건설"을 거론했지만 동시에 만몽영유론은 아직 그의 염두를 떠나지 않고 있었

---

32) 야마나시(山梨) 현 태생. 치과의사. 현재 국제적으로 활약하는 지휘자 오자와 세이지(小澤征爾)의 아버지. 한때 자신의 이름을 '가이사쿠(開策)'라고도 썼지만 본명은 '가이사쿠(開作)'다.
33) 나가노 현 태생. 도쿄 대학 의학부 졸업. 내무성 전염병연구소에 근무할 때 세계적인 세균학자 기타자토 시바사부로(北里柴三郞, 1852~1931) 밑에서 연구를 했다. 영국에 유학한 다음 제네바에 가서 국제연맹 보건부에 근무했는데, 스위스에서는 여러 민족이 서로 다른 언어를 사용하면서 하나의 국가로 단결되어 있는 모습에 감명을 받았다. 1923년에 귀국해서 게이오 대학 교수가 되었지만 1924년부터 만주로 건너가 만철 위생과장에 취임. 이때 청년연맹 결성에 참여했다. 그 후 봉천성(奉天省) 정부고문, 몽골연합자치정부 최고고문 등을 역임했고. 1941년에 퇴임해서 귀국했다. 전후에는 고향인 나가노 현 우에다(上田) 시에서 농촌부흥을 위해 명주 생산을 지도하기도 했다.
34) 육군장교의 친목과 군사연구를 목적으로 한 단체.

다. 「만몽문제의 행방(滿蒙問題ノ行方)」에서 그는 말한다.

> 지나인(支那人)[35]은 개인으로서는 우수한 점이 많지만, 근대국가를 만드는 능력에 있어서 부족한 곳이 있다. 〔……〕 최고 지배를 지나인에게 맡기면 신만몽의 건설은 불가능하다고 봐야 한다. 완성되더라도 금방 종래와 같은 폐해에 시달리게 되는 것은 확실하다. 그래서 백척간두에서 한 걸음 더 나아가 중앙정부는 이것을 완전히 일본에 위탁해야 한다.

이시와라가 이와 같은 만몽영유론을 완전히 포기한 것은 1931년이 끝난 후의 일이다. 1932년이 되면 그는 만주독립국론으로 "전향"한다. 그는 이 "전향"의 계기를 중국인의 "정치능력"에 대한 회의를 불식한 것이라고 말하는데, 그것은 확실히 하나의 큰 계기가 됐을 것이다. 하지만 그와 동시에 만주사변을 일으켜봤지만 현실적으로 만몽의 점령통치가 불가능했다는 사정도 무시할 수 없을 것이다. 그가 만주청년연맹의 '만몽자치국 건설'론에 접근하게 되는 이유가 거기에 있었다.

2

만주청년연맹이 생긴 것은 1928년 11월이다. 이 해에 다나카(田中) 내각[36]은 산둥(山東)출병을 강행하면서 대륙적극책을 실시하기 시작했

---

35) 중국인. 당시 중국을 지나라고 불렀다.
36) 다나카 기이치(田中義一, 1864~1929) 제26대 내각총리대신을 수반으로 한 내각(1927~1929).

다. 이 적극책은 물론 잘 안 되었지만 재만 일본인 가운데에 이 적극책을 환영하는 움직임이 표면화되었다. 그 중심은 일본 중소상인층으로 그들은 중국 상인과의 경쟁에 지고 중국 민족의 저항의식으로 생활 자체가 위기에 놓여 있는 상태를 벗어나려고 일본 정부에 압력을 가하려고 했다.

연맹회원은 한때 5천 명에 달했지만 초기에는 순 민간조직이었기 때문에 회원이 그리 많지 않았다. 창립자 그룹은 야마구치 주지(만철 사원), 오자와 가이사쿠(치과의사), 오카다 다케마(岡田猛馬) 등으로 후에 가나이 쇼지(만철 위생과장), 나카니시 도시카즈(中西敏憲, 만철 지방과장) 등이 참가했다.

그 설립취지서는 말한다. "지금 우리들의 성지(聖地) 만주는 위기에 처해 있다. 이 국가의 존망지추에 정부는 대응책을 가지고 있지 않고 민간에도 국론(國論)이 일어나지 않고 있다. 앉아서 현상을 지켜보기만 하다가는 반드시 망국의 비운이 조국을 덮어버릴 것이다. 그래서 우리가 일어서서 신 만몽정책 확립운동을 시작하려고 한다." 여기서 볼 수 있듯이 만주청년연맹은 설립 당초 만몽의 위기를 내지에 호소하고 그 "특수권익"을 보호하라고 정부에 요청하는 것을 목적으로 하고 있었으니 '만몽자치국 건설'이 목적이었다고 말하기는 어렵다.

단, 이토 다케오(伊藤武雄, 1895~1984)[37]의 『만철에 살다(滿鐵に生きて)』에

---

37) 아이치 현 태생. 제1고등학교 시절에 중국을 여행한 것과 도쿄 대학에서 요시노 사쿠조(吉野作造)의 중국혁명론 강의를 들은 것을 계기로 중국에 관심을 가지게 되었다. 학생운동의 선구가 된 도쿄 대학 신인회(新人會)에 참가. 1920년 대학교 졸업 후 만철 조사부에 입사했다. 다롄에서 『만몽전서(滿蒙全書)』 집필에 참여한 후 베이징으로 전근되었다. 1943년 '만철조사부사건'으로 구속되고 10개월 후에 석방되었다. 전후에는 정치경제연구소 소장, Japan Press 회장 등을 역임했다. 또 중국 연구소, 일중우호협회 등의 설립에 참여했다. 그의 회고담 『만철에 살다』는 만철 조사부에 관한 제1급의 자료가 되었다.

의하면 연맹의 궁극적인 목적은 '만몽자치국 건설'에 있었는데 "처음부터 이것을 내걸 수 없다"는 이유로 위와 같은 설립취지를 내세웠다고 한다. 과연 지당한 말인 것 같지만, 연맹이 다나카 내각의 대륙적극책을 환영하면서 발족한 사실에서 미루어 보아 설립 당초에 있어서는 역시 만몽의 '특수권익' 보호를 정부에 요청하는 것을 목적으로 했을 것이다. 그것이 이시와라가 일본에 의한 점령통치의 어려움을 알게 된 것과 비슷한 경위로 만주에 있어서는 민족협화가 필요하다고 인식하게 되고, 그 현실인식이 만주건국론을 필연으로 삼게 했다고 생각해야 할 것이다.

만주청년연맹이 "여러 민족의 협화를 기한다"는 글귀를 대회결의에 담은 것은 1931년 봄의 일이다. 여기에는 다치바나 시라키의 영향이 있을지 모르지만 그에 관해서는 잠시 보류하기로 한다. 어쨌든 민족협화사상이 청년연맹에 들어가게 되면서 그들은 특수권익을 포기하고 만몽자치국의 건설을 제창하게 되었다. 만몽영유론에서 후퇴한 이시와라 간지가 이 '만몽자치국 건설' 구상에 주목했을 때 만주건국을 위한 자치지도부[38]가 생겼다. 1931년 11월 10일의 일이다.

그런데 만주자치국의 이데올로기에 관해서 말하면 주역은 가사기 요시아키였다. 가사기는 1919년에 도쿄대 법과를 졸업하고 만철에 입사, 동아경제조사국에 근무했다. 당시 그곳에는 나가오 사쿠로(永雄策郎), 오카와 슈메이, 마쓰카타 사부로(松方三郎), 시마노 사부로(嶋野三郎, 1893~1982),[39] 아야카와 다케지(綾川武治), 가네우치 료스케(金內良輔) 등 우경

---

38) 신국가의 이념을 설명하고 지방자치를 지도하기 위한 기관. 민주국이 생긴 후에 해산되었다.
39) 만철의 동아경제조사국(도쿄)에서 오래 근무하면서 『노화사전(露和辭典)』을 편찬했다. 그

분자가 있었지만 그중에서 오카와 슈메이의 세력이 지대했다. 가사기도 역시 오카와의 영향을 받아 유존사, 그리고 행지사(行地社)에 참가했다.

1926년에 오카와가 궁내성(宮內省) 괴문서사건[40]으로 기타 잇키와 대립할 무렵, 가사기는 오카와의 행지사를 떠나 다카무라 고지(高村光次) 등과 함께 '동흥연맹(東興聯盟)'을, 또 구치다 야스노부(口田康信)[41] 등과 '대방사(大邦社)'를 일으켰다. 국내개조와 흥아(興亞)[42]의 일체화를 겨냥하는 운동을 지향한 것이다. 그가 만철 다롄(大連) 본사로 전근이 되어 만주로 건너온 것은 1929년 5월이었다.

국내개조와 흥아를 일체화시키는 가사기의 이데올로기에 공명한 사람들이 다롄에 있던 그의 주변에 모이기 시작했을 때 봉천에서 변호사로 활동했던 나카노 고이쓰(中野琥逸)가 참가했다. 나카노는 교토 대학의 우익학생단체 '유흥학회(猶興學會)'를 돌봐주었던 관계로 만철의 신진 사원들과 모임을 가지고 있었다. 하여튼 가사기와 나카노의 연대하에 1930년 봄에 대웅봉회가 발족했다.

1931년 10월 대웅봉회는 봉천의 묘심사(妙心寺)에서 모임을 열어 방금 발발한 만주사변에 대한 태도를 협의했다. 이타가키와 함께 이 모임에 초청된 이시와라는 다음과 같이 말했다. 만주사변은 군벌 장쉐량을 죽이기 위한 것이다, 군벌을 구축(驅逐)한 다음 일본의 영향하에 새

후 다롄에서 근무했다. 러시아 전문가로 '시마노프'라는 별명이 있었다.
40) 제2부 제5장 pp. 166~67 참조.
41) 가사기와 함께 도쿄 대학을 졸업하고 같이 만철 동아경제조사국에 입사했으나 1년 후 다롄으로 전근했다. 퇴직 후 히로시마(廣島)고등사범학교에서 교편을 잡았다. 10여 년 후 다시 만주로 건너가 가사기와 고락을 함께했다.
42) 아시아 여러 나라의 세력을 뻗치게 한다는 뜻.

로운 국가가 생겨야 한다. 거기에서는 일본, 지나(중국), 조선, 몽골 등 각 민족이 모여 각각의 특성을 발휘해서 '자유' '평등'으로 경쟁하면서 만몽개발에 노력해야 한다. 그리고 그곳을 '낙토'로 만들어야 한다. 그러면 일본의 경기침체도 타개될 것이다.

이에 대해서 가사기는 다음과 같이 응했다. 만몽은 "대승상응(大乘相應)⁴³⁾의 땅"이다. 모든 과거를 씻어 없애고 모든 민족이 함께 화합해서 여기에 '극락토(極樂土)'를 만들자. 그렇게 함으로써 이 땅에서 "흥아의 큰 물결"을 일으키자. 그리고 이 물결을 전 세계에 미치게 해서 "전인류에 참된 큰 조화"를 만들어내자. 가사기의 약간 "말향(抹香) 냄새가 나는"(이시와라의 평) 주장을 정치 슬로건으로 요약하면, '민족협화, 왕도정치, 흥아'가 될 것이다. 대웅봉회 회원들은 가사기의 카리스마적 발언에 공명해서 이시와라 등의 관동군에 전면협력을 하겠다고 말했다.

그런데 자치지도부를 구성한 사람은 나카니시 도시카즈 등 만주청년연맹 일곱 명, 가사기 요시아키 등 대웅봉회 일곱 명, 그 외에 다치바나 시라키(『만주평론』 주간), 아마카스 마사히코(甘粕正彦, 1891~1945, 오스기 사카에 학살사건의 주모자) 등 아홉 명이다. 하지만 몇 개월도 지나지 않아 가사기가 자치지도부의 권력을 잡고 청년연맹계 사람들을 내쫓았다. 1932년 3월 5일의 시점에서 대웅봉회는 열네 명의 자치지도부원이 있었는데 청년연맹은 불과 네 명밖에 없었다. 대웅봉회가 일종의 엘리트조직인 데 비해 청년연맹은 민간의, 말하자면 대륙 낭인 같은 사람들의 모임이었으니 권력투쟁을 하면 그런 결과가 나오는 것은 자명한 일이었다.

---

43) 대승불교에 적합하다는 뜻.

그러나 이시와라는 그런 결과가 마음에 들지 않았다. 청년연맹의 소박한 아시아주의를 신뢰하는 이시와라는, 1932년 7월 2일에는 자치지도부의 후신인 자정국(資政局)을 폐지해버린다. 이시와라는 뒤에 청년연맹계의 야마구치 주지, 오자와 가이사쿠와 동아연맹을 만들게 되는데, 『가사기 요시아키 유방록(笠木良明遺芳錄)』에 의하면 자정국을 폐지당한 가사기는 이시와라의 그런 행동을 보고 "이시와라도 군벌이다"라고 말했다고 한다.

다만 그것은 만주국이 생긴 후의 일이며 만주국 건설과정에서 가사기의 활약은 두드러지게 뛰어난 것이었다. 그는 자치지도부 연락과에 적을 두고 각 현(縣)에 대웅봉회 맹원들을 속속 보내면서 만주국에서 정치적 지반을 굳혀갔다. 장지린을 버리고 랴오양(遼陽)에 들어앉아 있었던 만주정치계의 거두 위충한(于冲漢)[44]을 억지로 끌어낸 것도 가사기의 힘이 컸다.

다시 활동을 시작하면서 위충한이 만주국에 요망한 사항은 다음 네 가지다. ① 만주는 중국과 완전히 분리독립할 것. ② 경찰 이외에 군대를 두지 않을 것. ③ 관치는 중앙에 한하고 지방은 민치로 할 것. ④ 정치 방침은 외국의 주의를 따르지 않고 고래부터 전해온 왕도를 따를 것.

이시와라는 두번째 항목만은 당면 불가능한 이상주의라고 했지만 나머지는 청년연맹이 주장하는 만주독립국 구상이며, 가사기 등이 주장하는 왕도주의이고, 또 다치바나 시라키의 농본자치주의와 겹치는 것이라 다 양해했다. 만주국은 이와 같이 잡다한 사상을 그러모으면서

---

44) 위충한은 1897년에 도쿄외국어학교에서 교편을 잡으면서 일본사정을 연구한 바 있어서 일본어에 능통하고 일본사정도 잘 알고 있었다. 러일전쟁 때는 만주군에서 특별임무를 맡았고, 1920년에는 장지린의 특사로 일본을 방문한 적도 있다.

세워지려 하고 있었다.

3

다치바나 시라키가 이시와라 간지를 찾아 이야기를 나눈 것은, 이시와라의 일기에 따르면 1931년 3월 12일의 일로, "〔……〕 밤에, 나카지마(中島) 씨, 다치바나 씨와 함께 회식. 다치바나 씨와 많이 토론"이라고 적혀 있다. 그들은 이어서 중국 및 만주문제에 관해서 다음과 같은 이야기를 한 모양이다.

다치바나의 주장은 다음과 같다. 중국인은 "농본주의"적이지만 산업경영의 능력도 일본인 못지않게 갖추고 있고 정치적 능력도 있다, 지금은 몇 가지 소요가 일어나고 있지만 이것도 중국이 자기 힘으로 통일되면서 없어질 것이다. 만주문제에 관해서는 일본이 "정치군사적"으로 개입하는 것은 적당하지 않으며 "금융자본주의"적으로, 즉 경제적으로 지배하는 형태를 취하는 게 좋을 것이다. 그리고 만철은 지금의 "운송업"에서 "상공업"으로 전환해서 경제적 지배의 중심이 돼야 한다.

다치바나의 이 견해에 이시와라가 어떤 반응을 보였는지 확실하지 않지만 이런 의견을 말한 사실에서 미루어 보면 3월의 단계에서는 이시와라가 아직 만주독립국에 관심을 가지고 있지 않았다는 사실은 알 수 있다. 이시와라는 만몽을 영유한 후에 택할 체제를 모색했었던 것 같다.

하지만 다치바나 시라키가 본래 가지고 있었던 사상은, 만주의 식민지지배를 가능케 할 방법을 강구하기 위한 것이 아니었다. 그는 중국

사회에 대해 오래 연구한 결과로 그 사회적 기저에 "강인한 자치능력"을 가지는 "공동사회"가 존재한다는 사실을 발견했다. 1906년에 중국으로 건너가 거기서 저널리스트 생활을 한 다치바나는 차차 중국사회 연구라는, 절반은 학구적인 영역으로 향하고 있었다. 만주사변 직전인 8월에 "무보수 합작(無報酬合作)"의 『만주평론』(주간)을 발간했지만 그는 이 잡지를 근거지로 해서 중국사회연구를 계속하려고 했었다. 이 잡지는 패전한 해 4월까지 15년 동안 간행되고 통권 675호에 달했다.

다치바나 시라키는 그대로 나아갔다면 약간 특이한 중국 연구자로 끝났을 수도 있다. 하지만 당시의 그는 만철의 촉탁사원이었고 같은 잡지의 집필동인으로 만철 사원이고 청년연맹의 맹원이었던 고야마 사다토모(小山貞知, 1888~1968) 같은 사람도 있었다. 또 중국사회의 구조에 관한 질문을 이시와라 간지에게서 받기도 하면서 다치바나는 점점 만주건국과 인연이 생기기 시작한다. 특히 만주사변 다음 달인 10월, 봉천의 동탁루(東拓樓)에서 이타가키, 이사와라 등 관동군 참모와 회담을 한 것이 다치바나를 만주건국의 이데올로그로 만드는 결정적 계기가 되었다.

즉, 다치바나는 만주독립국 구상으로 "전향"하고 있는 이시와라 등과 결부되면서 중국 본래의 "대동사회(大同社會, 유토피아)" 실현을 만주국에서 상상했다. 「나의 방향전환(私の方向轉換)」에서 다치바나는 말한다. "이들 장교가 현재 가지고 있는 지도정신과 다른 기조(基調)를 가지는 나로서는, 그들이 품고 있는 이들 의도(왕도국가의 건설)가 어느 정도 실현될지는 막론하고, 어느 지점까지의 믿음직한 동행자로서 이 새로운 세력에 기대하는 바가 아주 크다."

이래서 다치바나는 『만주평론』 집필동인 노다 란조(野田蘭藏) 등을 거느리고 자치지도부의 일원이 되었다. 현지파 시놀로지스트Sinologist(중국학자)로서 다치바나와 쌍벽을 이룬 나카에 우시키치(中江丑吉, 1889~1942)⁴⁵⁾가 만주국을 일본 제국주의의 괴뢰정권으로 배척한 것과 완전히 반대의 입장이다. 차오루린(曹汝霖, 1877~1966)⁴⁶⁾의『일생의 회상(一生之回憶)』에 따르면 나카에는 예전부터 알고 지내던 친일파의 중진 차오루린이 만주국 정부에 초빙되려고 했을 때 그를 찾아가 만주사변의 성격을 설명하면서 만절(晚節)을 더럽히지 말라고 간청했다고 한다. 단, 이시와라 간지의 부하인 이마다 신타로(今田新太郎)는 나카에의 집에 드나들었다.

그건 그렇고 다치바나의 만주국 구상은 왕도에 의한 자치와 협화의 대동사회를 건설하는 데에 있었다. '대동사회'는 중국 농민들의 전통적 유토피아이며 그 건설을 그는 만주국에서 꿈꾸었다. 일본 국내에서는 농본주의자 다치바나 고자부로나 곤도 세이쿄가 5·15사건에 몰려갔던 때와 같은 무렵, 국외에서는 농본주의자 다치바나 시라키가 만주국 건

---

45) 나카에 조민의 아들로 도쿄에서 자라고 후반생의 30여 년 동안을 베이징 한구석에서 보냈다. 독자적인 안목으로 중국고대사상을 연구했지만, 학계와 관계를 가지지 않았기 때문에 사회적으로 널리 알려지지는 않았다. 학자를 표방한 일이 한 번도 없는 그는 누가 "선생님"이라고 부르면 화를 냈다고 한다. 그런데도 그의 명석한 두뇌와 박식, 일찍부터 일본의 패전을 예언한 날카로운 통찰력은 주변 사람들을 놀라게 했으며 그의 집을 방문하는 사람이 끊이지 않았다. 사후『중국고대정치사상(中國古代政治思想)』『나카에 우시키치 서간집(中江丑吉書簡集)』등이 간행되었다.
46) 상하이 태생. 도쿄에 유학, 주오(中央) 대학을 졸업했다. 학생 시절 나카에 조민이 죽은 후 그의 집에 하숙해서 나카에의 미망인과 딸에게서 따뜻한 대우를 받으면서 지냈다. 당시 우시키치는 아직 중학생이었다. 귀국 후 청나라에서 관계(官界)에 들어가 중화민국 성립 후 외교, 교통, 재무 등의 영역에서 수완을 발휘했지만, 그가 외교부에 있었을 때 '21개조의 요구'(1915)가 체결되었기 때문에 중국국민은 그를 '친일파 매국노'로 지목했다. 후에 실업가로 전신. 전후 일본에 살고 있었지만 미국에 건너가 미시건에서『일생의 회상』을 집필하면서 만년을 보냈다. 이 회상록은 홍콩에서 잡지, 신문에 게재돼서 높은 평가를 받은 것을 단행본으로 묶어서 1966년에 홍콩에서 출판되고, 이듬해 도쿄에서 일본어판이 나왔다.

설에 그 꿈을 걸고 있었다. 이것은 이시와라가 "만몽문제의 해결"에 쇼와유신을 걸고 있었던 것과 조화를 이루고 있었다.

다치바나 시라키가 자치지도부에서 강연한 「왕도 실천으로서의 자치(王道の實踐としての自治)」(1931)에는 그가 만주국에 건 꿈이 선명히 나타난 구절이 있다.

이것을 작금의 말로 표현하면 '모든 인민의 생활이 보장되는' 것이 첫번째이며 부(富)를 개발하고 그것을 사유(私有)하지 않는 것이 두번째, 사회를 위해 노동하는 것이 세번째인데, 이 세 가지 조건이 실천되는 것을 레이운(禮運)은 '대동의 세상'이라 불렀다.

이 세상에 있을 수 없는 환상의 나라 만주국의 이념의 궁극이, 다치바나의 이 말 속에 집약되어 있다. 이토 다케오가 '만주환상국'이라고 명명한 것도 납득이 된다. 물론 이것이 환상인 이유는 농촌공동체와 공동체로서의 국가를 직접적으로 결부시키고 그것이 (여러 민족의) 농민의 자치능력으로 실현가능하다고 한 점에 있다. 이것을 다치바나의 이론적 오류라고 말하는 것은 쉽지만 그것이 이론적 오류임은 역사가 끝난 후에야 알 수 있는 일이다. 다치바나는 중국사회를 연구한 결과 그것이 가능하다는 쪽으로 내기를 한 것이다. 즉 다치바나는 만주국에 '대동사회'를 기대하는 것이 도박임을 알고 있는 유일한 인물이었고 그런 점에서 그는 만주청년연맹이나 대웅봉회 사람들, 그리고 이시와라 간지와는 달랐다.

여하간 다치바나 시라키의 도박도 가사기 요시아키의 몽상도 껴안으면서 이시와라는 점점 더 구체적으로 '만주독립국'의 필요성을 느끼기

시작했다. 자치지도부가 성립된 지 두 달 후 이시와라는 그 이전의 만몽영유론을 완전히 포기했던 것 같다. 1932년 1월 25일의「신국가에서 일본인이 차지할 지위에 관하여(新國家內ニ於ケル日本人ノ地位ニ就テ)」는 말한다. "일지인(日支人)[47]은 전적으로 평등의 지위에 서는 것으로 한다. 이를 위해 일본인이 그 우월감을 버리는 것은 물론이거니와, 신국가를 지나인의 것으로 오해해서 거기에 참가하는 것을 주저해서는 안 된다" "신국가의 관리는 재만인(在滿人)으로 충당하는 것을 본지(本旨)로 한다."

아마 여기에서의 이시와라는 국가주의를 초월하고 있다. 말하자면 초국가주의자로서의 이시와라가 자립한 것은 만주독립국론으로 완전히 전향했을 때다. 그리고 바로 이때 청년연맹, 대웅봉회, 다치바나 시라키, 이시와라 간지가 하나로 결부되었다. 즉, 만주국은 초국가주의적 이념으로써 반조국적(反祖國的)이고 반근대적이고 반중앙집권적이고 반관료적이고 반자본주의적이고 반공산주의적이고 반민족주의적이 될 수 있었다.

낭만주의자 야스다 요주로가 만주국이라는 낭만을 노래한 이유도 거기에 있었다.「만주국 황제기에 바치는 노래(滿洲國皇帝旗に捧げる曲)」(1940년 12월)에서 야스다는 말한다.

　　만주사변이 그 세계관적 순결함으로 감동시킨 대상은 우리들 동시대의 청년들의 일부였다. 그 시대에 가장 늦게 마르크스주의적 사상을 가진 학생들은 전향이라는 형태가 아니라 정치적인 것에 조금도 물들지 않

---

47) 일본인과 중국인.

는 형태로, 가장 순수하게 이 새로운 세계관의 표현에 감동했다. 〔……〕 지금 있는 만주국의 이상이나 현실을 사상으로서의 만주국이라고 부르는 것은 아니다. 내가 말하는 것은 더 뒤에 있을 일본의 낭만주의다.

말할 것도 없이 여기서 야스다가 말하는 것은 현실의 만주국 혹은 만주국이라는 이상이 아니라, 이 세상에 있을 수 없는 미적 관념으로서의 만주국이다. 하지만 그가 현실적 존재인 만주국에 미적 관념을 걸 수 있었던 이유는 자명하다. 즉 만주국의 '민족협화' '왕도낙토' 등의 이상이, 너무나 실현 불가능한 이상이었기 때문이다.

4

1932년 3월 1일, 만주국이 발족됐다. 자치지도부가 해산한 것은 반달 후인 3월 15일이다. 이때 자치지도부의 권력을 잡고 있었던 가사기는 자정국장(資政局長)이 되어, 총무장관인 고마이 도쿠조나 민정부(民政部) 총무사장(總務司長) 나카노 고이쓰 등 중앙정부계 인사에 대항하려 했다. 한편 가사기에 의해 자치지도부에서 쫓겨난 청년연맹의 야마구치 주지나 오자와 가이사쿠 등은 가사기의 내부개혁 자체가 이미 정부계열에 편입된 것이라고 생각해서 재야에서 만주국을 건설하기 위해 '협화당(協和黨)'을 조직하기에 이르렀고, 이시와라와 다치바나는 이 협화당을 편들었다.

결국 만주국은 성립 당시부터 만주국운동 추진자들의 의향과 달리 일본 정부와 군부에 유린당하고 왕도정치도 민족협화도 찾아볼 수 없었다. 청년연맹은 가사기에 의해 쫓겨나고, 가사기는 고마이, 나카노 등에 의해서 쫓겨났다. 그리고 고마이 총무장관도 조선의 경무장관이었던 엔도 류사쿠(遠藤柳作, 1886~1963)[48]에 의해 쫓겨나게 되었다. 고마이도 만철을 경유한 일종의 대륙 낭인이었으니 어떤 뜻으로는 가사기나 야마구치와 큰 차이가 없었다. 단지 지배체제와 더 깊이 결부되었던 사람이 더 늦게 쫓겨났을 뿐이다. 참고로 말하면 처음부터 끝까지 권력을 잡고 있었던 사람은 민정국 경무사장(警務司長)이 된 아마카스 마사히코 정도다.

건국운동에 관여한 사람들이 다 쫓겨났을 때 만주국을 좌지우지한 사람들이 소위 '2키 3스케,' 즉 도조 히데키(東篠英機, 1884~1948),[49] 호시노 나오키(星野直樹, 1892~1978), 마쓰오카 요스케(松岡洋右, 1880~1946), 아이카와 요시스케(鮎川義介, 1880~1967), 기시 노부스케(岸信介, 1896~1987)[50]였으며, 이들 혁신관료, 군벌, 재벌의 대표가 다 모였을 때 만주의 식민지체제가 확립되었다. 당연히 이시와라도 관동군 참모장인 도조에 의해 관동군의 주류에서 소외당한다. 그래서 '2키 3스케'의 감수 밑에 편찬되었다고 할 수 있는 『만주국사(滿洲國史)』(1970)의 서술을 전면적으로 믿어서는 안 된다.

그런데 이와 같은 식민지화가 만주건국의 이념인 '왕도낙토'나 '민족

---

48) 사이타마(埼玉) 현 태생. 정치가, 변호사. 도쿄 대학을 졸업해서 조선총독부에 근무한 후 아오모리, 미에(三重), 가나가와, 아이치 현의 지사 등을 역임했다. 1933년부터 35년까지 만주국 총무장관을 지냈다. 무사시노(武藏野)은행 창립자이기도 하다.
49) 도쿄 태생. 군인, 정치가. 1941년에는 현역 육군대장으로 수상에 취임, 내무대신, 육군대신도 겸임하는 등 절대적 권력을 잡았다. 전후 A급 전범으로 교수형에 처해졌다.
50) 야마구치 현 태생. 정치가. 1941년 도조 히데키 내각의 상공대신에 취임했다. 전후 A급 전범용의로 체포되었지만 불기소되었다. 1957년 수상에 취임, 1960년 신 일미안보조약 비준을 강행하여 혼란의 책임을 지고 총사퇴했다.

협화'의 알맹이를 빼버리는 짓이라고 해서 마지막까지 저항한 사람들이 청년연맹계 인사와 이시와라, 다치바나였으며, 이 삼자가 뒤에 동아연맹을 결성하게 된다.

어찌 되었건 만주국 성립 25일 후 옛 청년연맹의 야마구치 주지, 오자와 가이사쿠 등 10명은 혈맹을 맺고 만주국의 이념적 완수를 기하도록 협화당을 결성하기로 했다. 이것은 만주 여러 민족의 협화, 자치정치의 확립, 자본주의적 독점경제의 배제, 국가통제경제 실현, 민도 향상 등을 목적으로 하는 '일국일당(一國一黨)'의 정당이었다. 이때 봉천 총영사(總領事)가 외상에게 보낸 비밀전보에는 오자와 등이 '파시즘'운동을 일으키려고 하고 있다고 쓰여 있었다. 국가통제경제 실현 등에서 미루어보면 이것은 확실히 하나의 파시즘사상이다. 그러나 어떻든 간에 파시즘사상을 일종의 혁명사상이라고 생각한다면 그닥 이상한 것은 아니다. 만주국이 거의 다 일본의 괴뢰정권이 되어가고 있을 때 협화당은 그것을 만주국의 이념으로 향하도록 변혁하려고 했고, 뤈전뒤〔阮振鐸, 봉천성 비서장(秘書長)〕와 위징위안(于靜遠, 위총한의 장남)에 이르러서는 협화당 창립위원이 되기까지 했다.

그런데 이시와라는 이 협화당 육성에 관여하는 한편 가사기 등의 자정국을 7월 7일에 폐지했다. 그는, 대웅봉회 회원처럼 관리(官吏)가 되어버린 사람들은 지방자치를 지도할 수 없다고 생각한 모양이다. 자정국의 관제(官制)에는 "각부의 시정(施政)을 창달(暢達)한다"고 하고, 소관사항(所管事項)으로는 "선전, 자치의 지도 및 관리의 양성훈련을 한다"고 씌어 있었지만 이시와라는 "관리가 되어버리면 자치를 지도하지 못한다. 관청에 있으면서 관청 각부의 시정을 창달한다니 무슨 말이냐. 예전의 탄정대(彈正臺)[51] 같은 임무를 맡으려고 하는가. 전혀 알 수가 없다. 속임수다" 하고 항의했다고 한다.

협화당에는 만주국 정부 총무부가 말참견을 했지만 이시와라가 중재해서 협화회(協和會)로 개칭하는 정도로 수습되었다. 이때 총무부의 의향을 표명하러 찾아온 사람이 총무국장 나카노 고이쓰와 경무사장 아마카스 마사히코다. 양자의 타협의 산물로 태어난 협화회는 7월 25일에 겨우 발회식을 열었다.

이시와라는 이 협화회에 협력을 아끼지 않았지만 한편으로 그는 나름대로 만주독립국에 대한 일본 정부 및 군부의 개입을 극력 배제하려고 노력하고 있었다. 그 사실은 당시 그가 오바타 도시로(小畑敏四郎, 1885~1947) 소장이나 이소가이 렌스케(磯谷廉介, 1886~1967) 대좌, 이타가키 세이시로 등에게 보낸 편지들을 보면 일목요연하게 드러난다.

그중 하나만 예로 들어보겠다. 1932년 4월 22일자 오바타 소장 앞으로 보낸 편지에 다음과 같은 구절이 있다. 이것은 만주국이 발족한지 두 달도 안 되는 시점에 보낸 편지인데 이시와라가 일찍부터 만주건국의 이념이 유명무실화되는 것을 걱정하면서 이념의 완수에 애를 쓰고 있었음을 증명하는 것이다. 이시와라는 말한다.

신국가는 일본 정부의 지도에 의해 성립된 게 아니라 재만일본인이 일본 국민의 후원으로 건설한 것이다. 〔……〕 신국가의 정치는 재만 여러 민족의 공평한 참여에 의해 공명하게 해야 한다. 〔……〕 일본은 이 신국가의 방침에 찬동해야 하며, 정치적 권익의 확장으로 인한 일본의 우선적 경제활동을 기대해서는 안 된다. 즉 일본은 신국가 승인과 함께 만

---

51) 메이지정부를 감찰하는 기관으로 1869년(메이지 2년)에 교토에 설치되었다. 존왕양이파를 회유하기 위해 만들어진 것으로 별로 권한이 크지 않았고, 1871년에는 사법성에 합병되었다.

주국 내에 설치하는 정치기관을 필요한 최소한도로 줄이고 만철에 부속된 토지의 행정권을 신국가로 양도하고 동시에 치외법권을 철폐한다. (……)

만주국은 이시와라에게 있어 이미 필요가 아니라 이념 자체였다. 그는 만주국에서 일본 제국주의의 권익을 일절 인정하지 않고 일본 정부의 지도도 필요로 하지 않는다. 결국 그는 만주국을 일본의 영토 혹은 식민지로 만들려는 생각을 일절 부정하면서 협화회의 활동을 옆에서 도우려고 한 것이다.

이것은 방식은 다르지만, 다치바나 시라키가 『만주평론』을 통해 협화회에 영향을 미친 것과 쌍벽을 이루는 행위라 볼 수 있다. 다치바나는 다음과 같이 쓰고 있다.

자본주의적 난세에도 공동사회에 대한 이상은 가능한 한 실현되어야 한다. 그 과정이 소강사회(小康社會)이다. (……) 만주국은 실업자를 무조건으로, 그리고 반드시 보장한다는 정책을 취하라. 그것이 혹 다른 잘못을 범하는 일이 있어도 세계사에 남을 만한 왕도국가에 이르는 길이다.

그런데 다치바나는 협화회 사람들을 상대로 건국의 이상을 열심히 설명했지만, 그가 주장한 "만주문제의 지역적 한계의 엄수"는 군부의 북지(北支) 진출로 깨지고, "조선족, 몽골족, 회족 등 약소민족의 단결의 자유"도 정부가 일본인에게 특권을 부여하면서 무효화되고, "국, 성, 자치체 등에 의한 대기업의 공영"도 만주중공업 등의 특수회사가 대행하게 되고, "만주국 철도"는 만철의 소유물이 되는 등, 그의 이상은 하나씩 현실에 의해 허물어져갔다. 다치바나는 만주국이 일본 제국주의의 국내적 모순을 해소하는 장이고 일본 제국주의를 방위하는 최전선이라는 사실을 알면서 내기를 했지만 그 현실은 그가 마침내 그 도박에 졌음을 증명하는 것이었다.

도박이 실패한 원인의 하나는 협화회의 조직 개편을 인정해버린 데에 있었다. 개편으로 인해 군인과 관료가 협화회를 차지하게 되었기 때문이다. 다치바나는 이 개편에 관해서 1934년에 이와 같이 썼다. "옥쇄를 각오하고 마지막까지 버티어야 했다. '한번 무릎을 꿇으면 다시 펴지 못한다'는 말이 있지만 협화회의 운명은 마침 그 말 그대로였다."

이래서 만주독립국의 이념은 이후 완전히 공염불이 되어버린다. 그 이념에 살을 붙이는 주체가 사라졌으니 말이다. 1933년 3월 9일, 협화회는 이시와라가 제창하는 동아연맹운동을 추진하겠다고 정식으로 표명했지만 동아연맹의 선구가 되어야 할 만주독립국은, 생각건대, 이제 어디에도 존재하지 않았다.

제3장
만철 조사부론

1

나카에 우시키치는 북경에서 만철 조사과(그전의 명칭은 '조사부') 촉탁으로 생활비를 벌고 있었다. 처음에는 세상을 떠난 아버지 나카에 조민의 친구인 사이온지 긴모치(西園寺公望, 1849~1940)[52]가 주는 돈으로 살고 있었지만, 사이온지는 자금이 부족하다는 이유로 우시키치를 만철 총재 센고쿠 미쓰기(仙石貢, 1857~1931)에게 소개했다. 그 소개장을 중개한 사람이 만철 조사과에 근무하고 있었던 이토 다케오다. 이토는 도쿄 대학 신인회(新人會)[53] 출신으로 1920년에 만철에 입사, 조사과장

---

[52] 정치가, 공작. 메이지유신으로 군공을 세웠다. 프랑스에 유학해서 나카에 조민 등을 알게 되고 거기서 자유사상을 배운 사이온지는 귀국해서 동양자유신문사 사장으로 자유민권운동에 관여했다. 그 후 정계에 들어가 두 번 수상이 되었다. 한시를 쓰기도 하고, 또 유명문인들을 다수 초대해서 '우성회(雨聲會)'를 여는 등 취미인으로도 알려져 있다.
[53] 1918년 요시노 사쿠조(吉野作造) 등의 후원으로 도쿄제국대학에서 결성되고 1929년까지

을 거쳐서 '만철 조사부 적화사건(赤化事件)' ⁵⁴⁾에 연좌되었을 때에는 같은 회사의 참여(參與)⁵⁵⁾가 되어 있었다.

당시 이토의 상사로 유치원 시절부터 나카에와 친하고 평생을 통해 거의 유일한 친구였던 이시모토 겐지(石本憲治, 후에 이사)가 있었기 때문에 나카에를 촉탁으로 하는 안은 수월하게 통과됐다. 1923년의 일이다. 당시로서는 높은 대우라 할 수 있는 한 달에 300엔을 받는다는 조건으로 3년 계약이었다. 이 계약은 3년마다 갱신되고 그가 생애를 마치는 1942년까지 계속되었다. 계약할 때 나카에는 받는 돈은 '연구비'이고 촉탁으로서의 일은 일절 하지 않겠다, 그 대신 연구 성과가 나왔을 때에는 한 부를 제출한다는 조건을 걸고 인정을 받았다. 만철 조사부 촉탁이라는 입장이 얼마나 자유로운 것이었는지를 엿보게 하는 일화다.

물론 그렇다고 해서 역사 속에서 만철이 차지하는 위치를 나카에 우시키치가 몰랐던 것은 아니다. 1935년 말 그의 제자 가토 고레타카(加藤惟孝, 후에 도쿄교육대학 교수)⁵⁶⁾가 만철 조사부에 취직하려고 했을 때 나카에는, 만주사변 이후 일본은 세계에서 비난받아야 할 길을 걸어왔으

계속된 사회주의적 학생운동단체.
54) 1942년 9월과 1943년 7월에 두 번에 걸쳐 관동헌병대가 만철 조사부원을 검거한 사건. 만철 조사부는 원래부터 자유로운 분위기가 있어 조사부원들은 당시 발행금지되어 있었던 마르크스의 『자본론』을 텍스트로 연구회를 열고 있었다. 또, 1939년 조사부를 확충했을 때 좌익에서 전향한 경력이 있는 사람이 다수 입사했다. 사건은 1945년에 판결이 나와 검거된 44명 중 4명이 석방, 40명이 기소됐다. 5명이 옥중에서 죽고, 15명은 보석되고, 나머지 20명이 판결을 받았다. 최고형은 2명이 받은 도형(徒刑, 징역) 5년이었고, 전원에게 집행유예가 부여되었다.
55) 학식이나 경험이 있는 사람으로 행정사무 등에 조언을 주는 직위.
56) 지바(千葉) 현 태생. 1935년 교토 대학 경제학부 졸업. 1936년 중국에 건너가 베이징동학회어학교(北京同學會語學校) 등에서 교편을 잡았다. 전후에는 도쿄교육대학 농학부 교수가 되었다.

니 정부에 관련되는 큰 기관에는 취직하지 말라고 충고했다. 그리하여 가토는 만철 조사과에는 들어가지 않고 베이징전문학교 교사가 되었다.

나카에는 만철에 몸은 팔았지만 마음은 팔지 않았다. 그러나 후배에게는 몸을 파는 것 자체도 하지 말라고 충고했다. 그것은 몸을 팔려다가 마음까지 팔게 될 위험성을 잘 알고 있었기 때문이기도 하고, 동시에 그가 일본 및 만철의 앞날을 예측하고 있었기 때문이기도 했을 것이다.

나카에는 10년 전에도 만철에 입사하려고 했었다. 1914년, 도쿄 대학을 갓 나온 스물다섯 살 청년이었던 나카에는 만철에 입사하기 위해 9월경에 다롄으로 향했다. 만철 부총재 이토 다이하치(伊藤大八, 1858~1927)의 권유에 따른 것이다. 이토 다이하치는 나카에 조민의 불학숙에서 배운 적이 있어서 연고가 있었던 것 같다. 그런데 한 달 후인 10월경, 나카에는 예전에 그의 집에 하숙했던 차오루린의 초청으로 위안스카이의 고문 아리가 나가오(有賀長雄, 1860~1921)의 비서가 되어 베이징으로 옮겨갔다. 만철 사원이 되는 것을 꺼렸기 때문이 아닌가 싶다. 결과적으로 그는 '촉탁'이라는, 불안정하지만 어떤 의미에서는 자유로운 입장을 스스로 선택한 모양이다.

나카에 우시키치가 촉탁으로 월급 300엔을 받게 되기 전, 다이쇼 중엽에 오이 겐타로도 역시 만철 총재 나카무라 유지로(中村雄次郎, 1914~1917년 만철 총재)와의 연고로 월급 250엔(연봉 3천 엔)을 받고 있었다. 그의 경우 다롄에 '관동주(關東州) 노동보호회'를 만들었다는 명목으로 받았던 모양인데, 돈은 월말에 만철 도쿄지사에서 소사가 가져왔다고 한다.

조사과의 촉탁원이 몇 명 있었는지는 정확히 알 수 없다. 점점 늘어난 것은 확실한데, 정식 촉탁 이외에 숨은 촉탁도 많았기 때문이다. 장지린을 폭살해서 만주사변의 계기를 만들었다고 하는 관동군 참모 고모토 다이사쿠도, 대륙 낭인의 한 사람이었던 이노우에 닛쇼도, 그리고 관동대지진 때 오스기 사카에를 교살했다고 하는 아마카스 마사히코도 이 숨은 촉탁이었다.

『만몽연감(滿蒙年鑑)』1927년 판(1926년 작성)에 의하면 1926년 3월의 시점에서 조사과 촉탁은 23명이 있었고 만철 전체로는 142명의 촉탁인 수가 기록되어 있다. 그 대부분은 군의 퇴역장교, 저널리스트, 소식통이었다. 또 조사과 촉탁의 대부분은 저널리스트와 학자였다. 그중에는 중국고대사상사 연구자 나카에 우시키치, 중국노동문제 연구자 스즈에 겐이치〔鈴江言一, 1894~1945, 중국명 왕추지(王樞之)〕,[57] 일본고고학의 선구자 야기 소자부로(八木奘三郞, 1866~1942), 만철 도서관의 방대한 한서(漢書) 수집에 힘을 쓴 마쓰자키 쓰루오(松崎鶴雄), 다오카 레이운의 동생이며 한시인인 다오카 마사키(田岡正樹), 식민정책론을 전공한 호소카와 가로쿠(細川嘉六, 1888~1962), 만주국의 이념을 제창한 다치바나 시라키, 『아사히신문』 기자로 후에 '조르게사건'[58]에 연좌하게 될 오자키 호쓰미(尾

---

57) 시마네(島根) 현 태생. 1919년 쌀 소동에 관여한 관계로 신변에 위험을 느껴서 중국에 건너갔다고 한다. 베이징과 상하이에 오래 살았는데 항상 중국옷을 입고 중국이름을 쓰면서 중국사람처럼 살았다. 나카에 우시키치의 제자 같은 입장으로, 부자처럼, 형제처럼 사이 좋게 지냈다. 만철 조사부에 취직했지만 중국혁명운동에 관여해서 해고됐다가 1937년에 복직됐다. 잡지 『개조(改造)』에 왕자언(王子言)이라는 이름으로 중국문제에 관한 글을 기고했으며, 가이조샤(改造社)에서 왕추지(王樞之)라는 이름으로 『쑨원전(孫文傳)』(1931)을 간행했다. 그 외에 왕내문(王乃文)이라는 이름도 썼다. 『지나혁명의 계급 대립(支那革命の階級對立)』(1930)도 귀중한 연구 성과다. 1943년 나카에 우시키치의 장례를 지낸 직후 만철 조사부사건 제1차 검거 때 검거되었다. 몇 개월 후에 석방되었지만 병을 얻어 사망했다. 죽음을 앞두고 나카에의 유고(遺稿)정리에 힘을 썼다.
58) 1941~1942년 리하르트 조르게(Richard Sorge, 1895~1944)를 비롯한 소련의 스파이조직이 일본에서 활동했다는 혐의로 검거된 사건. 고노에 후미마로(近衛文麿) 내각의 촉탁이

崎秀實, 1901~1944) 등이 있었다. 그들의 근무시간은 구구불일이었으며 계약기간은 1년 내지 3년이었다.

우익보다 좌익 촉탁이 훨씬 많았다는 게 만철 조사부의 특징이었고 그 특징은 대동아전쟁 무렵에 두드러졌다. 이토 다케오의 『만철에 살다』에 의하면 좌익 출신으로 촉탁이 된 효시는 가와카미 기요시(河上清, 1873~1949)[59]였다고 한다. 가와카미는 1901년에 결성되고 결성 당일 금지된 일본최초의 사회주의정당 '사회민주당' 결성멤버의 한 사람이었다. 만년에 컬럼비아 대학에서 일본문제 강좌를 담당했을 때 그는 뉴욕에 있었지만 만철 조사부 촉탁도 겸하고 있었다.

만철 조사과원은 이들 촉탁을 포함하면 많을 때에는 2천여 명에 달했다고 하는데 나카에 우시키치는 그중 한 사람에 지나지 않았다. 그러나 나카에는 어떤 인물에게서, 오카와 슈메이와 함께 동양정치학을 세우는 강좌를 지도하면서 내부에서 그 강좌가 편향되지 않도록 해달라는 부탁을 받았을 때, 그 요청문을 갈기갈기 찢어서 타구(唾具)에 버렸다고 한다. 오카와 슈메이는 조사과에서 독립해서 생긴 동아경제조사국(도쿄지사에 설치되었다)의 조사과장이었다. 몸은 팔아도 마음은 팔지 않는 나카에의 정절은 여기서도 관철되고 있다.

하지만 여기서는 나카에 우시키치의 사상과 생애에 대해서 이야기하려고 하는 것은 아니다. 동아경제조사국을 만철 발전의 한 형태라고 생각하면, 만철 조사부는 서로 대립하는 나카에 우시키치와 오카와 슈메이를 다 받아들인 셈인데, 이것이 도대체 어떤 조직이었는가를 논하는 게 이 글의 주제다. 1889년생인 나카에와 1886년생인 오카와를 그

없던 오자키 호쓰미도 그 조직에 관여했다고 해서 조르게와 함께 사형에 처해졌다.
59) 야마가타 현 출신. 저널리스트. 기독교 사회주의자. 주로 미국에서 활동했다.

사상적 경향으로 좌익과 우익으로 나눈다면 만철 조사부는 좌우양익을 다 가진 정체불명의 괴물 같은 조직이라고 말할 수 있다. 하지만 만철이 관동군과 함께 대륙에 대한 침략정책을 수행한 것은 역사적 사실이니 단순히 만철이 괴물 같은 조직이었다고 규정해도 해결되는 게 아무것도 없다. 또 정치결사도 아니고 사상단체도 아닌 만철 조사부를 괴물 같다고 해도 비난은 되지 않을 것이다. 요컨대 이 글은 그것이 역사적으로 어떤 역할을 하는 조직이었는지를 찾아보는 것을 목적으로 하고 있다.

2

만철의 정식명칭은 남만주철도주식회사(南滿洲鐵道株式會社)이며 만철은 그 약칭이다. 만철은 일본이 러일전쟁에 일단 승리를 거두고 제정 러시아의 동청철도 남부지선(東淸鐵道南部支線)을 접수하게 된 것을 계기로 해서 설립되었다. 1906년 6월 7일 만철설립 칙령이 공포되고 11월 26일에 설립에 이르렀다. 다음 해인 1907년 1월 1일자로 야전철도 제리부(野戰鐵道提理部) 등의 관헌기구로부터 철도를 비롯한 일체의 설비를 이어받으면서 다롄에 본사가 세워졌다. 같은 해 3월에는 도쿄에 지사가 생기고 4월 1일 개업했다.

설립에 즈음해서는 구미의 금융자본을 이용했다. 초기 5년간의 자금 중 90퍼센트가 구미에서 사채(社債)를 모집하여 만들어졌으며 자재, 차량 등의 대부분도 구미에서 수입했다. 이러한 외자계 주식회사가 외국자본에 지배되지 않았던 것은 그것이 다분히 군사적 색채를 띠고 있는

국책회사였기 때문이다. 『아시아 역사사전(アジア歷史事典)』은 만철 조사과와 관동군 사이에 정보교환이나 조사위탁 등의 관계가 있었다는 이유로 만철은 군사적 기관이었다고 규정하고 있는데, 관동군과 만철이 만주 경영에서 군사와 경제를 각각 담당했다는 사실은 오늘날 확인되고 있다. 그러나 사실은 만주 경영에서 정치는 존재하지 않고 군사와 경제가 정치를 대행하고 있었다. 이것이 만주 경영을 포함한 일본 제국주의의 식민지 경영의 한 특질이다.

만철의 종업원 총수는 1926년의 통계에 따르면 3만 6천 명(그중 일본인 2만 명 이상), 1950년에는 20만 명(그중 일본인 14만 명)에 달했다고 한다. 패전 당시 일본인 종업원은 약 8만 명이었다고『만주국사』(1971)는 적고 있다.

만철은 개업 이래 1945년 8월까지 일본 정부 관계기관으로서 그 대륙정책의 주동력을 담당했다. 처음에는 체신대신의 관리하에서 관동도독(關東都督)이 제1차 감독권을 행사했다. 그 후 정부의 감독기관은 자주 바뀌었지만 관동도독부(關東都督府)[60] 밑에 있었던 관동군 사령관이 이에 대해서 군사적 지시를 한다는 점에서는 시종일관했다. 이런 사실로 미루어 보아 군사를 담당하는 관동군과 경제를 담당하는 만철이 대륙경영의 양륜이었음은 분명한 사실이라 할 수 있다.

만철 초대 총재는 고토 신페이(後藤新平, 1857~1929)였다. 그는 1906년 11월부터 1908년 12월까지 약 2년 동안 총재를 지냈는데 고토는 만철

---

60) 러일전쟁 후인 1905년에 뤄양(遼陽)에 설치된 관동총독부가 그 다음 해에 뤼순(旅順)에 이전되면서 관동도독부로 개칭, 개편되었다. 관동군을 통치하고 만철의 업무감독 등도 담당하는 기관으로 그 장관인 관동도독은 육군대장 또는 중장 중에서 임명이 되었다. 관동도독부는 1919년 개편되어 민정부문을 담당하는 관동청과 군사부문을 담당하는 관동군으로 나누어졌다.

을 관동도독의 감독하에 놓는 것에 가장 강하게 반대한 인물이다. 그는 만주에서 일본의 권익을 포괄적으로 지배하기 위해 만철총재가 아니라 총독제로 하는 것을 원했지만, 군과 외무성의 반대로 실현되지 않았다. 그런데도 불구하고 고토가 총재로 취임한 사정, 그리고 취임 후에 정부에 요청한 것 등은 그가 쓴 『만주철도총재에 취임한 사정을 서술하여 야마가타 원수, 사이온지 수상, 하야시 외상 세 분 각하의 회람에 부치고 아울러 외상의 소견을 묻는 서(滿洲鐵道總裁就職の情由を敍し, 山縣元帥·西園寺首相·林外相三閣下の回覽に供し, 並に所見を外相に質す書)』에 자세히 적혀 있다.

그런데 고토는 고다마 겐타로(兒玉源太郎, 1852~1906) 총독 밑에서 타이완의 민정장관을 지낸 경험이 있었으니 당시의 일본에서 체험적으로도 이론적으로도 거의 유일한 식민지경영가였다고 할 수 있을 것이다. 그런 고토가 만주 경영은 총독제로 해야 한다고 주장하는 데에는 그만한 이유가 있어야 한다.

고토는 말한다. "러일의 싸움은 만주에서 일어난 전쟁 하나로 끝지는 않을 것이다. 제2의 전쟁은 과연 어느 해에 일어날까?" 이것은 괜히 자극적인 표현을 한 것은 아닐 것이다. 러일전쟁에서는 일단 군사적 승리를 거두었지만 그 승리를 완벽한 것으로 만들기 위해서는 만주를 완전히 일본의 식민지로 만들어야 한다는 게 그의 생각이었다. 고토가 총독제를 주장한 이유는 거기서 찾을 수 있을 것 같다.

즉, 그는 종합적, 과학적으로 식민지 정책을 추진하려고 한 것이다. 식민지 경영의 모든 점에 있어서 일본은 러시아를 이겨야 한다. 그리하여 그는 말한다.

그렇게 하기 위한 계획으로서는, 첫번째로 철도경영, 두번째로 탄광개발, 세번째로 이민, 네번째로 목축 관계의 시설이 있는데 그중에서도 이민을 중요하게 생각해야 한다. 〔……〕 지금 철도경영을 근거로 하기 시작한 지가 10년도 안 되지만 50만 명의 국민을 만주로 이주시킬 수 있다면 러시아가 아무리 강해도 함부로 우리와 싸우지 못할 것이고, 우리는 싸움을 통제하는 힘을 저절로 얻게 될 것이다.

그가 주장한 총독제는 채용되지 않았지만 군사를 제외하면 만주 경영은 거의 다 고토에 의해 구체화되어갔다. 고토가 위의 글에서 철도, 탄광, 이민, 목축의 네 가지 중요한 계획을 든 것은 이들이 만철의 조직 중 철도부, 흥업부(興業部), 지방부 등이 담당하게 되었기 때문이다. 또, 그가 이 종합적인 식민지 경영을 실현하는 정책을 만들기 위해 필요한 정보의 수집을 만철에 부과하면서 탄생한 기관이 다름 아닌 만철 조사부였다. 그러나 만철 조사부에 대해서는 잠시 보류하기로 하고, 먼저 이를 설치하게 된 고토의 구상이 어떤 것이었는지 확인해보자.

고토 신페이는 1857년 이와테(岩手) 현 미즈사와(水澤)에서 태어났다. 에도 말기의 개화적 사상가 다카노 조에이(高野長英, 1804~1850)[61]와 친족 관계여서 어릴 때부터 그 감화를 받으면서 자랐다. 1874년에 스카가와 의학교(須賀川醫學校)에 입학하고 1876년에 아이치현병원(愛知縣病院) 삼등의(三等醫)가 되었다. 그때의 일화로 다음 이야기가 유명하다.

1882년 3월에 이타가키 다이스케가 기후(岐阜)의 연설회장에서 흉한에게 습격당했다. 단도는 가슴에 부딪혔지만 상처는 치명상은 아니었

---

[61] 에도 말기의 의사, 난학자(蘭學者, 네덜란드의 학문을 연구하는 학자). 막부의 대외정책을 비난하고 개국을 주장했다.

다. 그때 이타가키가 외쳤다고 해서 전설화된 것이 예의 "이타가키가 죽어도 자유는 죽지 않는다"라는 말이다. 그런데 이때 전보를 받고 달려간 의사가 당시 아이치현병원에 근무하던 고토 신페이다. 그는 이타가키의 상처가 의외로 깊지 않은 것을 보고 "각하, 본망을 이루셨겠습니다"라고 말했다고 한다. 허풍쟁이, 괴걸이라고 일컬어진 고토의 성격을 잘 나타내는 이야기다. 이타가키는 후에 그 의사는 유명한 정치가가 될 거라고 예언했다고 하는데 어떤 의미에서는 그 말이 실현됐다.

고토는 다음 해인 1883년에 내무성 위생기사로 중앙의 관직에 취임하게 되었다. 1889년에는 독일에 유학해서 3년간 위생학 및 사회정책을 배우고 귀국 후 내무성 위생국장이 되었다. 1896년 타이완출병 때 총독부 위생고문이 되고 계속해서 타이완 민정국장, 민정장관을 역임했는데 이때 그가 사회정책을 배운 경력이 많이 도움이 되었다. 타이완에서는 주로 토지개혁, 위생개혁, 정당(精糖)사업에 힘을 썼다.

타이완총독은 고다마 겐타로였지만 고다마는 본디부터 군인이었고 정치는 잘 몰랐다. 타이완의 시정을 실질적으로 지휘한 사람이 고토였는데, 그는 반역을 일으키는 사람은 다 '토비(土匪)'로 탄압했다. 쓰루미 유스케(鶴見祐輔)가 지은 『고토 신페이』에는 1897년부터 1901년까지 포박한 토비가 8,030명, 죽인 토비가 3,473명이라는 숫자가 나와 있다. 또 1902년의 대토벌에서는 재판을 한 뒤 사형에 처한 토비가 539명, 기회가 있을 때마다 살육한 토비가 4,043명에 달했다고 한다.

고토는 반항하는 토비는 제압했지만, 그가 타이완에 건너가기 전 위생고문의 입장으로 기초한 『타이완통치구급안(臺灣統治救急案)』에는 식민지 경영정책이 종합적 및 구체적으로 전개되어 있다. 거기에는 재원을 어떻게 확보하고, 원주민의 민심을 어떻게 회유할 건지, 또 그렇게 하기 위해서는 정치와 학문을 어떻게 연계시켜야 할지 등의 문제들이 주로 서술되어 있다. 그리고 만철 조사부 설립의 기본골자도 여기서 싹을 틔웠다. 어째서일까?

고토는 타이완통치에 즈음해서 그곳의 구관(舊慣)을 존중해야 한다고 주장했다. 그 이유는 질서가 급격히 파괴되면 민심을 이반시키는 결과를 초래할 거라고 상상했기 때문이다. "그 자치의 양습(良習)을 파괴하면 이것을 대신할 새로운 정치의 효과도 얻지 못한다"는 게 그의 기본적 인식이었다. 또 구관 존중에는 현실적 이득도 있었다. 구관에 바탕을 둔 자치제도를 파괴하면 국비에서 새로 지방자치비를 염출해야 하지만, 이것을 유지하고 이용하는 한 그 비용이 필요 없기 때문이다. 그는 말한다. "보장(堡庄, 타이완의 지방자치단체) 자치의 파괴와 함께 보장의 자치비도 국고비로 지출하지 않을 수 없다. 그 경비가 방대하고 사무가 번잡해서 감당하기 어려운 것은 당연한 일이다."

고토가 원주민을 '토비'라 부르고 그들의 문화수준이 낮다고 생각한 것은 사실이지만 한편으로는 '그 자치제도'가 아주 발달되어 있다는 것도 잘 알고 있었다. 이것이 그가 식민지의 구관을 존중하게 된 계기다. 또 그 구관을 조사하고 이용하면서 식민지를 원활하게 경영하려고 했다는 점에서, 식민지 경영자 고토의 뛰어남과 교묘함을 볼 수가 있다. 이 기본적 방침에 입각해서 그는 과학적·종합적 식민지 정책을 추진하고 타이완을 지배했다. 그리고 고토는 그 업적을 내걸고 만철총재로 전출했다.

이후 고토가 걸어간 행보를 간단하게 말하면 다음과 같다. 그는 1908년부터 1913년에 걸쳐 가쓰라 다로(桂太郞, 1848~1913) 내각에 체신대신으로 두 번 입각(入閣)했다. 1918년에는 데라우치 마사타케(寺內正

毅, 1852~1919) 내각에 외상으로 입각하고 시베리아 출병에 대해 적극론을 주장했다. 그 후 일로협회 회두, 도쿄시장 등을 지냈다. 저서로『국가위생원리(國家衛生原理)』(1889),『일본식민정책 제1반(日本植民政策第一班)』(1911),『공민독본(公民讀本)』전3권(1926) 등이 있다.

3

만철총재로 취임한 고토는 철도과, 지방과, 조사과를 세 기둥으로 자신의 만주 경영을 추진했다. 조사과는 처음 1907년에 조사부로서 다롄 본사에 설치되고 이듬해 조사과로 개칭되었다. 그해(1908) 도쿄지사에는 조사과를 발전시킨 한 형태라고 할 만한 동아경제조사국(1929년부터 1939년까지는 만철에서 분리되어 재단법인으로 독립)이 설치되었다.

조사부의 설립목적은 만주경제개발을 위한 기초적 조사 및 연구를 하여 척식정책을 수립하는 것이다. 고토는 다음과 같이 말한다. "만주 경영에 즈음해서 그 경제적 사정을 조사하고 민사 및 상업에 관한 관습을 연구하는 일이 중요함은 말할 나위도 없다. 충분히 조사가 이루어진 후에 일정한 정책을 세워야 한다."

그런데 그 조사연구의 대상은 차차 확대돼서 만주뿐만 아니라 중국과 소련의 사회, 경제, 자원, 그리고 정치 등 온갖 조사를 하게 되었다. 그것은 제국주의국가 일본의 최대조사기관이 되고 말년에는 연간 경비 천만 엔에 달하는 거대조직이 되었다고 한다.

고토는 조사부를 만드는 데 즈음해서 예전에 타이완의 구관조사를 담당한 오카마쓰 산타로(岡松參太郎, 1871~1921, 교토 대학 교수)를 다시 초빙해서 조사부 담당이사로 취임시켰다. 또, 같은 조사에 종사한 오우치 우시노스케(大內丑之助)도 타이완에서 전임시켜서 관동도독부 민정부 참사관에 앉혔다. 고토 자신이 도독부 고문이었으니 자신의 부하로 만든 셈이다.

초대 조사과장이 된 가와무라 류지로(川村鋤次郞)도 타이완 구관조사의 경험자였는데, 그는 조사과가 생긴 1908년부터 1917년까지 조사과장으로 그 조직을 정비했다.

1909년의 조사과원은 불과 14명밖에 없었고 이듬해에는 6명이 해고됐다. 가와무라 밑에서 일한 초대 과원으로는 러시아어에 능통한 모리 미카게(森御蔭), 중국어의 달인 모리 시게루(森茂), 중국관계 담당 노무라 기요미(野村潔己), 토지법 및 관지(官地)제도 담당 가메부치 다쓰나가(龜淵龍長), 아마가이 겐자부로(天海謙三郞), 금융과 재정 담당 이사카 히데오(井坂秀雄), 미우라 요시오미(三浦義臣) 등이 있었다.

가와무라 과장의 운영방침은, 엄밀한 현지조사를 할 것, 독창적인 연구를 할 것, 그 대신 시간은 제한하지 않는다는 것이었다. 예를 들어 아마가이에게는 입사 후 3년 동안 보고서 한 편 내지 못하게 하고 오로지 문헌을 많이 읽고 공부하는 것을 의무로 부과했는데, 승급과 보너스는 다른 사람과 차이가 없었다. 이런 방식이 만철 조사부에 일관된 연구조사 운영방침이 되었다. 나카에 우시키치가 촉탁이 될 때 그 제멋대로인 조건이 승낙된 것도 이런 방침이 내부에 침투되어 있었기 때문이다.

그런데 이런 방침을 총재인 고토는 용인했을까? 용인했다. 학자를 정치에 쓰고 정치를 결정하기 위한 재료를 학문적 실증연구의 방법으로 모으는 것을, 그는 다음과 같이 적극적으로 긍정했다. "내 바람은 대학 강의가 헛되이 끝나는 폐해를 없애고 학문과 기술이 접근해야 한다는 지론(持論)을 실시하는 데에 있다. 그런고로 그 박사(오카마쓰를 말한다—인용자)로 하여금 식민지의 민사와 상업의 활동을 실험해서 학문연구의 자료로 삼고 이것을 강당으로 옮기면서 국가에 유용한 후진을 교육하는 데에 대성공을 거두기를 기한다." 여기에는 그의 특징인 대언장어적 논리가 보이기는 하지만 정치가 고토가 도량이 무척 큰 사람이었음은 의심할 여지가 없다.

그는 조사부의 기구를 만드는 작업을 학자에게 시키지는 않았다. 학자는 실증적 학문연구에 전념시키고 고토는 그것을 정치적으로 이용하기 위한 기구를 열심히 생각했다. 예컨대 그는 독일계 전문가 세 명을 등용해서 그 기구를 만들게 했다. 먼저 단치히 고등공업학교 교수 티스Thies는 파리에 있는 클레디리오네의 조사부를 모범으로 삼을 것을 권장했다. 그는 1911년에 임무가 끝나 귀국했는데 후에 바이마르공화국의 외무대신이 되었다. 두번째 사람은 독일 내무성 칙임참사관이었던 비트페르트(Otto Wiedfeldt, 1871~1926)로, 그는 보험문제의 전문가였다. 그는 후에 크루프[62] 사장이 되고 주미대사로 임명받았다. 나머지 한 사람은 만하임 고등상업학교 교수 베렌트로, 그는 1915년까지 체재해서 조사과와, 특히 동아경제조사국의 기구를 만드는 데 힘을 썼다.

만철 조사과 및 동아경제조사국은 40년에 걸친 조사연구활동을 하나하나 책으로 발행했다. 그 수는 헤아릴 수 없을 정도다. 그중에서도 저명한 것은 아마가이 겐자부로 등의 『만주구관조사보고서(滿洲舊慣調査報告書)』로 이것은 오카마쓰 산타로의 「타이완구관조사(臺灣舊慣調査)」 및

---

62) Krupp. 철강, 무기 등을 제조하는 중공업기업으로 재벌.

스에히로 겐타로(末廣嚴太郎)의「화베이농촌관행조사(華北農村慣行調査)」와 함께 3대 관행조사라 불렸다〔안도 히코타로(安藤彦太郎)『만철——일본 제국주의와 중국(滿鐵——日本帝國主義と中國)』에 따름〕. 이것은 오카마쓰의 제자로 타이완조사에도 참가한 미야우치(宮內季子)를 주임으로 하고 아마가이와 가메부치가 반원(班員)이 되어 만주의 토지관계를 중심으로 구관을 조사한 것이다.

또 도쿄지사가 도쿄 대학 교수 시라토리 구라키치(白鳥庫吉, 1865~1942)를 초빙해서 실시한『만선지리역사연구보고(滿鮮地理歷史硏究報告)』도 유명한데 이것은 도쿄 대학이 위촉받아 한 것으로 이케우치 히로시(池內宏, 1878~1952)와 와다 세이(和田淸, 1890~1963)가 연구원이었다. 조사 지역도 만주, 조선만이 아니라 몽골 및 중국의 일부까지 다루고 있었고 제16권으로 끝났다. 이 연구는 만선사(滿鮮史)연구에 있어 최고의 평가를 받고 있다.

그 이외에도『만철조사월보』『만몽사정』『동아연구총서』등도 잘 알려져 있다. 또 동아경제조사국에서도『경제자료』를 간행하고, 오카와 슈메이가 이사장이 된 동아회(東亞會)가『동아』를 간행했는데, 이『동아』는『만철조사월보』나『만철지나월지(滿鐵支那月誌)』와 함께 주목할 만한 간행물이다. 기타 동아경제조사국이 1939년에 만철에 다시 통합된 후의『신아세아(新亞細亞)』등도 중국 이외의 신흥 아시아 여러 나라를 소개, 연구한 잡지로 상당히 흥미롭다. 이『신아세아』는 거의 매호마다 오카와 슈메이가 권두언을 쓰고 노구치 요네지로(野口米次郎, 1875~1947),[63] 가지 류이치(嘉治隆一, 1896~1978),[64] 오자키 호쓰미, 기무라 기하치로(木村禧八郎,

---

63) 아이치 현 태생, 시인, 영문학자. 미국에 건너가 영국에서 영어시집을 간행해서 'Yone Noguchi'의 이름으로 알려졌다. 후에 게이오 대학 교수가 되었다.

1901~75) 등이 활발하게 논문을 기고하고 있다. 오카와의 논문으로는 「레자 팔레비 황제(レザ―パウラブィ皇帝)」〔이란 황제였던 레자 팔레비(Reza Pahlavi, 1878~1944)에 관한 논문〕가 있고 오자키의 논문으로는 「남방문제와 지나문제(南方問題と支那問題)」 등이 있다.

참고로 말하면 동아경제조사국이 1929년에 만철에서 분리, 독립할 수 있었던 것은 이것이 처음부터 만철 조사과와 다른 성격의 것으로 설립되었기 때문이다. 만철조사과가 만철에 직접적으로 필요한 조사연구를 한 데 비해 동아경제조사국은 보다 더 정치적인 문제나 경영정책을 대상으로 했다. 경영을 위해서는 후자가 한층 고도한 기관이라 할 수 있지만 유능한 인재를 양성하는 기관으로서의 역할을 하고 있었다고도 말할 수 있다. 단, 사원을 채용할 때에는 같은 만철 사원으로 채용했으니, 이 두 기관을 엄밀히 구별할 필요는 없을 것 같다.

4

다이쇼 시대 국가개조운동의 한쪽 우두머리가 된 오카와 슈메이는 1918년에 만철에 입사했다. 7년 전 도쿄 대학을 졸업한 그는 서른두 살이 되어 있었다. 그 7년 사이에 오카와는 『인도의 국민적 운동의 현상 및 그 유래(印度に於ける國民的運動の現狀及び其由來)』(1916)를 쓰고 폴 리샤르Paul Richard[65]의 『일본국에 고함(告日本國)』[66]을 번역하는 등 학구적 생

---

64) 효고 현 태생. 평론가, 저널리스트. 도쿄 대학을 졸업한 후 만철 동아경제조사국에 입사했지만 1933년에 퇴직, 이듬해 아사히신문사에 들어가 논설위원, 부주필(副主筆), 출판국장 등을 역임했다.
65) 프랑스의 철학자, 변호사, 평론가. 1916년 부인과 함께 일본에 체재하며 오카와 슈메이와

활을 하면서도 이미 아시아 민족주의운동에 깊이 관여하고 있었다. 일본에 망명하고 있었던 인도독립운동의 지사 라스 비하리 보스와 접촉한 것도 이 무렵이다.

만철에 입사한 오카와는 다음해인 1919년에는 동아경제조사국 편집국장에 발탁되고 이어서 조사과장이 되어 1928년에 국장으로 조사국을 통괄하게 되기까지 불과 10년밖에 걸리지 않았다. 그가 엘리트사원들 중에서도 특히 뛰어난 학식을 가지고 있었던 것과, 조사국 밖에서 국가유신운동을 주도할 만한 실력을 발휘하고 있었던 것이 그 빠른 출세의 이유였다.

그는 일본 전국에 있는 관립, 공립, 사립 조사기관 들 간의 연락을 도모해서 1920년에 '전국경제조사기관연합회'를 설립하고 스스로 그 이사장이 되었다. 또 동아경제조사국 국장이 된 익년에는 당시의 만철 총재 야마모토 조타로(山本條太郞, 1867~1936)[67]를 설득해서 조사국을 만철에서 분리, 독립시켰다. 이런 사실에서도 오카와의 뛰어난 정치력을 엿볼 수 있다.

하지만 오카와는 그 정치력과 조직능력만으로 조사국 내에서 승진한 것이 아니라, 그가 식민지 경영을 위해 행한 실증적 연구는 만철 조사과 설립취지에 잘 합치하는 것이었다. 그가 도쿄 대학에서 학위를 수여받은 논문의 제목은 『특허식민회사제도연구(特許植民會社制度硏究)』(1926)

친하게 지냈다.
66) 폴 리샤르가 1916년에 프랑스어로 쓴 "au Japan"이라는 글을 원문과 일본어, 한문, 영어번역을 수록해서 1917년에 도쿄에서 책으로 간행한 것. 일본이 세계에서 주도적인 역할을 하기를 기대한다는 내용의 글이다.
67) 후쿠이 현 태생. 실업가, 정치가. 미쓰이물산(三井物産) 등의 회사에서 임원, 사장 등을 역임했다. 1927년부터 29년까지 만철총재로서 배일열(排日熱)이 고조되는 가운데서도 사업을 오히려 적극적으로 확장했다.

였으며 동아경제조사국 조사과장이었던 그는 이 논문으로 법학박사가 되었다.

영국의 식민회사인 '동인도회사'에 관한 실증적 연구인 이 논문은, 일견 만철과 관계가 없어 보인다. 그러나 이것은 만주 경영에 있어서 만철의 성격과 인도 경영에 있어서 동인도회사의 성격의 차이를 밝히기 위해 만철의 요청으로 작성된 논문이었다. 이토 다케오의 요약에 따르면 이 논문으로 밝혀진 만철의 성격은 약탈을 하지 않고 간접침략, 경제침략을 한다는 것이었다. 그리고 만철 조사부는 이 간접침략의 방법을 생각하기 위한 조사연구를 주목적으로 하고 있었다.

오카와가 이런 논문을 쓴 것처럼, 오카와의 상사였던 동아경제국 참사 겸 서무과장 나가오 사쿠로도 『세계정책에서 본 식민지 철도론(世界政策上から見た植民地鐵道論)』이라는 논문으로 학위를 받았는데, 이 논문의 표제가 보다 더 만철의 요청을 잘 나타내고 있다. 그러나 이들 논문이나 「만주구관조사」도 포함한 만철 조사과원의 논문들은 정도의 차이는 있으나 궁극적으로는 다 만주에서의 식민지 경영을 위한 실증적 연구 이외에 아무것도 아니었다. 물론 독창적 연구를 하라는 과의 운영방침에 따라 주제는 가지각색이었고 그중에는 반식민지주의나 반제국주의를 담은 연구논문조차 있었다. 논문이 그렇듯이 거기에 모인 사람들의 사상은 우익에서부터 좌익까지 잡다했다. 아니, 조사과원들은 연구조사능력 이외에는── 바꿔 말하면 선량(選良)지식인이라는 조건 이외에는── 아무것도 요구되지 않았다고 표현하는 게 정확할 것이다.

후에 '낙토'건설을 만몽에 꿈꾸게 될 가사기 요시아키가 오카와 슈메이를 만난 것도 이 동아경제조사국에서였다. 가사기는 1919년에 도쿄대학을 졸업하자마자 만철에 들어가 조사국에 배치되었다. 당시 여기에는 우익에 속하는 인물로 오카와, 나가오 이외에 시마노 사부로, 아야카와 다케지, 가네우치 료스케 등이 있었다. 모두 훗날 조사국과는 다른 곳에서 쇼와유신운동의 중핵으로 활약하게 될 인물들이다.

가사기는 오카와의 영향을 받아 그해에 오카와, 기타 잇키, 미쓰카와 가메타로 등이 결성한 유존사에 가입했다. 다이쇼 시대 말기에 기타와 오카와가 서로 이반했을 때 가사기는 어느 쪽에도 의거하지 않고 '동흥연맹'을 일으키고, 같은 도쿄 대학에서 만철에 입사한 구치다 야스노부 등과 함께 '대방사'를 설립하게 되었다. 가사기는 1929년 다롄 본사에 전근이 되면서 자신의 유토피아적 사상을 만주국에 맡기게 되었다. 이때 그가 조사과 촉탁 다치바나 시라키와 손을 잡게 되는 것은 자연스러운 추세다. 가사기는 만철 사원을 중심으로 한 '대웅봉회'를 만들고 민족협화주의를 이념으로 하는 『신천지(新天地)』를 간행하기도 했다.

한편 가사기보다 1년 뒤에 이토 다케오 등 도쿄 대학 신인회 회원들이 대거 만철에 입사했다. 당시 동아경제조사국에는 그들의 선배인 사노 마나부(佐野學, 1892~1953)[68]와 오카노에 모리미치(岡上守道, 1890~1943)[69]가 있었다. 1920년에 만철에 입사한 신인회 회원은 이토 이외에 가지 류이치, 이시하마 도모유키(石濱知行, 1895~1950), 하타노 가나에(波多野鼎, 1896~1976) 등이 있었지만, 당시의 신인회 회원으로 대동아전쟁 말기에 헌병에게 잡힐 때까지 만철에 남아 있었던 사람은 이토와 다나카 규이치(田中九一, 1896~1995, 이토보다 1년 아래) 두 명밖에 없었다. 만철

---

68) 오이타(大分) 현 태생, 사회운동가. 일본공산당 중앙집행위원장을 지냈지만 1929년 감옥에 들어갔고 1933년에 전향했다.
69) 필명 구로다 레이지(黑田禮二). 『아사히신문』 베를린 특파원을 지냈다.

이 도쿄 대학 졸업생을 채용하기 시작한 것은 가사기가 입사한 해, 즉 1919년부터였으며, 그때까지도 연고채용으로 들어온 사람은 있었지만 공모로 입사한 도쿄 대학 출신자는 없었다. 그 계기는 도쿄 대학 교수 마쓰모토 조지(松本烝治, 1877~1954)가 만철 이사가 된 것이었고 마쓰모토는 2년 후인 1921년에는 부사장이 되었다.

1920년에 만철에 들어간 신인회 회원 네 명 중 가지와 하타노는 동아경제국에, 이시하마와 이토는 본사 조사과에 배속되었다.

그러나 같은 선량지식인이라 해도 오카와 슈메이와 가지 류이치는 완전히 대립하는 사상의 소유자였으니 이토 다케오가 본사 조사과장이었던 1932년에 두 사람은 드디어 정면충돌을 했다. 결국 오카와가 이겨 가지의 그룹은 뿔뿔이 흩어질 수밖에 없었다. 가지는 아사히신문사로 자리를 옮겼고 마쓰카타 사부로(松方三郎, 1899~1973)[70]와 미즈노 마사나오(水野政直)는 도메이통신사[同盟通信社, 교도통신사의 전신]에 들어갔고, 다나카 규이치는 다롄 본사로 전근이 되었다.

그런데 이런 식으로 선량지식인들이 모여든 만철 조사과(다롄)는, 전쟁이 일어나고 일본 본토에서 사회운동이 탄압되는 상황 아래 운동 기반인 대중에서 유리(遊離)된, 또는 격리된 지식인들에게는 절호의 집합소였다. 그곳은 상처를 낫게 해주는 탕치장 또는 은신처였으며, 어떤 경우에는 창살 없는 감옥이었다. 이토 고도(伊藤好道, 1901~1956),[71] 후

---

70) 1899년 도쿄 태생. 1922년 교토 대학 경제학부 졸업. 만철 동아경제조사국 입사. 신문연합사를 거쳐 도메이통신사, 만주국통신사 등에 근무. 전후에는 교도통신사 전무이사, 덴쓰(電通) 임원 등을 역임.

71) 아이치(愛知) 현 출신. 도쿄 대학에서 신인회에 참가했다. 졸업 후 신문사에 근무했지만 1937년 인민전선사건으로 검거돼서 퇴직, 1939년에 만철 동아경제조사국 촉탁이 되었다. 전후 일본사회당에 입당해서 정치가로 변신했다.

지와라 사다무(藤原定, 1905~1990),[72] 구시마 가네사부로(具島兼三郎, 1905~2004),[73] 이시도 기요토모(石堂淸倫, 1904~2001),[74] 이토 리쓰(伊藤律, 1913~1989)[75] 등이 소속된 조사과는 거대한 조사기관이 되었다. 그들을 취직시키도록 중개를 한 사람은 고급(高級) 촉탁으로서의 오자키 호쓰미였다.

대동아전쟁이 수렁에 빠지려고 했던 시기, 이 조사부를 배경으로 조르게사건, 합작사(合作社)사건,[76] 『만주평론』 사건, 만철 조사부 적화사건 등 기기괴괴한 사건이 잇달아 일어났다. 특히 마지막의 만철 조사부 적화사건의 제1차 검거(1942년 9월)로 29명이, 제2차 검거(1943년 6월)로는 10명이 체포됐으며 이토 다케오, 다나카 규이치, 이시도 기요토모는 제2차 검거 때 구속됐다.

이들 사건의 의의는—— 조르게사건의 역사적 위치가 지금도 애매한

---

72) 후쿠이(福井) 현 태생. 시인, 평론가. 호세이(法政) 대학 졸업 후 1937년 만철조사부에 입사했다. 전후에는 호세이 대학 교수가 되었다.
73) 후쿠오카 현 태생. 국제정치학자. 파시즘 연구로 알려져 있다. 규슈(九州) 대학 졸업 후 만철 조사부에 입사했지만 만철에 대해서 비판적이었다.
74) 이시카와(石川) 현 태생. 어릴 때 교사였던 아버지가 실직해서 가난하게 자랐다. 제4고등학교 시절 나카노 시게하루(中野重治)를 알게 되고 도쿄 대학 신인회에서도 같이 활동했다. 공산당에 입당했지만 후에 전향해서 만철 조사부에 들어갔다. 전전 전후를 통해서 몇 가지 필명을 쓰면서 사회주의, 공산주의운동 등에 관한 방대한 연구업적과 번역서를 남겼다. 번역서로 『마르크스 엥겔스 전집』 『레닌 전집』 등이 있으며, 저서로 『내 이단의 쇼와사(わが異端の昭和史)』 『도쿄제대 신인회의 기록(東京帝大新人會の記錄)』 등이 있다.
75) 제1고등학교 시절 공산청년연맹에 참가해서 퇴학을 당했다. 1933년 일본공산당 입당, 5월에 검거되어 유죄가 되었다. 1939년부터 도쿄에서 만철 조사부 촉탁이 되어 그해와 1941년에 다시 검거되었다. 그때의 공술이 조르게사건 발각의 단서가 되었다고 했지만, 후에 이토는 이것을 부정했다. 1942년부터 복역했고 전후 가석방이 되어 다시 공산당에서 활동하기 시작했다. 1951년 중국에 밀항해서 거기서 활동했지만 1953년 '간첩'이라 하여 공산당에서 제명당하고, 그 후 투옥되었다. 이후 오랫동안 소식이 분명치 않아 사망했다는 소문이 퍼졌지만 1980년에 귀국했다.
76) 만주의 가난한 농민을 합작사(협동조합)에 모아 생산력을 향상시켜서 그들을 구제하려는 운동으로 공산당운동의 혐의를 받아 1941년, 관계자들이 관동헌병대에 의해 검거되었다.

것처럼—명확하지 않다. 그러나 만철이 일본 제국주의의 가장 앞장 선 활동부대였다면, 만철 조사부는 일본 제국주의가 부린 선량지식인의 집단이었고 이들 병사가 팔아먹은 것은 자신의 지식과 조사연구능력이었다. 이곳에서는 선량지식인의 썩은 냄새가 물씬 난다.

제4장
미쓰카와 가메타로와 삼국간섭

　미쓰카와 가메타로의 『빼앗긴 아시아』(1921)는 그의 대표작이라 할 수 있다. 그에게는 『삼국간섭 이후』라는 명저도 있지만 이것은 오카와 슈메이의 『안락의 문(安樂の門)』에 해당되는 것으로 전기문학이라 하는 게 적절할 것 같다.
　이에 대해서 『빼앗긴 아시아』는 오카와의 『부흥 아시아의 제문제(復興亞細亞の諸問題)』(1922)에 해당되는 저작이다. 그리고 이들 저작에 기타 잇키의 『지나혁명외사(支那革命外史)』를 더한 게 '유존사의 삼위일체'라 불린 미쓰카와, 오카와, 기타의 아시아 문제 관련 3대 저작이다.
　그런데 이 세 사람의 저작의 제목은 각자의 본래적인 자질과 지향성을 여실히 보여주고 있는 것 같다. 즉 오카와의 『부흥 아시아의 제문제』는 학자로서, 기타의 『지나혁명외사』는 운동가로서, 그리고 미쓰카와의 『빼앗긴 아시아』는 시인으로서의 지향성을 나타내고 있다. 물론 그들은 모두 학구적인 부분도, 운동가로서의 부분도, 시인으로서의 부분도 각기 갖추고 있지만, 그들의 책 제목을 대조해보면 대체로 학자와 운동가와 시인으로 나누어질 것 같다. 그리고 인상에 인한 이런 인물대비는, 그들의 본래적인 자질의 핵심을 꽤 정확히 찌르고 있을 것이다.

덧붙여서 내 취향을 말한다면 앞에 든 세 권의 책 중『빼앗긴 아시아』라는 제목이 가장 마음에 드는데, 그것은 미쓰카와 가메타로에 대한 내 흥미와 깊은 곳에서 연결될 것이다. 그에 비해서 오카와 슈메이는 별로 내 흥미를 끌지 않는다. 그 이유를 말할 기회도 있겠지만 여기서는 결과적인 취향만 밝혀둔다.

하여튼『빼앗긴 아시아』는, 미쓰카와의 시인다운 지향성이 그 제목에 엿보이듯이, 그의 직감과 예언도 곳곳에서 볼 수 있다. 예를 들어「일본과 미국은 싸워야 하는가(日米戰ふべきか)」라는 항목에 다음과 같은 구절이 있다.

미국이 조선문제에 깊이 관계해오면 미일 양국은 "전쟁의 단초〔戰端〕를 열" 것이고, 그 전쟁은 아마 "해전 및 해전에 종속하는 공중전으로 시작"될 것이다. 하지만 "우리 해군이나 항공대의 실력"은 미국에 대항할 만한가, 또 일본과 미국이 싸우면 "지나는 꼭 일본을 배신하여 미국에 호의를" 보일 것이다. 그때 우리 제국은 "육지에서 지나와 싸우고 바다에서 미국과 싸우면서 과연 몇 년이나 버틸 수" 있는가.

이것이 1919년의 시점에서 미쓰카와가 쓴 내용이다. 그의 직감과 예언 중 많은 부분은 20여 년 후에 현실로 나타났다. 진주만공격에 관해서도, 육지에서 중국, 바다에서 미국과 싸운 것도, 그리고 전쟁을 오래 계속하지 못했던 것도, 미쓰카와의 예상과 걱정이 거의 맞아 떨어졌으니 그의 선견지명을 알 수 있다.

그런 예견도 포함한 『빼앗긴 아시아』를 그는 왜 쓰게 되었는가. 이 책의 서두는 다음과 같다.

제1차 세계대전 후 세계는 "사회와 인류의 해방"의 시대에 들어갔다. 즉 "부(富)의 압박을 면하려고 하는 사회운동"과 "힘의 강박에서 해방되려고 하는 민족운동"이 그것이다. 지금 일본에서 전자는 "국가개조"를 요구하고 후자는 "대(大)아시아주의"를 요구하고 있다. 이 책은 후자를 주장하려고 하는데 그것은 현재 아시아가 구미열강── 백인 제국주의──로 인해 "빼앗겨" 있기 때문이다.

이어서 미쓰카와는 아시아가 얼마나 "빼앗겨" 있는가를 중국, 인도, 페르시아, 아시리아, 이집트, 에티오피아 등의 상황에 비추어서 설명한다. 그리고 이 백인 제국주의에 "빼앗긴 아시아"를 되찾기 위해서는 아시아의 연맹이 불가결하다는 게 그의 "대아시아주의"의 골자다.

그런데 본론은 여기서 『빼앗긴 아시아』의 내용 및 미쓰카와 가메타로의 사상을 거론하려는 것이 아니다. 그에 대해서는 예전에 「미쓰카와 가메타로와 시모나카 야사부로(滿川龜太郎と下中彌三郎)」[후의 「대아시아주의의 허망(大亞細亞主義の虛妄)」이라는 제목으로 졸저 『혁명적 낭만주의의 위상(革命的ロマン主義の位相)』에 수록]라는 논고에서 상세히 논한 바 있다. 다만 오카와와 기타가 오늘날 다시 각광을 받고 곤도 세이쿄나 다치바나 고자부로, 이노우에 닛쇼 등의 사상이 쇼와유신과의 관련에서 자주 거론되는데도, 미쓰카와의 이름과 사상은 등한시되고 있는 상황에 이의를 제의하기 위해 『빼앗긴 아시아』를 구실로 간단히 소개해봤다.

말이 나온 김에, 미쓰카와의 사상을 잘 파악해야 한다는 주장을 뒷받침하기 위해, 그가 성립에 크게 공헌한 노장회(1918)와 유존사(1919)에서 미쓰카와가 차지하는 위상에 대해서도 언급해두자. 그것이 오카와 슈메이가 주모자 중의 한 사람으로 지목된 5·15사건에도, 기타 잇키가 주모자 중의 한 사람으로 지목된 2·26사건에도 관여하지 않았던 미쓰카와의 주체를 밝히는 데에 도움이 될 것이다. 덧붙여 말하면, 미쓰카와의 이름과 사상이 지금 별로 거론되지 않는 것은 아마 그가 이들 사건에 관여하지 않았기 때문일 것이다.

그런데 미쓰카와 자신의 말에 따르면 그는 메이지 말년에 "사회주의와 지나혁명의 사상적 세례"를 받았다. 그는 일본에도 혁명을 일으켜야 한다, 그리고 그 혁명은 천황의 권위로 뒷받침되어야 한다고 막연히 생각하고 있었다. 그래서 "50년 전, 봉당에 돗자리를 깔고 책상다리를 하고 앉아 국사(國事)를 의논한 유신지사(維新志士)의 정신으로 돌아가"서 노장회를 창립하려고 했다.

모임의 이름은 사토 고지로 중장이 발안한 것을 채용했다. 이 이외에 오이 겐타로는 '다이쇼의회(大正義會)'를, 미쓰카와는 '야광회'를 제안했다. '야광회'는 "밤의 어둠에 빛을 켜자"라는 뜻인데, 여기서도 미쓰카와의 문학적 발상을 엿볼 수 있다.

노장회는 창립 약 1년 만에 소멸된다. 그 소멸을 내부에서 촉구한 게 내부에 일어난 2대 사조(思潮)의 대립인데, 요컨대 국가주의와 민주주의의 대립이었던 것 같다. 전자의 대표가 오카와 슈메이였고 후자의 대표가 시마나카 유조였다. 즉 시마나카가 링컨의 말을 인용하면서 "민주주의는 걱정할 것이 아니다"라고 주장하면 오카와가 "우리나라에는 독특한 국가관이 있어야 한다"고 하여 그에 반론했다.

미쓰카와는 후에 오카와와 함께 유존사를 결성했으니 국가주의파에 속했을 것이다. 하지만 그는 동시에 시마나카, 시모나카, 그리고 아베 이소오 등이 만든 '문화학회'에도 가입했으니 단순한 국가주의파라고도 말하기가 어렵다. 억측도 포함해서 말하면 미쓰카와의 경우 민족주의자라고 하는 게 더 실제에 가까운 게 아닐까 싶다. 그 이유는 그가, 유치한 것이기는 하지만, 사회주의의 영향을 깊이 받았다는 점에서 오카와와 구별되기 때문이다. 그는 1919년 5월에「왜 볼셰비키(과격파)를 적시하는가」라는 격문을 발표해서 러시아혁명 옹호를 주장하는데, 이것은 오히려 시마나카나 시모나카의 위상에 가깝다. 사실, 오카와는 여기에 찬동하면서도 볼셰비키는 자본주의 타도에는 도움이 되지만 머지않아 그것도 타도될 것이라고 미쓰카와에게 충고했다.

그런데 노장회의 국가주의파 중에서 "오로지 국가개조를 지향하는 사람들"은 이 사상 연구회로는 만족하지 못했다. 그래서 오카와와 미쓰카와가 중심이 되어 유존사를 결정하고 상하이에 체재했던 기타를 영입하기로 했다. 하지만 유존사는 오카와와 기타의 성격, 인간적 취향, 혁명의 방법론 등의 차이로 인해 분열했다. 미쓰카와에 따르면 오카와는 황실 중심주의였고, 기타는 "소위 사회주의를 싫어했지만 동시에 황실 중심주의도 싫어"했으니 그들 사의에 불화가 일어나는 것은 필연적이었다.

그 후 오카와는 육군의 통제파에 의지하면서, 기타는 니시다 미쓰기를 매개로 황도파를 이용하면서 모두 국가개조의 길에 나섰고, 미쓰카와만은 아시아의 해방과 독립에 진력하게 되었다. 이 운동을 전개하는 미쓰카와의 사상에 대해서는 앞에서 언급한 바와 같다.

그렇다면 미쓰카와가 '빼앗긴 아시아'라는 의식을 안게 되는 것은 언제부터였을까. 바꿔 말하면 그를 "대아시아주의자"로 만든 것은 어떤 체험이었을까. 이 질문에 대한 답이야말로 그를 하여금 "대아시아주의"와 "황도(皇道)"는 "이칭동체(異稱同體)"라 말하게 하는 사상의 중핵을 만들었을 것이다.

『빼앗긴 아시아』 서문에서 미쓰카와는 1895년 랴오둥반도가 환부된다는 소식을 들었을 때의 억울한 마음에 대해서 다음과 같이 쓰고 있다. "나라가 약하면 굴욕을 당한다는 것을 알게 되었다. 삼국간섭은 참으로 내가 철이 든 이래 유럽이 아시아에 가한 최초이자 최대의 협박이었다."

즉 이 삼국간섭이라는 체험이야말로 후년의 사상가 미쓰카와 가메타로를 탄생시킨 원점이었다. 그렇다면 그가 자서전에 『삼국간섭 이후』라는 제목을 지은 이유도 충분히 이해할 수 있다.

또 그가 일본에 가해진 삼국간섭을 유럽이 "아시아"에 가한 협박으로 보편화한 것이; 이후 그의 사상이 전개될 방향을 근원적으로 규정했다. 그는 말한다. "일찍이 랴오둥반도 위에 떨어진 내 눈물은 후에 확장돼서 전 아시아 위에 떨어지게 되었다. '빼앗긴 아시아'라는 관념은 1895년 5월 10일을 회상하는 것과 완전히 동일한 정신의 발로다."

그렇다면 미쓰카와에 있어서 대동아전쟁은 바로 이 '빼앗긴 아시아'를 되찾기 위한 싸움이었다. 대동아전쟁의 이념은 그가 말하는 "대아시아주의"의 연장선 위에 그려진 것이다. 물론 그것이 이념으로 자립하기 위해서는 일본에 이상적인 황도가 실현되어야 한다. 바꿔 말하면 아시아연맹의 맹주가 되어야 할 일본의 국가개조가 불가결하다. 대동아전쟁은 이 국가개조라는 전제가 있어야 이념으로 자립할 수 있었다. 하지만 국가개조는 모두 실패로 끝나고 일본은 국가개조 없이 대동아전쟁의 현실을 향해 달려갔다.

그런데 미쓰카와의 국가개조는 어떤 형태를 생각했을까. 그리고 그 국가개조가 실시되었더라면 대동아전쟁은 정말 그 이념을 실현시킬 수 있었을까. 그러나 한 사람의 사상가를 논할 때 이런 것은 묻지 말아야 한다. 삼국간섭이라는 체험이 미쓰카와 가메타로라는 사상가를 낳았으며, 그는 끝내 '삼국간섭 이후의 일본'이라는 의식 아래에서만 미쓰카와 가메타로가 될 수가 있었던 것이다. 그리고 어쨌든 간에 그는 자신의 존재를 부정하는 무엇인가에 부딪히지 않았다. 혹 부정하는 무엇인가를 만났더라면, 그는 미쓰카와 가메타로가 아닌 또 다른 누군가로 변신했을 것이다.

|제4부|

우익의 종언

思想としての右翼

제1장

기리야마 가사네의 『파르티잔 전설』을 둘러싸고

나는 2년 전(1993), 현양사 '전향'설과 일본 내셔널리즘의 역사를 재검토할 필요가 있다고 쓴 바 있다. 그러나 그렇게 하려면 내가 젊어서 쓴 「사상으로서의 우익」[1]도 재검토해야 할 것 같았다. 좀더 구체적으로 말하면 내가 20여 년 전에 발표한 논고 속에서 현양사의 '전향'을 어떻게 취급했는지를 문제 삼아야 했다.

그 자기검증 작업에는 약간의 용기가 필요했다. 젊은 혈기의 소치가 들추어지지 않을 수 없을 것 같았기 때문이다.

그런데 스스로 그것을 다시 읽어보고 나는 놀랐다. 거기에는 확실히 젊음의 혈기가 보였고 초국가주의에 관한 논의가 약간 부족하다는 반성점도 발견됐다. 하지만 거기서 『현양사 사사』가 자신들의 '전향'에 대해 언급한 한 부분을 인용하면서 나는 이렇게 쓰고 있었다.

---

1) 이 책의 제1부. 『현대사상(現代思想)』 1976년 7월호에 게재되었다.

민권운동의 결사로 탄생한 현양사가 이때 국권주의로 전향하면서 우익이 성립됐다고 보는 게 정설이다. 하지만 이 『현양사 사사』는 현양사가 1917년의 시점에서 과거를 정리한 것이라 그 자기정당화를 그대로 믿어서는 안 된다. 또 민권론과 국권론은 근대국가 성립기에 있어서는 병립하는 것이니, "국권을 대폭 신장시켜야 한다"고 생각했다는 사실만 가지고 그들이 민권론에 적대했다고 볼 수는 없다. 〔……〕 (그리고 '전향'을 말한다면 그것은) 현양사만의 이야기가 아니라 민권운동을 추진해 온 모든 결사에 공통되는 것이었다.

—「사상으로서의 우익」

여기에는 1993년에 『현양사 사사』 복각본 간행에 즈음해서 내가 붙인 선언manifest 비슷한 글의 내용이 거의 다 표현되어 있다. 나는 지난 20년 가까이 무엇을 해왔는가 하고 망연해하기까지 했다. 그때부터 2년이 지난 지금(1995)도 그 마음에 변함이 없다.

그러나 한편으로 나는 사회적으로 폭력단과 동일시되어 있었던 우익을 사상으로 정립시켰고, 또 그 작업을 통해 우익 자체가 지니는 문제점을 부각시키도록 노력해왔다고는 할 수 있을 것이다.

이것은 내 생활 속의 다음과 같은 체험 등에 입각해서 하는 말이다. 어느 날 어떤 우익단체에 속하는 남자가 우리 집을 찾아와 나를 협박했다. 나는, 당신이 폭력단이 아니고 우익이라면 언론에 대해서 언론으로 대항할 수 있는 사상성을 가지고 있을 것이다. 혹 그렇지 않다면 그런 사상성을 기르기 위해 노력해야 한다고 타일렀더니 그 남자는 "잘 알았습니다"라고 하며 순순히 돌아갔다.

또 언론활동에 관해서 말하면 기리야마 가사네(桐山襲, 1949~1992)[2] 씨의『파르티잔 전설(パルチザン傳說)』사건에서 내가 택한 방법 등을 들 수 있다. 이에 관해서는 기리야마 가사네의『'파르티잔 전설' 사건』(사쿠힌샤(作品社), 1987)에 사건의 전말이 상세히 기록되어 있고, 내가 당시 쓴 글 등도 인용되어 있으니 다시 쓸 필요가 없을 것 같지만, 우익에 대한 나의 대응방법에 초점을 맞추어서 말해두려고 한다.

기리야마 가사네가 신좌익에 의한 천황암살을 주제로 한 소설『파르티잔 전설』을 발표한 것은 1983년 9월 초의 일이었다. 게재지는『문예(文藝)』[3] 10월호다.

발표된 시점에서 몇 가지 신문의 문예시평이 그 작품을 다루었지만 아직 사건은 일어나지 않았다. 하지만『주간 신초(週刊新潮)』1983년 10월 6일자가—그것이 전년의 '문예상(文藝賞)'[4]에 낙선한 작품이라는 사실을 근거로 삼아서—「주저주저하며 낙선시킨, 천황암살을 주제로 한 소설의 '발표'(おっかなビックリ落選させた'天皇暗殺'を扱った小說の'發表')」라는 제목의 제법 긴 기사로 꾸며냈다. 아마 이것을 계기로 해서 '동양청년유지회(東洋青年有志會)'를 자칭하는 우익의 일부가 가두선전차를 몰고 발행처인 가와데쇼보신샤(河出書房新社)를 향해서 비난공격을 시작했다. 9월 27일의 일이다.

공격은 10월 7일까지 계속됐다. 출판사측은, 그사이에 이미 단행본

---

2) 1949~1992. 도쿄 출신. 본명 후루야 가즈오(古屋和男). 와세다 대학 철학과 졸업.『파르티잔 전설』을 비롯해 학생운동 등을 주제로 한 소설을 발표해서 주목을 받았지만 42세의 나이로 병사했다.
3) 1933년에 가이조샤(改造社)가 창간한 문예잡지로 1944년에 가이조샤가 해산된 이후 가와데쇼보에서 간행되고 있다.
4) 가와데쇼보신샤가 주최하는 소설 신인상.

화 작업이 진행되고 있었던 『파르티잔 전설』의 출판을 포기한다는 조
건으로 우익과 합의를 봤다. 이것을 처음 보도한 매체는 『도쿄신문』 10
월 17일 석간이다. 기사 제목은 「우익의 압력으로 단행본화 중지(右翼壓
力で單行本化中止)」였다. 이 책은 그 후 사쿠힌샤, 그리고 또 다른 출판사
에서도 발행되었지만[5] 그 경위에 대해서는 『'파르티잔 전설' 사건』에
상세히 기술되어 있으니 그것을 참조하기 바란다.

우익의 압력으로 단행본화를 포기한 문제에 관해서 기리야마 씨는
같은 책 속에서 다음과 같이 말하고 있다.

—그 후 우익을 비판한 것, 신초샤(新潮社)를 비판한 것, 가와데나 작
가를 놀린 것 등 몇 가지 발언과 보도가 있었지요?

이름을 밝히면서 우익의 행동을 비판한 사람은 마쓰모토 겐이치 씨와
간 다카유키(菅孝行, 1939~)[6] 씨 두 사람밖에 없었습니다. 마쓰모토 씨
글은 『도서신문(圖書新聞)』(11월 5일자) 문예시평입니다. 신우익의 논객이
쓴 글을 인용하면서 이번 우익의 행동을 비판한 **교묘한** 것이었습니다.
그리고 간 씨의 글은 12월 23일자 『사회신보(社會新報)』의 매스컴시평입
니다. 하여튼 이름을 쓰면서 우익을 비판할 수 있는 사람이 이 두 사람
뿐이었다는 사실은 기록해둘 만한 것이지요. (강조는 인용자)

---

5) 다이산쇼칸(第三書館)이라는 출판사가 사쿠힌샤에서 『파르티잔 전설』을 단행본으로 낼 준비
를 하고 있었던 저자 기리야마 씨의 의향을 무시해서 사쿠힌샤보다 먼저 단행본을 출판해버
렸다.
6) 도쿄 태생. 도쿄 대학 문학부 졸업. 극작가, 평론가, 학원 강사. 1970~80년대에 천황제 비
판을 활발하게 전개했다.

우익의 공격대상이 된 기리야마 씨가, 당시 "이름을 밝히면서 우익의 행동을 비판"할 수 있었던 사람은 나와 간 다카유키 두 명뿐이었다고 지적하고, 그 사실은 "기록해둘 만한 것"이라고 말한다. 게다가 내 문예시평— 나도 12년 전에는 문예시평을 쓰고 있었다— 에 관해서는 "교묘한" 우익비판이었다고 평하고 있다.

내가 우익에 대해서 "교묘한" 비판을 한 이유는, 그런 '이이제이(以夷制夷)' 같은 방법 이외에 수단이 없었기 때문이다. 대저 기리야마 씨가 "신우익의 논객"이라고 말한 인물은 그 몇 년 전(1977)에 경단련(經團連) 습격사건[7]을 일으키고 10여 년 뒤에 아사히신문사에 침입해서 자결한 노무라 슈스케(野村秋介, 1935~1993)[8]다. 노무라 씨는 일수회(一水會)[9]의 스즈키 구니오 씨와 함께 "마쓰모토를 죽여라"고 했던 사람이다. 그 노무라 씨가 일수회의 기관지 『레콘키스타(レコンキスタ)』에 당시 기고한 논설의 한 구절을 나는 거꾸로 이용했다.

기리야마 씨가 『'파르티잔 전설' 사건』에 「자료 10」으로 수록한 내 문예시평의 한 구절, 「사상에는 사상으로(思想には思想で)」를 인용해보겠다.

〔……〕 이달은 이제 지면의 여유가 별로 없지만 꼭 언급해두고 싶은

---

7) '경단련'은 '일본경제단체연합회'의 약칭. 사건은 1977년 노무라 슈스케를 비롯한 네 명이 일본도, 권총, 엽총 등을 들고 도쿄에 있는 경단련회관에 침입, 직원을 인질로 회장실에서 농성한 사건.
8) 도쿄 출신. 우익 운동가. 1963년 고노 이치로(河野一郎, 당시 건설대신) 저택 방화사건, 1977년 경단련회관 습격사건 등을 일으킨 장본인. 1993년 『주간아사히』에 게재된 풍자만화에 대한 항의를 하러 아사히신문사 도쿄 본사에 무기를 들고 침입, 사장의 사과를 들은 후 권총으로 자살했다.
9) 1970년에 일어난 미시마 유키오 사건에 자극을 받아 스즈키 구니오 등을 중심으로 1972년에 결성된 신우익 정치단체. 반미적 입장을 내세우고 있다. 기관지 『레콘키스타』를 발행.

게 있다. 그것은 지난달 기리야마 가사네의 『파르티잔 전설』(『문예』)의 단행본화가 우익의 압력으로 중지당한 사건이다(『도쿄신문』에 따름).

이 『파르티잔 전설』은 지난달의 시평에서도 자세히 쓴 바와 같이 '천황암살'을 하나의 소재로 하고 있다. 우익이 그것을 문제 삼았는데 그들은 소설의 단행본화는 중지시킬 수 있어도 현실적으로 그런 계획이 실행되려고 했다는 사실, 또 비슷한 구상이 여러 개 있었다는 사실 등을 말살시킬 수는 없다.

혹 그들이 '천황암살'계획 및 그런 계획을 낳는 사상을 근원적으로 없애려고 한다면 출판사에 압력을 가하는 등의 폭력단 같은 방법이 아니라, '천황 만세' 혹은 천황제 옹호의 사상을 구축하고 그것을 작품화하는 것 이외에 방법이 없다는 사실을 알아야 한다. 경단련 사건(1977)의 형기를 마치고 출옥한 노무라 슈스케는 감옥에 들어가기 직전 "지금은 '사상전(思想戰)'을 할 때다"라고 말하지 않았는가. 사상에는 사상으로, 작품에는 작품으로. 적을 꺾는 길은 그것밖에 없다.

좀 길어졌지만 여기에는 나의 내재적 비평의 방법의 잘 나타나 있다고 생각되기 때문에 인용해봤다. 그것은 기리야마가 이름을 든 간 다카유키의 방법이 소위 이데올로기 비평, 즉 외재적 비평인 것과 대조적이라 할 수 있다.

10년도 더 전, 나는 공동체, 야나기타 구니오(柳田國男)의 민속학, 내셔널리즘, 일본낭만파, 아시아주의, 천황제 파시즘, 전향, 대중의 에토스(심성) 등에 관해서 간과 철저히 토론한 적이 있다(『공동체의 행방(共同體のゆくえ)』『내셔널리즘의 행방(ナショナリズムのゆくえ)』[10]). 그때 밝혀진 것은 내가 간과 달리 거기서 다룬 공동체, 야나기타 민속학, 내셔널리즘, 일

본낭만파 등을 자신의 내부에 가지고 있다고 생각하고 있는 점이었다. 우익에 관해서도 마찬가지다. 그리고 그렇게 자각하기 때문에 그것들에 대한 비판은 내재적으로 이루어질 수밖에 없다고 나는 생각했다.

하지만 나의 그런 내재적 비판의 방법에 대해 간은 1979년의 「사상 정황에 대한 발언(思想情況への發言)」에서 다음과 같이 쓰고 있다.

> 내가 마쓰모토에게 의구심을 품는 이유, 아니면 의구심 때문에 가끔 공격을 해보는 이유는, 마쓰모토가 어떤 대상 —— 예를 들어 일본낭만파, 혹은 기타 잇키, 혹은 또 다른 무엇 —— 을 깊이 관찰하면서 논할 때 비판이라는 이름의 내재로, 대상으로 빠지고 쏠리는 징후가 보이기 때문이다.

이것은, 말하자면 "너는 무엇을 비판하려다가 거꾸로 그 상대편의 논리에 빠져버릴 위험성을 가지고 있다"는 충고다. 하지만 내 생각으로는 외재적 비판은 타자의 언론이나 정신을, 외부에 있는 다른 체계 —— 쉽게 말해서 마르크스주의 —— 에서 비판하는 작업이라, 비판하는 본인은 조금도 다치지 않는다. 자신이 믿는 신은 항상 옳고, 비판하는 이는 언제든지 탈 없이 살아남는다.

그러나 나는 나의 내면에 지금 일어나고 있는 감정이나 사상을 확인하면서 이것이 바로 예전의 일본낭만파를, 내셔널리즘을, 그리고 파시즘 또는 우익을 성립시킨 감정 또는 사상일 거라고 생각한다. 그런고로 이들 사상이나 집단의 사상적 의미를 밝히고 그것을 역사적으로 자

---

10) 대담은 1981년 9월 7일부터 9일에 걸쳐서 이루어졌고 1985년에 다이산분메이샤(第三文明社)에서 두 권의 책으로 간행되었다.

리매김하면서 하는 비판은 자기비판의 양상을 띠게 된다. 내가 역사hi-story에 구애받는 일이 지금 나를 말하는 것story과 거의 비슷해지는 셈이다. 물론 그런 작업에는 간이 지적한 것처럼 상대편의 논리에 휩쓸려버릴 위험성이 전혀 없는 것은 아니다. 하지만 그런 위험을 범하지 않아도 쓸 수 있는 사상사나 문예시평에 도대체 무슨 의미가 있는가. 나는 십여 년이 지난 지금도 그렇게 외치고 싶은데 논쟁상대였던 간은 소련이 해체되고 좌익이 소멸해버린 몇 년 전부터 저널리즘이나 문학계에서 거의 자취를 감춰버렸다.

 좌우양익을 가장 간단하게 부정하는 방법은, 좌익은 마르크스교(敎)이며 우익은 천황교(天皇敎)라고 정의해버리는 것이다. 그러나 나는 그렇게 안이한 방법이 나의 내부에 있다고 생각하지 않는다. 간이 마르크스교였다면 좌익의 소멸과 함께 사라져도 당연하지만 그렇지 않기를 빈다.

제2장
"우익은 끝났다"는 이야기

　기리야마 가사네의 『파르티잔 전설』에 대한 우익의 공격은 노무라 슈스케가 말하는 '사상전'은커녕 처음부터 끝까지 좌익에 대한 폭력으로 시종한 감이 있다. 이것은 말하자면 우익의 정체성이 반좌익(反左翼)이나 반공의 차원에 놓여 있음을 뜻한다. 그렇다면 만일 좌익이 소멸되면 우익 자신도 그 정체성을 상실하는 게 아닌가.
　"아니다. 우익의 정체성의 대상으로는 천황이 있다"는 반론이 나올지 모르겠다. 하지만 헤이세이(平成, 1989~)의 금상천황(今上天皇)[11]이 즉위하고부터는 천황 자신이 "민주주의를 지킨다" "일본국 헌법을 준수한다"〔1990년 11월 12일 「즉위식에 즈음하여(卽位の禮にさいしての言葉)」〕는 식의, 극히 정치적 발언을 하게 되었다. 이래서는 다른 나라들이 일본 민주주의체제의 중추에 천황제가 있다고 생각하는 것도 무리가 아니다. 실제

---

11) 그 시점에서 천황으로 재위하고 있는 사람을 금상천황이라고 부른다.

로 한국이나 중국에서는 그렇게 받아들였기 때문에 지난 전쟁에 관해서 천황이 책임 있게 반성의 뜻을 표명하라는 요구를 해왔다.

확실히 전후의 상징천황제는, 천황제가 절대주의적 정치의 주체였다는 사실을 부정하면서 성립되었다. 그러나 혹 천황제가 민주주의적 정치의 주체라면 역시 정치적 결단의 책임을 추궁당해야 할 것이다. 상징천황은 그런 정치적 책임을 면한 존재이니, 천황 자신이 "민주주의를 지킨다"라든가 "일본국 헌법을 준수한다"는 등의 정치적 발언을 해서는 안 되는데, 그 문제를 우익은 꼼꼼히 생각해야 한다. 비판할 것은 비판하지 않으면 천황교가 되어버리기 때문이다. 우익이 지켜야 할 것은, 궁극에 있어서는 일본 민족 그것 자체가 아닌가. 우익은 내셔널리즘을 대의명분으로 삼아오지 않았는가.

그와 관련해서 말하면 쇼와 천황은 스스로 "천황기관설(天皇機關說)이 괜찮다"고 생각했는데도 불구하고, 적어도 전쟁에 관해서는 군의 통수권을 잡고 있었고 선전포고의 조칙을 내리고 징병을 하는 정치의 주체였다는 사실에 있어서 전쟁에 책임이 있다. 그런 의미에서 "천황의 전쟁책임은 있다고 생각한다"고 말한 모토지마 히토시(本島等, 1922~)[12] 나가사키시장(長崎市長)은 옳았다.

모토지마의 이 발언은, 진보파(進步派)가 말하는 평화주의나 휴머니즘에 의한 것이 아니고 전후 민주주의에 입각한 것도 아니다. 그는 오히려 내셔널리스트로 쇼와 천황이 국가에 있어 정치책임을 가지고

---

12) 정치가. 1979년부터 95년까지 나가사키시 시장. 쇼와 천황이 중태에 빠져 있던 1988년 12월, 시의회에서 공산당의 시의원에게서 질문을 받아 "천황의 전쟁책임은 있다"고 대답해서 보수세력이나 우익단체에서 비난공격을 받았다. 1990년, 우익단체에 속하는 사람에게 총격을 받은 모토지마는 중태에 빠졌지만 기적적으로 살았다.

있었던 시대의 전쟁책임을 문제 삼은 것이다. 우익 각파는 모토지마의 그 발언에 크게 반발했지만 좌익도 역시 모토지마를 긍정하지는 않았다.

예를 들면 모토지마 시장이 천황의 전쟁책임에 대한 이 발언 때문에 총격(1990년 1월 18일)을 당한 직후, 신교 목사로 옛 나가사키 시 시의회 의원 오카 마사하루(岡正治) 씨는『아사히신문』서부본사판(西部本社版)에서 이렇게 말하고 있다.

천황의 전쟁책임 발언을 (모토지마 시장이) 취소하지 않는 점은 높이 평가한다. 그러나 그는 충혼비를 위해 공금을 계속 지출하고 건국기념일의 히노마루(日の丸)[13] 행진의 선두를 걷는 등 언동에 모순이 있다. 총격사건으로 영웅이 되어버렸지만 그는 도저히 평화주의자의 영웅이라고는 생각되지 않는다.

과연, 모토지마 시장은 "평화주의자의 영웅"이 아닐 것이다. 하지만 나는 그의 "언동에 모순이 있다"고는 생각하지 않는다. 우익의 입장에서 보면 '나가사키 히노마루 기미가요(君が代)[14] 추진본부'의 회장인 모토지마 시장이 천황의 전쟁책임을 인정하는 발언을 하는 것이 오히려 "언동에 모순이 있다"고 할 것이다.

사실 모토지마 시장은 그랬기에 "우익을 표방하는 폭력단체"(나가사키 현 경찰의 발표)인 정기숙(正氣塾)에 의해 총격을 당했다. 우익이 네이션(민족, 국가, 국민)의 에토스의 대변자가 되려면 전쟁에서 죽어간

---

13) 일본의 국기.
14) 일본의 국가.

국민의 감정을 전적으로 떠맡아야 한다. 적어도 떠맡으려고 노력하지 않으면 안 된다. 그렇다면 모토지마 시장이 네이션의 에토스를 대변하는 자로서 말한 "천황의 전쟁책임은 있다고 생각한다"는 발언을 부정할 수는 없을 것이다.

모토지마 시장은 천황의 전쟁책임 발언에 다음과 같이 덧붙였다. "천황이 종전을 좀더 빨리 결단했더라면 오키나와(沖繩)에서의 전투도, 히로시마(廣島), 나가사키에 대한 원폭 투하도 틀림없이 없었을 것이다. 군대에서 교육대(敎育隊)에 소속되어 있었던 나 자신도 역시 천황을 위해 죽으라고 가르치고 있었다."

모토지마 시장은 네이션의 에토스를 대변하는 자로서, 나아가서는 내셔널리스트로서 전쟁이라는 정치의 책임을—어떤 의미에서 정치주체였던— 쇼와 천황에게 묻고 있었다. 그가 충혼비를 위한 공금지출을 인정했던 것도 잘못된 전쟁이지만 그 국가의 전쟁에서 죽어간 사람들을 자신의 국가의식에 따라 떠맡으려고 했기 때문이다. '나가사키 히노마루 기미가요 추진본부'의 회장을 맡고 그 행진의 선두를 걷는 것도 그가 내셔널리스트로서 행동하는 것이라고 생각하면 별로 "모순"이 아니다. 그것보다 과거 반세기 동안 사회주의자를 자임해온 무라야마(村山) 씨[15]가 히노마루와 기미가요를 국기, 국가로 인정하는 것이 훨씬 큰 모순이다.

어찌 되었든 우익이 내셔널리즘을 대의명분으로 한다면 천황제 타도가 아니라 천황의 전쟁책임을 언급한 모토지마 시장에게 공감을 하는 일은 있어도 그를 총격한 정기숙 맹원에 동조해서는 안 된다. 우익의

---

15) 무라야마 도미이치(村山富市, 1924~). 오이타(大分) 현 태생. 정치가. 1994년 6월 30일부터 1996년 1월 11일까지 내각총리대신을 지냈다.

거두라 불린 고다마 요시오(兒玉譽士夫, 1911~1984)의 저택을 하늘에서 습격한 포르노 배우 마에노 미쓰야스(前野光保)를 일수회가 변호했을 때, 그들은 네이션(민족, 국가, 국민)의 에토스를 대변하고 있었다.[16] 바꿔 말하면, 정통 내셔널리스트의 입장에 서 있었다. 하지만 내셔널리스트로서의 모토지마 시장의 언동에 대해, 비판도 포함해서 정당한 평가를 하지 못하는 현상은 "우익은 끝났다"는 인상을 나에게 안겨 주었다.

그래서 나는 소제목 '우익은 끝났다는 이야기(右翼は終わった, ということ)'를 포함한 논문[「'세계사 게임'의 끝('世界史のゲーム'の終わり)」, 『중앙공론(中央公論)』 1991년 4월호]을 썼는데, 그에 대해 우익은 아무런 반론도 하지 않았다. 그렇기는커녕 그 2년 후에 열린 일수회의 심포지엄에서 서기장인 기무라 미쓰히로(木村三浩) 씨가 "마쓰모토 씨는 '우익은 끝났다'고 말씀하셨는데……"라고 말하면서 나를 소개하기까지 했다.

그러면 당신은 왜 텔레비전에 나와서 우익과 논쟁을 하지 않느냐는 질문을 몇 번 받은 일이 있다. 그럴 때 나는 논쟁은 충분히 하고 있고 텔레비전에 나와서 시시한 논쟁으로 시간을 낭비하고 싶지 않다, 라고 대답하기로 하고 있다.

예를 들어 모 중견 우익활동가는, "중국이 아메리카를 '미국(美國)'이라 부르는 것은 좋은 나라, 훌륭한 나라라는 미국의 선전을 믿었기 때문이다"라는 발언을 하고 있었다. 하지만 중국이 아메리카를 '미국'이라고 부르는 것은 단지 한자 '美'의 중국 발음이 'měi'이기 때문이며,

---

16) 1976년 3월, 록히드사건의 주모자였던 고다마는 병을 이유로 국회의 증인소환에 응하지 않고 자택에서 정양하고 있었다. 거기에 마에노 미쓰야스(29세)가 조종하는 소형비행기가 돌입했다. 가옥의 일부가 불타고 가정부가 다쳤지만 고다마는 무사했고, 마에노는 사체로 발견됐다. 그는 원래 고다마에게 심취했던 사람으로 고다마에게 천벌(天誅)을 내리려고 자폭테러를 감행한 것이다.

예전에 일본 사람들이 미국의 배가 들어오는 부두를 '메리켄 부두'[17]라고 부른 것과 큰 차이가 없다. 이 정도의 인식밖에 못하는 우익과 텔레비전에서 논쟁해봤자 시간의 낭비가 아닌가. 내가 출연을 거절한 프로그램에 바로 그 활동가가 나와 있는 것을 보고, 나는 출연을 거절하기를 잘했다고 생각했다.

그런데 소제목 '우익은 끝났다는 이야기' 아래에 나는 다음과 같이 썼다.

내가 "우익은 끝났다"고 생각하는 것은 혁명(공산주의)을 표방한 좌익이 끝났으니 그 대항세력으로서의 우익도 끝났다는 식의 정세론에서 하는 말이 아니다. 우익이 표방했던 내셔널리즘은 지금은 이제 보수세력으로서의 모토지마 히토시나 이시하라 신타로(石原慎太郎, 1932~)[18]가 충분히 맡고 있다는 본질론에서 하는 말이다.

모토지마 시장은 앞에서 언급한 것과 같이 충혼비에 대한 공금지출을 인정하고 '나가사키 히노마루 기미가요 추진본부'의 회장도 맡고 있다. 이시하라 신타로 중의원의원은 반미적 내셔널리즘, 나아가서는 "일본은 결국 미국 이상으로 아시아가 없으면 자라나지 못한다"(『'NO'라고 말할 수 있는 일본('NO'と言える日本)』, 1989)는 아시아주의까지 주장하고 있다.

우도 아니고 좌도 아니고 항상 그것들 사이에서 균형을 잡는 일본의

---

17) '메리켄'은 아메리칸에서 나온 말로 쇼와 전반기까지 일상적으로 사용되었다.
18) 효고 현 태생. 정치가, 소설가, 1956년 『태양의 계절(太陽の季節)』로 아쿠타가와 상(芥川賞)을 수상, 대중작가가 되었다. 1968년에 참의원의원, 그 후 중의원의원을 지냈다. 환경청 장관, 운수대신 등을 역임한 후 1999년부터 도쿄도지사를 역임하고 있다. 이 글이 씌어진 당시에는 중의원의원이었다.

보수세력＝지배층이 이와 같이 우익의 대의명분이었던 내셔널리즘이나 아시아주의를 맡아버린 것이다. 이때 우익 자신의 사상적 정체성은 희박해질 수밖에 없다. 이제까지 우익은 소련을 구체적인 적으로 지목하는 것에서 자기확인을 할 수가 있었지만, 그 소련도 해체되고, 그에 따라 좌익도 소멸해버렸다.

그런 시기에 반미와 애국을 표방해온 아카오 빈(赤尾敏)[19]이 세상을 뜨고(1990년 2월 6일, 91세), 도야마 미쓰루의 손자이며『지쿠젠 현양사(筑前玄洋社)』[20]를 쓴 도야마 모토카즈(頭山統一)가 아오야마 묘지(青山墓地)에 있는 도야마 미쓰루의 묘 앞에서 자살하고(1990년 2월 16일, 54세), 전후 최대의 우익이론가였던 아시즈 우즈히코가 죽고(1992년 6월 10일, 82세), 신우익의 대표적 존재였던 노무라 슈스케가 아사히신문사에서 자결(1993년 10월 20일, 58세)했다. 그것은 바로 우익의 종언을 고하는 것 같은 죽음의 연속이었다.

---

19) 1899, 아이치 현 태생. 정치가, 우익활동가. 대일본애국당 총재. 만년까지 매일 가두연설을 계속했다.
20) 지쿠젠은 후쿠오카의 옛 이름.

제3장
스즈키 구니오의 『탈우익선언』을 둘러싸고

아시즈 우즈히코 씨가 돌아가시기 약 반년 전에, 아마 1992년 1월 말쯤이었던 것 같은데, 당시 간행되고 있었던 『아사히저널(朝日ジャーナル)』편집자한테서 아시즈 씨와 대담을 해달라는 청탁이 들어왔다. '쇼와 천황의 죽음(1989) 이후 우익이 향할 곳' 같은 주제였을 것이다.

아시즈 씨에게는 물어보고 싶은 것이 여러 가지 있었고 특히 천황제론(국체론)에 관해서는 뒤에 말하는 것처럼 확실히 따져보고 싶었지만, 나에게는 그 3년 전에 『아사히저널』과 싸웠다는 사정이 있었다. 담당 편집자에게 그 경위를 알고 있느냐고 물어봤더니 그는 전임해온 지 1년밖에 안 돼서 아무것도 모른다고 대답했다.

그 싸움의 경위에 관해서는 내가 당시 연재하고 있었던 『이코노미스트(エコノミスト)』 권두언(1989년 2월 7일호, 후에 『쇼와 마지막의 나날(昭和最後の日日)』에 수록)에 썼기 때문에 여기서는 생략하기로 한다.[21] 하여튼 "화해하지 못하고 있는 잡지에 이유 없이 등장할 수는 없다"고 했더니 그 편집자는

"그 문제는 잘 처리해드릴 테니 아시즈 씨와의 대담은 꼭 해주십시오"라고 한다.

아시즈 씨는 그 기획을 승낙해주었지만 앓아서 누워 있으니 병이 나으면 하겠다는 조건을 붙였다. 그러나 결국 낫지 못한 채 그는 세상을 떠나버렸다.

내가 『무사도── 전투자의 정신(武士道──戰鬪者の精神)』(1968)이라는 훌륭한 저작을 저술한 아시즈 씨에게 특히 물어보고 싶었던 것은 그가 1962년에 간행한 『국체 문답(國體問答)』〔신사신보사(神社新報社)〕에 관련된 사항이었다. 아시즈 씨는 거기에 나오는 두번째 질문 "천황의 전쟁책임은 어떠한가?"에서 다음과 같이 말하고 있었다.

답: 그것(천황의 전쟁책임 문제)은 제국헌법하의 천황정치를 알고 있으면 금방 이해되는 문제다. 제국헌법은 메이지유신으로 확립한 국시, "널리 회의를 열어 만기(萬機)를 공론(公論)으로 결정할 것"[22]이라는 원칙을 근본정신으로 하고 있다. 이 헌법정치 하에서 천황이 하시는 일의 성격은 온 국민의 회의의 의장 같은 것이다.

의장의 임무는 〔……〕 토의를 충분히 하고 마지막의 투표에서 찬반이 반반이 되어 결정할 수 없는데도 명확한 결론이 필요할 경우에 한해서, 의장이 처음 자신의 소신을 표명하는 것이다. 어떤 회의의 규칙에도 "가부

---

21) 게재될 예정이었던 천황과 천황제에 관한 정담(鼎談)을 『아사히저널』이 사전 연락 없이 '잘라'버린 사건. 그 이유는 확실하지 않지만 당시 『아사히저널』과 대립하고 있었던 니시베 스스무(西部邁)가 정담에 출석했던 것, 마쓰모토 자신이 『아사히저널』 편집장을 몇 번 비판한 적이 있었다는 것 등을 생각할 수 있다.
22) 천하의 정치는 세론에 따라 결정해야 한다는 뜻으로 메이지정부의 기본정책을 제시한 '5개조 서문'에 들어 있는 구절.

가 동수일 때 의장이 이것을 결정한다"고 되어 있는 게 통칙이다. 〔……〕

아시즈 씨는 제국헌법하에서 천황이 하는 일의 성격이 "온 국민의 회의의 의장 같은 것"이라고 말하지만 그렇다면 2·26사건 당시 토의도 투표도 하지 않은 채 천황이 스스로 군복을 입고 "계엄사령관〔가시이 고헤이(香椎浩平) 중장〕이 궐기군의 진압을 주저한다면 내가 근위사단을 이끌고 출동하겠다"고 말한 사실을, 어떻게 해석해야 하는가. 이것은 의장이 취할 입장과는 전혀 다른, 국군의 통수권을 가지는 군주의 태도라고 할 수 있다.

사실 포츠담선언을 수락하고 8월 15일의 항복을 결단했을 때는, 어전회의에서 결론이 나오지 않아 쇼와 천황이 그 최종결단을 내렸다. 하지만 그것은 의장이라는 성격의 결단은 아니었을 것이다. 아시즈 씨는 어떤 회의의 규칙에도 "가부가 동수일 때 의장이 이것을 결정"하는 것으로 되어 있다고 하지만 그것은 말하자면 민주주의의 규칙이다. 무릇 천황제는 민주주의의 규칙에 따라—즉 국민의 과반수나 3분의 2의 찬성을 얻어서—의결된 제도가 아니다. 그런 민주주의적 규칙보다 훨씬 이전부터 천 년 이상 계속되어온 제도를, 지난 이삼백 년 동안에 보편화된 민주주의의 규칙, 백 년의 역사밖에 없는 헌법으로 재단하는 것 자체에 무리가 있다.

또 "온 국민의 회의의 의장"이라면 그 성격은 천황이 아니라 에도 말기, 대정봉환(大政奉還, 1867)[23] 후 도쿠가와 요시노부(德川慶喜, 1837~1913)[24]가 많은 번(藩)의 다이묘(大名)들의 회의에서 의장이 되려고 했을 때의

---

23) p. 165 각주 81) 참조.
24) 도쿠가와 제15대 장군으로 에도 막부의 마지막 쇼군이 되었다.

입장이 그 성격에 더 가깝다. "널리 회의를 열어 만기를 공론으로 결정할 것"라는 '5개조 서문(五箇條の誓文)'도 처음에는 "열후(列侯)들이 널리 회의를 열어……"라는 문장으로 되어 있었다고 한다. 쇼군에서 은퇴한 요시노부가 열후회의의 의장을 맡고, 천황은 그 싸움을 "아, 그런가?"라고 긍정하기만 하면 되었다. 쇼와 천황은 자주 "아, 그런가?"라고 말했는데, 이것은 권력을 떠나 정치 위에 초연히 존재함으로써 존속한 천황제의 전통적 형태를 훌륭하게 체현한 말이었다.

쇼와 천황은 1982년 신문기자들로부터 전후 민주주의에 대한 질문을 받고 그것은 이미 메이지 천황의 '5개조 서문'에 명시되어 있다고 대답했다. 그리고 그 경우 천황은 그 민주주의의 규칙에 의한 의결에 대해서 초연하다. 8·15의 포츠담선언 수락에 관해서 쇼와 천황이 결단을 내린 것은—민주주의의 규칙으로 정해진 의장의 역할이 아니라—분명 "대일본제국은 천황이 이것을 통치한다"는 식의, 바로 군주의 입장으로 한 것이었다.

요컨대 내가 아시즈 씨에게 물어보고 싶었던 것은 다음과 같다. 천황은 민주주의의 규칙에서 정해진 의장 비슷한 존재였으니 대동아전쟁에 관해서 책임이 없다고 하는 것은 이상한 게 아닌가? 대저 천황을 "온 국민의 회의의 의장"으로 자리매김한다는 게 전후 민주주의의 영향에서 나온 논리가 아닌가. 민족의 역사를 생각하는 입장이 그래도 되는가? 하고.

아시즈 씨의 죽음으로 인해 그렇게 따질 기회는 영원히 잃어버렸다. 그러나 혹 천황이 "온 국민의 회의의 의장" 같은 성격의 것이었다면 전쟁 중의 특공대는 "천황폐하 만세!"라고 외치면서 죽어가지는 않았을 것이고, 노무라 슈스케도 "스메라미코토 이야사카!"[25]를 부르고 자결하지는 않았을 것이다. 의장 같은 성격의 입장은 결코 그것을 위해 죽는 충성심의 대상이 될 수가 없다.

우익이란 무엇을 위해 죽을 수 있는 존재, "나 간다아아아!"라는 소리지름에 홀린 사람들을 가리키는 말이다. 그들은 그 소리지름에 사로잡히면서 그 소리를 "내 창자의 방부제"로 삼아서 살아간다.[26] 우익이란 그런 것이라고 생각하여 나는 그전에 「우익은 끝났다는 이야기」라는 글의 한 장(章)에 나가사키의 모토지마 시장을 습격한 정기숙 맹원에 대해 언급하면서 다음과 같이 썼다.

〔……〕모토지마 시장을 저격한 범인이 "죽일 생각이 없었다"고 재판에서 말하는 것 자체가 우익의 사상성이 끝났음을 증명하고 있다. 우익의 사생관은, 말하자면 일살다생—— 나(一)를 죽이고 대중(多)을 구제하는 것—— 에 있고, 자신을 죽이는 행동에 있어서만 자기 자신에게 테러를 허용하는 것이었다. 외상 오쿠마 시게노부에게 폭탄을 던지고 그 자

---

25) "천황 만세"를 뜻하는 예스러운 말. 노무라는 아사히신문사 사장실에서 사장과 이야기를 한 후 이 말을 세 번 외우고 권총으로 자결했다.
26) 스기야마 시게마루의 아들로 특이한 소설을 쓴 작가 유메노 규사쿠(夢野久作)의 저서 『근세쾌걸전(近世快人傳)』에 다음과 같은 이야기가 있다. 도야마 미쓰루나 스기야마 시게마루의 친한 친구였던 호걸 나라하라 이타루(奈良原到)에게 들은 일화다. 메이지 초기 후쿠오카에 겐아사(健兒社)라는 10대 소년들의 그룹(현양사의 전신)이 있었고 도야마나 나라하라도 그 맹원이었다. 다케베 고시로(武部小四郎)를 비롯한 후쿠오카의 지사들이 하야한 사이고 다카모리의 거병에 호응해서 반란을 일으키려고 의논을 했을 때 그 소년들도 그 자리에 있었다. 반란은 실패하고 다케베는 도망갔지만 소년들은 잡혀서 투옥되었다. 소년들이 고문을 당하고 있다는 소문을 들은 다케베는 스스로 출두해서 전 책임은 나에게 있으니 소년들을 석방해달라고 당부했다. 처형되는 날 아침 다케베는 소년들이 갇혀 있는 옥사를 향해 사자가 하늘에 으르렁거리는 것 같은 씩씩한 목소리로 "나 간다아아아!"라고 외쳤다. 나라하라 등의 소년들은 옥사에서 그 소리를 듣고 몹시 울었다. 나라하라는 그 이야기를 하면서 "그때 그 목소리가 내 창자의 방부제가 되었다"고 말했다. 그는 죽을 때까지 극단적인 청렴결백을 관철해서 가난하게 살았다.

리에서 자신의 목을 찌른 구루시마 쓰네키가 우익의 이상상으로 흠모되어 온 것은 그 때문이다.

도야마 미쓰루가 혈맹단의 테러를 "일인일살(一人一殺)"이라고 평한 데 대해 혈맹단사건을 지시한 이노우에 닛쇼는, "일인일살이 아니라 일살다생이 혈맹단의 정신이다"라고 말했다. 이노우에에 따르면 '일살'은 한 사람을 죽인다는 뜻이 아니라 나를 죽인다는 뜻이다.

그 결과 우익은 '다(多),' 즉 대중을 살리려고 한다. 바꿔 말하면 그들은 네이션(민족, 국가, 국민)을 위해 죽으려고 한다. 하지만 지금은 —— 요시모토 다카아키(吉本隆明, 1924~)가 예전의 '대중의 원상(原像)'이라고 불렀던 것을 스스로 '매스 이미지mass image'로 바꿔 불러야 하는 것처럼—— 네이션의 형태가 변모하고 있다. 물론 대중과 네이션이 똑같은 것은 아니지만 근대의 소산이었던 내셔널리즘 자체가, 지금은 변용되지 않을 수 없는 상황이다.

이때 네이션에 입각해서 그 에토스(심성)의 목소리에 따라가려고 했던 우익이 어떤 종언을 맞는 것은 당연한 일이라 할 수 있다. 『탈우익선언(脫右翼宣言)』(아이피시, 1993)에서 스즈키 구니오는 그 당연한 일에 솔직하게 따르려고 한다. 그는 이 책에서 노무라 슈스케의 죽음에 언급하면서 다음과 같이 쓰고 있다.

나는 노무라 씨와 18년 전부터 친교가 있었다. '신우익'이라는 말은 노무라 씨와 함께 존재했다고 할 수 있다. 그래서 나는 몇 가지 주간지 인터뷰에 대해 "신우익은 이제 끝날 것이다"라고 대답했다. "뭐? 그건 안 되지" "지금부터 노무라 씨의 정신을 계승해서 더욱더 신우익운동을 발전시켜야지요"라고 말하는 사람도 있지만 내 생각은 변하지 않는다. '신우익의 종언'뿐만 아니라 우익 자체가 큰 전기에 서 있다. 노무라 씨의 죽음은 그만큼 무겁고 큰 의미를 가지고 있다.

이 스즈키 구니오의 판단은 내가 "우익은 끝났다"고 쓴 마음과 미묘하게 겹쳐 있다. 그것은 단지 냉전구조가 끝나서 좌익이 소멸하고, 그러므로 적을 잃은 우익이 끝난다는 이야기가 아니다. 좌익과 우익을 낳은 일본근대의 구조 자체가 지금 크게 변모하고 있다.

적으로서의 좌익을 잃었다는 사실이 우익을 끝나게 하는 것은 아니다. 그 종언이 진실로 의미하는 것은 우익이 충성의 대상을 잃어가고 있다는 사실이다.

그렇다면 우익은 어디로 가는가. 나는 『무사도── 전투자의 정신』의 저자 아시즈 우즈히코 씨에게 그것을 묻고 싶었다.

저자 후기

후기를 대신하여

구판 『사상으로서의 우익』〔다이산분메이샤(第三文明社)〕(이 책의 원제) 을 간행한 지 24년의 세월이 흘렀다. 먼저 그 구판의 「후기」를 인용해 보겠다.

한국전쟁 때였으니 벌써 20여 년 전의 일이다. 뒷집에 살빛이 흰 여성 이 살고 있었다. 나이가 스물서너 살쯤이었을까. 해질녘에는 꼭 툇마루 에 서서 생각에 잠겨 있었다. 어둠이 깊어질수록 그녀의 얼굴은 한층 더 희어졌다.

다음 날 아침, 내가 등교할 시간에는 뒷집 길가에 대개 진주군의 지프 차가 서 있었다. 도대체 그것이 무엇을 의미하는지 소년이었던 나는 알 수 없었지만 왠지 너무 슬퍼서 그 지프차의 타이어를 힘껏 걷어차면서 지나가곤 했다.

*

민족이라는 문제가 언제부터 내 속에 깃들기 시작했는지 잘 모르지만 민족적 감정에 대한 의식이라면, 그것은 어쩌면 20여 년 전의 이 체험과 연결될는지도 모른다. 그렇게 생각한 것은 올해(1976) 여름에 방문한 오키나와(沖繩)의 인상이 머리 한구석에 남아 있었기 때문일까.

비행기로 나하공항(那覇空港)에 도착해보니 바로 옆이 미군 기지였다. 그리고 그 기다란 철조망 때문에 20여 년 전의 우리 동네가 떠올라 나는 친구의 안내로 오키나와를 다녀보려는 의욕이 어딘가로 날아가 버렸다. 결국 그 후 일주일 동안 나는 거의 슈리(首里)[1] 한구석에 박혀서 지내야 했다.

*

그런 개인적 체험이 있은 뒤에 백 년의 민족적 체험을 논한 이 평론집을 상재하려니 약간 마음이 무겁다. 역시 너는 우익이었지, 라는 말을 듣기가 괴로워서가 아니다. 그런 말은 지난 몇 년 동안 계속 들어왔으니 별로 신경 쓰지 않는다. 또 우익진영의 입장에서는 내 우익론이 맹렬한 반발의 대상이 되는 모양이다. 그러나 그것도 지금 나에게는 큰 부담이 아니다.

내 마음이 무거운 것은 여기에 수록된 에세이들이 지난 백 년의 민족적 체험이나 정념, 심성 등을 잘 대자화(對自化)[2]하고 있느냐는 문제다.

---

1) 오키나와 현 나하 시에 있는 지명. 옛 류큐왕국(琉球王國)의 수도였다.
2) 대자(對自, für sich)는 '자기에게 있어서'라는 뜻으로 헤겔 변증법의 기본 개념의 하나. 사물의 발전단계를 나타내는 말로 '즉자(卽自, an sich)'와 대립한다. 즉자는 그것 자체의 존재에 즉응한 미발전의 단계, 대자는 즉자의 상태에서 발전해서 자신의 대립물이 부정계기로 나타

그것이 잘 대자화되었을 때 비로소 내 내부에 있는 우익을 다 비판할 수 있게 되는데, 그렇게 되기까지 아직 길은 멀었다고 생각하지 않을 수가 없다.

*

필경 나는 우익을 근대 일본의 정치사상의 문제로 파악함과 동시에 내 자신도 포함해 민족의 내면적 문제로서도 파악해야 한다고 늘 생각해왔다. 그것이 나로 하여금 오늘날 우익사상에 구애받게 하는 유일한 이유라고 할 수 있다.

그러므로 우익은 나에게 있어 소위 학문적 대상 같은 것은 아니었다. 그게 아니라 오늘날 우리 민족이 이렇게 존재하는 것, 아니 존재해야 한다는 것의 의미를 민족의 부정적 요소인 우익을 통해서 생각해보려고 한 것이 내 우익 연구의 기본적 입장이었다.

*

그런데 이 책은 지난 몇 년 동안 기회가 있을 때마다 쓴 에세이 중에서 우익에 관한 것만을 모은 것이다. 제1부 총론, 제2부 각론, 제3부 부수적 에세이로 구성되어 있다.[3] 단, 글의 구별은 결코 엄밀한 것이 아니라 전체가 우익사상에 대한 메모처럼 산만했던 것을 편집자인 고미 도키사쿠(五味時作) 씨가 적당히 정리해준 것이다.

나는 단계. 즉자 및 대자an und für sich란 그 대립을 지양해서 통일을 회복한, 한 단계 높아진 상태.
3) 이 한국어판의 구성과는 다르다.

　　마지막으로 나에게 이들 에세이를 쓸 기회를 준 많은 편집자에게 감사의 뜻을 표한다. 일할 때는 무자비했지만 지금 돌이켜보면 그것도 편벽한 나를 집필에 매진시키기 위한 방편이었다고 생각되기 때문이다.

1976년 10월 26일

마쓰모토 겐이치

　　구판 간행 당시 아직 이십대 말이었던 나도 벌써 오십대 중반에 접어들고 뒤를 돌아보는 머리에는 이제 백발이 섞여 있다.

　　시간이 이렇게 빨리 갈 줄은 몰랐다. 히로사와 야스토(廣澤安任, 1830~1891)의 한시에 "인생은 왜 이다지도 순식간에 가버리는가"라는 구절이 있다.[4] 이 시를 봤을 때, 과연 세월의 흐름이 무척 빠르다는 것을 새삼 실감했다.

　　히로사와 야스토는 내가 쓴 『송아지를 몰며 청산으로 들어가다(犢を逐いて青山に入る)』의 주인공으로, 1863년에 일어난 공무합체파(公武合體派)[5]의 쿠데타를 아이즈(會津) 번에서 추진한 사람들 중의 한 사람이었다. 그는 5년 후에 일어난 보신전쟁(戊辰戰爭)[6]이 끝났을 때 그 전쟁책임자의 한 사람으로 투옥되었으니 확실히 "인생은 왜 이다지도 순식간에 가버리는가"라고 생각했을 것이다.

　　내 인생에는 히로사와에게 일어난 것 같은 극단적인drastic 변화는 없

---

4) 시 전문은 다음과 같다. "憶會京洛倣遊時/朝醉東山夕鴨涯/天地卽今籠樣窄/人生夫奈瞬間移."
5) 에도 말기에 종래의 막부독재를 폐하고 천황과 막부가 일체화되어야 한다고 주장한 사람들. 존왕양이파와 대립하는 입장이었다.
6) 1868년부터 이듬해까지 메이지정부군과 에도 막부군 사이에 일어난 전쟁의 총칭.

었다. 아니, 전혀 없었던 것은 아니었던 것 같다. 이 책과 관련하여 말하면 구판을 간행했을 때 나는, 좌익한테서는 '우익사상가'로 기피되고 우익한테서는 제2부에 쓴 것처럼 노골적으로 기관지에서 "마쓰모토를 죽여라!"라고 지탄받았다. 나는 내가 우익이라고도 좌익이라고도 생각해본 적이 없었기에 실제로 신변의 위험을 느끼기는 했지만 그런 레테르 붙이기에는 별로 동요하지 않았다. "좌익도 우익도 나를 어느 한쪽으로 분류해서 안심하고 싶은가 보다" 하고 생각했을 뿐이다.

그러나 이럭저럭하는 사이에—구판을 발간하고 한 15년 지났을 무렵—냉전이 끝나면서 이데올로기 대립이 의미를 상실했다. 소련이 해체되고 좌익이 표면적으로는 소멸함에 따라 우익의 '대좌익(對左翼)' 또는 '반공'이라는 정체성이 의미를 잃은 것이다. 그러자 그때까지 "마쓰모토를 죽여라!"라고 했던 신우익이 우익이란 무엇인가를 알기 위해서는 마쓰모토의 『사상으로서의 우익』을 읽으라고 같은 기관지를 통해서 말하기 시작했다.

내 의사와는 상관없이 그토록 큰 변화가 지난 24년 사이에 일어났으니 나도 이 외부의 변화에 따라 소제목 「"우익은 끝났다"는 이야기」를 포함한 논문(「'세계사의 게임'의 종언」, 『중앙공론』 1991년 4월호)을 쓰지 않을 수가 없게 되었다. 이 책에 수록한 「우익의 종언」이 그 논문의 뒤를 이어서 씌어졌음은 말할 나위도 없다.

2000년 6월 28일 쌀쌀한 장마철에
마쓰모토 겐이치

옮긴이의 말

마쓰모토 겐이치(松本健一)가 쓴 『사상으로서의 우익(思想としての右翼)』은 처음 다이산분메이샤에서 1976년에 간행되었다. 2000년에는, 1995년에 집필한 「우익의 종언」(『우익—내셔널리즘 전설』(가와데쇼보신샤, 1995)에 수록)을 추가해서 론소샤(論創社)가 개정판을 출간했다. 이 한국어판은 2000년의 개정판을 바탕으로 하여 책 전체의 구성을 약간 바꾸어 만든 것이다. 원서보다 분량은 적지만 알찬 책이 되었다고 자부하고 있다. 또 각주는 옮긴이가 단 것으로, 혹 잘못된 부분이 있다면 그 책임은 전적으로 옮긴이에게 있다.

덧붙여서 말하면, 일본에서는 개정판 『사상으로서의 우익』에 수록된 글들을 주오고론신샤(中央公論新社)가 다시 새 책으로 간행할 예정이라 한다. 이렇게 되풀이해 출판된다는 것은, 이 책을 능가할 만한 연구가 아직 나오지 않았다는 증거일지도 모르겠다. 이 외에도 마쓰모토의 저작은 예전에 간행된 책이 다시 나오는 경우가 적지 않다. 예를 들어

1999년 10월에 시작한 이와나미쇼텐(岩波書店)의 '현대문고' 시리즈는 마쓰모토의 단행본을 벌써 일곱 권이나 문고본으로 만들어서 간행하고 있다(2009년 10월 현재).

마쓰모토가 『젊은 기타 잇키(若き北一輝)』〔겐다이효론샤(現代評論社)〕로 그때까지 아무도 진지하게 생각하지 않았던 기타 잇키를, '혁명적 낭만주의자'로 재평가해서 세상에 충격을 준 것은 1971년의 일이었으며, 당시 그는 대학원 석사과정에서 일본문학을 전공하는 학생이었다. '기타 잇키=우익'이라는 정도의 인식밖에 없었던 사람들은 천황제 일본을 '동양의 토인부락'이라 매도하고 천황을 혁명의 수단으로 이용하려고 획책한, 이 가공할 만한 혁명가의 정체를 그때 처음 알게 된 것이다. 마쓰모토의 기타 잇키 연구는 후에 전5권의 『평전 기타 잇키』(이와나미쇼텐, 2004)로 결실을 맺었다.

문예평론가로 출발한 마쓰모토는 역사 속에 매몰된 인물을 발굴한 평전, 일본의 메이지유신이나 개국(開國)을 다룬 저작 등을 속속 출간하며 그 날카로운 통찰력과 실증적 연구로 뒷받침된 폭넓은 지식으로 높은 평가를 받아왔다. 사회학자 다케우치 요(竹內洋)는 마쓰모토를 가리켜 "전전파(戰前派)의 다케우치 요시미(竹內好)와 전중파(戰中派)의 하시카와 분조(橋川文三)의 계보를 잇는, 뛰어난 전후파 사상사연구자이자 문예평론가"라고 평했으며, 주간지 『아에라 AERA』(아사히신문사)는 2007년 10월 15일호에서 "우도 좌도 아닌, 일본을 그려내는 지성"이라는 제목으로 그를 소개하고 있다. 그는 환갑을 넘은 지금도 일본사상사, 아시아문화론을 중심으로 다방면에 걸친 연구를 정력적으로 하고 있으며, 최근에는 특히 문명론에 큰 관심을 보이고 있다. 2009년 5월에 간

행된 『해안선의 역사(海岸線の歷史)』〔미시마샤(ミシマ社), 2009〕는, 해양국가 일본의 해안선의 역사적 변천과 민족의 정체성을 관련시켜 논한 색다른 연구다.

예전에 내가 오사카에서 신문사에 다녔을 때 가끔 가다 '우익'의 가두선전차가 듣기 괴로울 정도의 큰 음량으로 군가를 틀어놓고 큰 소리로 그 신문을 비난하면서 회사 주변을 돌고 갔다. 또 지국(支局)이 습격당해서 젊은 기자 한 명이 사살되는 사건도 있었는데, 그때는 정체불명의 우익단체가 그 신문사 직원을 모두 다 죽이겠다는 내용의 성명서를 보도매체를 통해서 발표하기도 했다. 하지만 그렇다고 해서 나 개인이 직접 협박을 받은 일은 없었고 내 생활에 특별한 변화가 있었던 것은 아니었다. 회사에 들어갈 때 반드시 신분증을 보여주어야 한다는 규칙이 거추장스러웠을 뿐이다. 필경 나에게 '우익'은 미친 사람, 나쁜 사람, 이상한 사람, 그리고 나에게 관계없는 사람들에 지나지 않았다. 전후 대부분의 일본 사람들에게 우익은 그 정도의 존재였을 것이다.

그런데 이 『일본 우익사상의 기원과 종언』에서 마쓰모토 겐이치가 주로 고찰 대상으로 삼고 있는 우익은, 그런 유의 '타락한 우익,' 즉 이권을 노려서 보수세력의 앞잡이가 된 우익이나 정치결사를 표방하는 폭력단이 아니다. 그가 흥미를 가지고 있는 것은 우익사상의 본래적인 뜻이다. 그는 일본에 우익사상이 탄생하게 된 역사적 이유를 찾아 메이지 정부에 대한 반대세력이 우와 좌로 갈라서던 순간까지 거슬러 올라간다. 그리고 아직 우도 좌도 아닌 반체제 사상들의 카오스 속에서 소용돌이치고 있던 갖가지 엄청난 가능성을 우리에게 보여준다.

이 책의 제1부 「사상으로서의 우익」에서 저자는 근대 일본의 권력구조를 우와 좌로 구분하는 게 아니라, 우익과 좌익을 적당히 이용하면서 권력을 좌지우지해온 리버럴을 중심에 놓은 구도를 그려 그 역학을 선명히 해부한다. 제2부는 다양한 양상을 보인 우익사상에 관한 개별적인 연구를, 제3부는 한국에서도 관심이 높은 '만주국'의 성립과 우익사상의 관련을 고찰한 글을 모았다. 제4부는 1990년대의 사회상황을 관찰하면서 "우익은 이제 존재의의를 잃어버렸다"고 주장하는 글이다.

  제2부 제4장 「우익사상 연구의 갈림길」에서 저자가 비판하고 있는 작가 마쓰모토 세이초처럼 선입견만으로 재단해버리는 사람은 지금도 적지 않을 것이다. 그러나 저자가 말하는 것과 같이 우익을 금기시하는 태도는, 그것을 신성시하는 태도와 마찬가지로 불모하다. 그것은 기실 비판이 아니라 사상적 대결을 회피하는 것에 불과하기 때문이다. 혹 '타락한' 우익이 아닌, 본래적인 뜻의 우익이 어느 사이에 잘못된 방향으로 빠져버렸다면 우리는 "내가 그때 살았더라면 나도 그런 길을 밟았던 게 아닐까?" 하는 반성과 함께 그 역사적 과정을 냉정하게 비판해야 한다. 그것이 저자의 기본적 자세이며 이 점에서 이 책은 다른 많은 우익연구와 구별된다. 또 자신의 내면을 살펴볼 용기를 가진 독자만이 여기에서 무엇인가를 얻을 수 있을 것이다.
  좋든 싫든 간에 우익사상은 일본의 근대를 형성하는 데 큰 영향을 미쳐왔으니 이를 짚고 넘어가지 않으면 앞으로 나아가지 못한다. 나는 왠지 그런 마음이 절실해서 이 책을 번역하기로 했다.

  동경하는 선생님의 저작을 소개하게 되어 나는 무척 행복하다. 한국어판 출간에 즈음해서 많은 도움을 주신 문학과지성사의 홍정선 선생님, 편집부 박지현 씨를 비롯한 여러 분들께 깊은 감사를 표하고 싶다. 그리고 마지막까지 읽어주신 여러분께도……

2009년 10월 도쿄의 변두리에서

요시카와 나기

최초 수록 지면

제1부
「사상으로서의 우익(思想としての右翼)」, 『現代思想』 1976. 7.

제2부
「신우익과 신좌익의 역전현상〔新右翼と新左翼の轉位(ナショナリズムという躓きの石)〕」, 『現代の眼』 1976. 3.
「국가개조운동의 성립—노장회에서 유존사로(國家改造運動の成立)」, 『第三文明』 1976. 11.
「흑룡회와 사회민주당의 분립(黑龍會と社會民主黨の兩極分解)」, 『現代の眼』 1975. 8.
「우익사상 연구의 갈림길(右翼思想研究の正念場)」, 『朝日ジャーナル』 1976. 8. 6.
「근대 일본의 흑막풍토(近代日本の黑幕風土)」, 『歷史と文學』 15호.
「내셔널리즘 재평가의 흐름(ナショナリズム再評價の流れ)」, 『讀賣新聞』 1976. 8. 10(조간).

제3부
「일본 농본주의와 대륙—가토 간지를 둘러싸고(日本農本主義と大陸)」, 『現代の眼』 1976. 6.
「만주국의 건국과 그 사상적 기저(滿洲國の建國とその思想的基底)」, 『傳統と現代』 41호.
「만철 조사부론(滿鐵調査部論)」, 『流動』 1974. 6.
「미쓰카와 가메타로와 삼국간섭(滿川龜太郎と三國干涉)」, 『天象儀』 창간호(1974).

제4부
「우익의 종언(右翼の終わり)」, 『右翼・ナショナリズム傳說』, 河出書房新社, 1995.

찾아보기(인명)

ㄱ

가게야마 마사하루(影山正治) 29~30, 60, 78, 86, 102
가나이 쇼지(金井章次) 214, 216
가노코기 가즈노부(鹿子木員信) 124
가 모리조(何盛三) 128, 130
가미 쇼이치로(上笙一郎) 186, 206
가사기 요시아키(笠木良明) 124, 182, 217, 219, 224, 249
가와다 준(川田順) 56
가와시마 나니와(川島浪速) 128
가와이 요시나리(河合良成) 69
가지이 모토지로(梶井基次郎) 54
가케이 가쓰히코(筧克彦) 71, 190~91, 201
가타야마 센(片山潛) 43~44, 146~47
가토 간지(加藤完治) 71, 177~80, 183~94, 198, 200~202, 204~205, 207~209
간 다카유키(菅孝行) 266~68
간바 미치코(樺美智子) 86
고노에 아쓰마로(近衛篤麿) 27, 144
고노에 후미마로(近衛文麿) 73
고다마 요시오(兒玉譽士夫) 155, 275
고마이 도쿠조(駒井德三) 203, 226
고모토 다이사쿠(河本大作) 181, 212, 235

고바야시 구스오(小林樟雄) 24
고바야시 다키지(小林多喜二) 60
고야마 히사노스케(小山久之助) 27, 136~37, 142~43, 149
고이즈미 산신(小泉三申) 164
고토 신페이(後藤新平) 238, 240~41
고토쿠 슈스이(幸德秋水) 26, 28, 31, 42~45, 129, 133~37, 142~48, 150, 156, 164, 172
곤도 겐지(近藤憲二) 32
곤도 세이쿄(權藤成卿) 64, 67~68, 74, 124, 137, 153, 173, 212, 223, 256
구가 가쓰난(陸羯南) 43, 83
구라타 햐쿠조(倉田百三) 72, 186~87
구라하라 고레히로(藏原惟郭) 150
구라하라 고레히토(藏原惟人) 150
구로이와 루이코(黑岩淚香) 150
구루시마 쓰네키(來島恒喜) 27, 38, 57~58, 141~42, 165~66, 283
구모이 다쓰오(雲井龍雄) 37
구즈우 겐타쿠(葛生玄晫) 137~39, 142
기노시타 나오에(木下尙江) 44, 119, 146~47
기도 다카요시(木戶孝允) 21
기리야마 가사네(桐山襲) 263, 265, 268,

296

기시 노부스케(岸信介) 227
기타 데루쓰구(北輝次)(→기타 잇키)
기타무라 도코쿠(北村透谷) 36~38, 63
기타 잇키(北一輝) 29, 47, 49~50, 57~
  58, 68, 70, 72~73, 76, 78, 81~82,
  84, 87, 114, 118~19, 127~30, 135,
  137, 148, 151, 153~54, 158~59, 163,
  166~69, 173, 218, 250, 257, 269, 291
김옥균 24, 40, 141

ㄴ

나가요 요시로(長與善郎) 90
나가이 류타로(永井柳太郎) 111, 117, 122,
  129, 179
나카노 고이쓰(中野琥逸) 182, 218, 226,
  229
나카노 세이고(中野正剛) 69, 124, 129
나카에 도쿠스케(中江篤介)→(나카에 조
  민)
나카에 조민(中江兆民) 26~28, 30~31,
  35~38, 42~43, 49, 133, 135~37, 141~
  45, 232, 234
나카에 우시키치(中江丑吉) 173, 223, 232~
  36, 244
나카자토 가이잔(中里介山) 65, 71, 114,
  186~89, 192, 204
노무라 슈스케(野村秋介) 102, 267~68,
  271, 277, 281, 283
니노미야 손토쿠(二宮尊德) 204
니시다 덴코(西田天香) 65, 189
니시다 미쓰기(西田税) 80, 121~22, 258
니시카와 고지로(西川光次郎) 44, 146~47
  271

ㄷ

다나카 기이치(田中義一) 164
다루이 도키치(樽井藤吉) 42, 83, 173
다치바나 고자부로(橘孝三郎) 64~65, 68,
  72, 74, 173, 186~87, 189, 193, 207,
  212, 223, 256
다치바나 시라키(橘樸) 153, 173, 205, 207,
  210, 217, 219~25, 230, 235, 250
다카바타케 모토유키(高畠素之) 84, 124,
  127
다카하시 가즈미(高橋和巳) 58
다케다 한시(武田範之) 50~51
다케우치 요시미(竹內好) 48, 90~91, 135,
  153, 172, 291
다키자와 마코토(瀧澤誠) 154, 160, 162,
  173
다테 준노스케(伊達順之助) 124
데구치 오니사부로(出口王仁三郎) 160
도미야 가네오(東宮鐵男) 177, 180, 187,
  194
도야마 미쓰루(頭山滿) 27~28, 32, 34, 46,
  58, 115, 117, 121, 133, 135, 137~39,
  141, 150, 156, 158, 163, 165, 277, 283
도조 히데키(東條英機) 227
도쿠토미 로카(德富蘆花) 187~89
도쿠토미 소호(德富蘇峰) 136, 158

ㄹ

라이 120

ㅁ

마스다 소타로(增田宋太郎) 19
마에노 미쓰야스(前野光保) 275
마에바라 잇세이(前原一誠) 20

마쓰나가 쇼조(松永昌三) 28, 145
마스모토 세이초(松本淸張) 82, 155~59, 174, 293
모리 아리노리(森有禮) 38
모토오리 노리나가(本居宣長) 56
모토지마 히토시(本島等) 272, 276
무라카미 이치로(村上一郞) 67, 74, 154
미시마 유키오(三島由紀夫) 58, 73
미쓰카와 가메타로(滿川龜太郎) 29, 88, 118, 135, 250, 254~56, 259~60
미야자키 도텐(宮崎滔天) 26~27, 50, 61, 64, 121, 153~54, 156~59, 173
미노다 무네키(蓑田胸喜) 70
미야지마 다이하치(宮島大八) 122, 127

ㅂ
보스Rash Behari Bose 119~20, 248

ㅅ
사노 마나부(佐野學) 250
사이고 다카모리(西鄕隆盛) 19~20, 28~30, 32, 72, 77, 79, 81~82, 161, 163~64
사이온지 긴모치(西園寺公望) 232
사카구치 히로시(坂口弘) 97
사카이 유자부로(酒井雄三郞) 42
쇼와(昭和)천황 272, 274, 278, 280~81
스기야마 시게마루(杉山茂丸) 51
스기우라 시게타케(杉浦重剛) 166~67
스에마쓰 다헤이(末松太平) 29, 69, 158~59
스즈에 겐이치(鈴江言一) 235
스즈키 구니오(鈴木邦男) 13, 102, 107, 159, 267, 278, 283~84
시마나카 유사쿠(嶋中雄作) 122

시마나카 유조(嶋中雄三) 122, 257
시마노 사부로(嶋野三郞) 124, 217, 250
시모나카 야사부로(下中彌三郞) 47, 65, 71, 114, 124~25, 186~87, 204, 207, 256
시바 고로(柴五郎) 79~80
쑨원(孫文) 62, 157, 211
쓰루미 유스케(鶴見祐輔) 112, 241
쓰쿠이 다쓰오(津久井龍雄) 84

ㅇ
아마카스 마사히코(甘粕正彦) 219, 227, 229, 235
아베 이소오(安部磯雄) 44, 80, 146, 257
아사히 헤이고(朝日平吾) 57~58
아시즈 우즈히코(葦津珍彦) 14, 45, 102, 135, 277~78, 284
아쓰미 마사루(渥美勝) 124~25
야마다 요시마사(山田良政) 61~62
야마모토 히데오(山本英夫) 99
야마자키 노부요시(山崎延吉) 71, 190, 192, 201
야마지 아이잔(山路愛山) 83~85
야스다 요주로(保田與重郞) 55~56, 62, 67, 153, 225
야스다 젠지로(安田善次郞) 57
에토 신페이(江藤新平) 20
오스기 사카에(大杉榮) 53~54, 124, 169, 219, 235
오야 마사오(大矢正夫) 37, 63
오이 겐타로(大井憲太郞) 22, 39~40, 43, 122~23, 141~42, 166, 234, 257
오자와 가이사쿠(小澤開策) 213, 216, 220, 226, 228

오자키 시로(尾崎士郎) 114
오자키 호쓰미(尾崎秀實) 235, 246, 252
오카와 슈메이(大川周明) 29, 49, 84, 87, 118~20, 130, 135, 159, 217~18, 236, 246~47, 249, 251, 254~57
오카쿠라 덴신(岡倉天心) 47~48, 173
오쿠마 시게노부(大隈重信) 27, 165, 282
오쿠보 도시미치(大久保利通) 19~21, 72, 79
오타니 고즈이(大谷光瑞) 200
왕추지(王樞之)→(스즈에 겐이치)
요시노 사쿠조(吉野作造) 116, 122, 173
요시다 기주(吉田喜重) 54, 57
요시다 쇼인(吉田松陰) 76~77
요시다 시게루(吉田茂) 72
요시모토 다카아키(吉本隆明) 283
우에키 에모리(植木枝盛) 35, 172
우에하라 구니카즈(上原邦一) 145
우치다 료헤이(內田良平) 26~28, 39~41, 44, 46, 49~51, 63, 73, 89, 115~17, 122, 133~34, 136~39, 142, 148~49, 151, 154, 156, 158~62, 173~74
우치무라 간조(內村鑑三) 40, 61, 119, 150
위안스카이(袁世凱) 211, 234
위충한 220, 228
이노우에 닛쇼(井上日召) 49, 59, 163, 235, 256, 283
이시도 기요토모(石堂淸倫) 252
이시와라 간지(石原莞爾) 60, 63, 154, 173, 179~81, 187, 202, 210, 212, 217, 221~25
이시카와 다쿠보쿠(石川啄木) 31
이시하라 신타로(石原愼太郎) 276
이와타 후미오(岩田富美夫) 124, 131, 166~67
이용구 50~51, 173
이타가키 다이스케(板垣退助) 22, 240
이토 노에(伊藤野枝) 54
이토 다케오(伊藤武雄) 216, 224, 232, 236, 249~52
이토 리쓰(伊藤律) 252
이토야 도시오(絲屋壽雄) 45
이토 히로부미(伊藤博文) 20~22, 38, 45, 72, 136, 144

ㅈ
장지린(張作霖) 181, 185, 212, 220, 235
장쉐량(張學良) 185, 218

ㅊ
차오루린(曹汝霖) 223, 234

ㅌ
타고르 Rabindranath Tagore 47, 120

ㅎ
하기와라 교지로(萩原恭次郎) 68
하라 다카시(原敬) 111~12, 114~15, 126
하야시 후사오(林房雄) 30, 164
하시모토 후키(橋本不器) 103
하시카와 분조(橋川文三) 66, 153, 171, 291
호시노 나오키(星野直樹) 227
황싱(黃興) 157
후쿠자와 유키치(福澤諭吉) 18, 23, 82, 172
후쿠치 오치(福地櫻癡) 79~80
히라노 요시타로(平野義太郎) 24

찾아보기(인명) 299

찾아보기(단체명)

ㄱ

개진당(改進黨) 22, 38
경빈안보공투(京浜安保共鬪) 98
국가사회당 84
국민동맹회 27~28, 144
국제승공연합(國際勝共聯合) 100
규슈 개진당(九州改進黨) 139

ㄴ

낭인회(浪人會) 115~17
노장회(老壯會) 111, 117~18, 121, 123~27, 129, 256~58

ㄷ

다쿠쇼쿠 대학 집단미래(拓植大學集團未來) 13, 108~109
대동숙(大東塾) 78, 100, 102
대방사(大邦社) 218, 250
대웅봉회(大雄峯會) 182, 210, 218~20, 224~25, 228, 250
대일본생산당(大日本生産黨) 74
도사파(土佐派) 35
동아경제조사국 130, 217, 236, 243, 245~50
동아연맹(東亞聯盟) 212, 220, 228, 231

동양사회당 42
동양자유당 43
동흥연맹(東興聯盟) 218, 250

ㅁ

만주청년연맹 210, 213, 215~17, 219, 224

ㅅ

사회문제연구회 42~43, 145
사회민주당 44~45, 133~35, 137, 142, 145~49, 151~52, 236
사회주의연구회 43, 145~46
사회주의협회 44, 146
삼오회(三五會) 120~22
세이린손주쿠(西隣村塾) 192
쇼와신성회(昭和神聖會) 160
신푸기주쿠(神風義塾) 71, 190, 192
신풍련(神風連) 58, 73
신세력사(新勢力社) 100
신인회(新人會) 117, 232, 250~51

ㅇ

아이쿄주쿠 192~93
애국사(愛國社) 139

300

애향회(愛鄕會) 189
오모토교(大本敎) 114, 121, 160~61
유존사(猶存社) 88, 111, 118, 125~26, 128~29, 131~32, 135, 218, 250, 254, 256~58
유흥학회(猶興學會) 218
이상단(理想團) 150
일본공산당 혁명좌파 98~99
일본문학보국회(文學報國會) 90
일본사회당 84
일본학생회의 100~101, 103, 106~107, 109
일수회(一水會) 267, 275
일진회(一進會) 50~51, 173
입지사(立志社) 35

ㅈ

자유당 22~23, 25, 36, 39, 43, 138, 140~42, 144
전공투(全共鬪) 170~71
정교사(政敎社) 30, 43
정우회(政友會) 164
지치부 곤민당(秩父困民黨) 36

ㅊ

천리교(天理敎) 160
천우협(天佑俠) 39~42, 44, 50, 149

ㅍ

평민사(平民社) 84, 114, 117, 125, 156~57, 179

ㅎ

현양사(玄洋社) 27, 32, 34~35, 39~40, 74, 115, 117~19, 125, 139, 141, 156, 165, 263~64
협화당(協和黨) 226, 228~29
협화회(協和會) 229~31
황국청년회 116~17
황도파(皇道派) 73, 78, 258
흑룡회(黑龍會) 27, 42, 44, 50, 63, 74, 117~18, 125, 133~39, 141~42, 145, 148~52, 156, 161, 173

찾아보기(책, 영화 등)

ㄱ

『가사기 요시아키 유방록(笠木良明遺芳錄)』 220
『고신도 대의(古神道大義)』 71
『고토 신페이』 241
『고토쿠 슈스이 연구』 45
『공동체의 행방(共同體のゆくえ)』 268
『국가개조안원리대강(國家改造案原理大綱)』 130~32
『국사 우치다 료헤이전(國士內田良平傳)』 46, 136, 149, 160, 174
『국체론 및 순정사회주의(國體論及び純正社會主義)』 49, 76, 128, 159
『국체 문답(國體問答)』 279
『기록 현대사 — 일본의 백 년(記錄現代史 — 日本の百年)』 186
『기타 잇키론(北一輝論)』 82, 156, 174
『김옥균(金玉均)』 141

ㄴ

『나의 쇼와사(私の昭和史)』 69
『나카에 조민』 28, 145
『내셔널리즘의 행방(ナショナリズムのゆくえ)』 268
『'NO'라고 말할 수 있는 일본('NO'と言える日本)』 276

ㄷ

『당(黨) 생활자』 60
『대동숙 30년사』 174
『대동합방론(大東合邦論)』 42
『대일본생산당 10년사(大日本生産黨十年史)』 74
『대표적 일본인(代表的日本人)』 41
『도미야 가네오 전기(東宮鐵男傳)』 180, 193, 206
『동아선각지사기전(東亞先覺志士記傳)』 61, 63, 139, 160, 174

ㄹ

『러시아 망국론(露西亞亡國論)』 44~46, 133~34
『러시아론(露西亞論)』 44, 46, 49, 133

ㅁ

「마지막 초망 — 무라카미 이치로론(最後の草莽 — 村上一郎論)」 152
『만몽개척청소년의용군(滿蒙開拓靑少年義勇軍)』 186, 200, 206
『만몽독립건국론(滿蒙獨立建國論)』 182

『만몽연감(滿蒙年鑑)』 235
『만선지리역사연구보고(滿鮮地理歷史硏究報告)』 246
「만주견문기(滿洲見聞記)」 203
『만주구관조사보고서(滿洲舊慣調査報告書)』 245
『만주국사(滿洲國史)』 206, 227, 238
『만철—일본 제국주의와 중국(滿鐵——日本帝國主義と中國)』 246
『만철에 살다(滿鐵に生きて)』 216, 236
『메이지대제(明治大帝)』 81
『메이지 10년 정축공론(明治十年丁丑公論)』 82~83
『메이지 정사(明治政史)』 21
『메이지천황 와카집(明治天皇御集)』 70
『몽강(蒙疆)』 63
『무사도(武士道)』 45, 135, 279, 284
『미야자키 도텐(宮崎滔天)』 158

ㅂ

『반역의 신화(叛逆の神話)』 13~14, 108
『부흥 아시아의 제문제(復興亞細亞の諸問題)』 254
『분마(奔馬)』 73
『비극의 장군(悲劇の將軍)』 214
『빼앗긴 아시아(奪はれたる亞細亞)』 88, 254~56, 259

ㅅ

『사회주의 관견(社會主義管見)』 84
『삼국간섭 이후(三國干涉以後)』 121, 129, 254, 259
『세계정책에서 본 식민지 철도론(世界政策上から見た植民地鐵道論)』 249

『소하만록(銷夏漫錄)』 157
『송아지를 몰며 청산으로 들어가다(犢を逐いて靑山に入る)』 288
『쇼와 마지막의 나날(昭和最後の日日)』 278
『쇼와유신론(昭和維新論)』 212
『신(新) 인도』 120
『신·인간·자유(神·人間·自由)』 146

ㅇ

『아시아주의』 135
『아시아주의의 전망(アジア主義の展望)』 48~49, 135
『안락의 문(安樂の門)』 254
『어느 메이지인의 유서(ある明治人の遺書)』 79
『어떤 무정부주의자의 회상(一無政府主義者の回想)』 33
「에로스+학살」 54, 57
「에리모미사키(襟裳岬)」 96
『역사라는 어둠(歷史という闇)』 135, 140
『오모토 70년사(大本七十年史)』 161
『오이 겐타로(大井憲太郎)』 24
『우익사상범죄사건의 종합적 연구(右翼思想犯罪事件の綜合的硏究)』 118
『우치다 료헤이 평전(評傳內田良平)』 154
『위대한 사이고의 유훈(大西鄕遺訓)』 30
『20세기의 괴물 제국주의(二十世紀の怪物——帝國主義)』 44~45, 133~34
『인도의 국민적 운동의 현상 및 그 유래(印度に於ける國民的運動の現狀及び其由來)』 247
『1년 반(一年有半)』 142~43
『일본개조법안대강(日本改造法案大綱)』 68~69, 130, 159

『일본국에 고함(告日本國)』 247
『일본낭만파 비판서설(日本浪曼派批判序說)』 66
『일본농촌교육(日本農村敎育)』 188, 191, 194, 204
『일본 및 일본인(日本および日本人)』 41
『일본애국혁신본의(日本愛國革新本義)』 65~66
『일본 제국주의하의 만주(日本帝國主義下の滿洲)』 206
『일생의 회상(一生之回憶)』 223

ㅈ

『자유당사(自由黨史)』 24, 139
『자치민범(自治民範)』 68
『전운을 부르다(戰雲を麾く)』 121
『젊은 기타 잇키(若き北一輝)』 149, 291
『제국의 앞날(帝國之前途)』 200
『조민 선생(兆民先生)』 28, 31
『지나혁명 및 일본외교혁명(支那革命及び日本外交革命)』 128
『지나혁명외사(支那革命外史)』 128, 254
『지쿠젠 현양사(筑前玄洋社)』 277

ㅊ

『초국가주의(超國家主義)』 171
『초망론(草莽論)』 67

ㅌ

『탈우익선언(脫右翼宣言)』 278, 283
『통속국권론(通俗國權論)』 18
『특허식민회사제도연구(特許植民會社制度研究)』 248

ㅍ

『파르티잔 전설(パルチザン傳說)』 263, 265~66, 268, 271
『'파르티잔 전설' 사건』 265~67
『풍요의 바다(豊饒の海)』 73
『풍운의 비석—사쿠 자유민권운동사(風雲の碑—佐久自由民權運動史)』 145

ㅎ

『하라하라 시계와 이리(腹腹時計と狼)』 14
『혁명적 낭만주의의 위상(革命的ロマン主義の位相)』 256
『현양사 사사(玄洋社社史)』 34~35, 174, 263~64
『흥촌행각(興村行脚)』 71, 191

찾아보기(역사적 사건)

ㄱ
가바산사건(加波山事件) 23, 140, 142
갑신정변 25
갑오농민전쟁 39
경단련(經團連) 습격사건 267~68
고자(コザ) 폭동 103
관동대지진 52, 174, 235
궁내성(宮內省) 괴문서사건 218

ㄷ
대동아문학자대회 89~91
대역사건(大逆事件) 31, 54, 134
동학농민혁명 39

ㅁ
『만주평론』사건 252
만철 조사부 적화사건(赤化事件) 233, 252
무창혁명(武昌革命) 211

ㅂ
보신전쟁(戊辰戰爭) 288

ㅅ
세이난전쟁(西南戰爭) 19~20, 30, 32, 79~80

시베리아 출병 114, 121, 243
쌀 소동 114~15, 121~22

ㅇ
안보투쟁 86, 153, 172
연합적군(聯合赤軍)사건 97
오사카사건(大阪事件) 23~25, 37, 39, 41~44, 139, 141~42
5·15사건 49, 66, 74, 178~79, 207, 223, 257
2·26사건 78, 170, 257, 280

ㅈ
장지린 폭살 181, 212, 235
조르게사건 235, 252
지치부사건(秩父事件) 23~24

ㅍ
판적봉환(版籍奉還) 80

ㅎ
한국병합 50~51, 63, 89
혈맹단(血盟團)사건 49, 59, 283
합작사(合作社)사건 252
후이저우사건(惠州事件) 61~62

후쿠시마사건(福島事件) 23
히카게차야사건(日蔭茶屋事件) 54